新时代高质量教师培训研究丛书·第四卷

肖韵竹　张永凯　汤丰林◎主编

教师培训质量评价

余　新　等◎著

北京出版集团
北京教育出版社

图书在版编目（CIP）数据

教师培训质量评价 / 余新等著 . –– 北京：北京
教育出版社，2023.10
（新时代高质量教师培训研究 / 肖韵竹，张永凯，
汤丰林主编；第四卷）
ISBN 978-7-5704-5970-4

Ⅰ．①教…　Ⅱ．①余…　Ⅲ．①教师培训—质量评价
Ⅳ．① G451.2

中国国家版本馆 CIP 数据核字（2023）第 203599 号

新时代高质量教师培训研究丛书·第四卷
教师培训质量评价

余 新 等著

出　版　北京出版集团
　　　　北京教育出版社
地　址　北京北三环中路 6 号
邮　编　100120
网　址　www.bph.com.cn
总发行　京版北教文化传媒股份有限公司
经　销　全国各地书店
印　刷　北京九州迅驰传媒文化有限公司
版印次　2023 年 10 月第 1 版第 1 次印刷
开　本　787 毫米 ×1092 毫米　1/16
印　张　14.25
字　数　280 千字
书　号　ISBN 978-7-5704-5970-4
定　价　52.00 元

如有印装质量问题，由本社负责调换
质量监督电话　（010）58572740　（010）58572393

新时代高质量教师培训研究丛书

编委会

主　　任：肖韵竹　张永凯

副 主 任：桑锦龙　汤丰林　杨建新　张润杰　张林师

编　　委：王远美　王钦忠　李　军　李　雯　吴珊　邱　磊
　　　　　张金秀　胡淑云　谢志东　潘建芬

主　　编：肖韵竹　张永凯　汤丰林

副 主 编：张金秀　钟亚妮　余　新　王军　李军

著　　者：于晓雅　王　丁　王　军　王志明　王希彤　王淑娟
　　　　　石双华　白永然　吕　蕾　刘勇霞　许　甜　孙翠松
　　　　　李　军　李怀源　李　玮　李爱霞　吴呈苓　何　冲
　　　　　余　新　邱　磊　沈彩霞　张庆新　张金秀　金　颖
　　　　　孟　彦　胡春梅　胡淑均　柳立涛　钟亚妮　徐　超
　　　　　徐慧芳　黄琳妍　常洁云　梁文鑫　靳　伟　谭文明
　　　　　潘建芬　薛　野

本卷作者：余　新　孟　彦　金　颖　薛　野　邱　磊　胡淑均
　　　　　柳立涛　梁文鑫　徐　超

总　序

2023年，北京教育学院迎来七十华诞。作为北京市专门设置的以首都基础教育干部教师继续教育为使命的成人高等师范院校，经过七十年的艰苦奋斗，学院在人才培养、学科建设、科学研究、队伍建设等方面取得了显著成绩，核心竞争力和综合办学实力不断提高，培养了大批优秀干部、教师、学科带头人及教育专家，为首都基础教育干部教师队伍建设做出了应有的贡献，成为深度支撑首都教育现代化发展战略需求、引领和支持京津冀基础教育协同发展的重要基地，在全国基础教育干部教师培训领域发挥了示范表率作用。本套丛书在深入总结学院七十年干部教师培训经验的基础上，以"高质量教师培训"为主题，围绕培训理论、培训课程、培训模式、培训质量评价等干部教师培训的核心问题，既做了必要的理论提升与建构，又针对实践中的一些难题做了必要的回应，希望在新时代推动教育高质量发展的新征程中，能够为干部教师培训的实践者和研究者提供有益的启示。

丛书以北京教育学院干部教师培训长期积淀和凝练的宝贵经验为出发点，展开理论与实践的反思、研究与写作。

第一，以政治建设为统领，全面加强党的领导。北京教育学院长期以来一贯重视党建和思想政治工作。坚持以马克思列宁主义、毛泽东思想、邓小平理论、"三个代表"重要思想、科学发展观、习近平新时代中国特色社会主义思想为指导，统一全院党员干部思想、意志和行动。坚持和加强党对学院工作的全面领导，坚定落实党委领导下的校长负责制，推动学院党建与主责主业深度融合，为教育事业发展提供坚强的政治保证。学院多年发展的经验告诉我们，只有始终坚持党的全面领导，坚决扛起管党治党、办学治校主体责任，切实发挥党委"把方向、管大局、作决策、抓班子、带队伍、保落实"的作用，才能确保学院事业发展蓬勃向上。七十年来，围绕提高党的建设科学化水平，学院持续加强党的政治建设、思想建设、组织建设、作风建设和纪律建设，不断推进基层党组织全面进步、全面过硬，着力打造忠诚干净担当的干部队伍，深入推进党风廉政建设和反腐败工作。特别是我国发展进入新时代以来，学院坚持以党的政治建设为统领，把政治标准和政治要求贯穿到管党治党与办学治校全过程；坚持不懈用习近平新时代中国特色社会主义思想武装头脑，牢牢掌握党对意识形态工作的领导权；深入落实新时代党的组织路线，大力加强学院领导班子建设，健全完善党委职能部门，优化基层党组织设置，加强党支部标准化、规范化建设，增强党支部战斗堡垒作用；推进全面从严治党向纵深发展，认真落实党委主体责任和纪委监督专责，形成党委纪委同向发力、齐抓共管的工作格局，学院风清气正的政治生态和育人环境得到进一步巩固和提升。坚定的政治方向是我们开展高质量干部教师培训研究的基本遵循。

第二，恪守职责使命，服务首都教育发展。学院只有恪守职责，胸怀教育大局，心系服务对象，通过有效培训架起衔接政府需要与教师需求之间的桥梁，才能凭借优势为首都基础教育发展提供贴心支持。多年来，学院精心设计与组织实施的一系列重大培训项目，得到各级领导与基层学校的充分肯定与好评，也印证了始终坚持服务首都基础教育是学院事业发展基本遵循的宝贵经验。学院从诞生之日起就同首都基础教育改革与发展的大局息息相关，也因此长期坚持了紧跟时代需求的办学理念。学院为大局服务的重要方式就是通过提供专业的培训，建立社会、政府需要与校长、教师自身发展需求有机结合的纽带，保证政府公共教育政策的落实，同时促进培训对象自身的发展。学院广大教职工透彻理解教育公共政策的核心价值目标，准确分析政策实施中的重点难点问题，深入了解培训对象的现状与教育方针政策实施之间的差距，在培训的设计与实施中，努力探寻缩小这一差距的最有效方式，想政府之所想，急基层之所急，解校长、教师之所需。七十年来，学院始终坚持深入基层学校、深入教学一线、深入教师生活的工作作风。早在二十世纪五六十年代，学院教师就形成了"系统进修与中学教学实际相结合"的教学特点。七十年代末之后，"下校听课"以切实了解一线教学状况成为学院的一项常规制度。近些年来，学院精心设计并组织实施的一系列新项目，如"农村中小学教师研修工作站""北京市中小学校本研修与整校推进培训项目""支持通州教师素质提升专项计划""房山北沟美丽乡村教育项目"等，因扎根一线又深度契合学员需求，获得了北京市中小学校和培训学员的一致好评。密切联系学校教育教学实际、深入了解校长教师需求，是学院培训工作质量不断提升的"传家宝"，也是高质量培训研究的重要基础。

第三，坚持守正创新，科学定位学院发展。坚守是发展之魂，创新是发展之源。坚守是为了履行使命，永葆学院特色；创新是为了紧跟时代潮流，与时俱进。在"变"与"不变"的对立统一中，学院只有科学定位，才能保持自身发展的定力与活力，在传承中

2

创新，在创新中传承。七十年来，学院心无旁骛地牢牢坚守为基础教育改革发展服务的信念，专心致志从事干部教师教育培训事业，形成了独特的发展优势，也获得了广阔的发展空间。七十年来，学院深刻领会市委、市政府坚持独立设置北京教育学院的战略意义和教育部的相关精神，不跟风、不浮躁、不摇摆，以"心系首都教育，造就首都教育家；情系学院发展，营造教师发展摇篮"作为全院共同的目标追求，始终坚持造就首都教育家的教育使命，做首都教育事业的"奠基石"决不动摇。在坚守办学方向的同时，学院努力在创新中实现超越。从建院初期的"教什么，学什么；缺什么，补什么"，到之后的教材教法培训和学历补偿教育，再到近年来大规模的干部教师专业培训，无不体现出学院办学的与时俱进，体现了学院对教育改革与发展趋势的准确研判，以及对一线学校和干部教师发展需求的及时把握，确保了培训的前瞻性和引领性。随着学院培训专业建设与内涵发展的深入，新的培训模式不断涌现，如名校长工作室"开放式主题合作研究"模式、骨干教师工作室"主题驱动合作研修"模式、"祥云行动"的现场学习模式、国内访学"研究性访学"模式、"反思性实践"培训模式、"导师带教""带薪脱产"培训模式、线上与线下相结合的混合式培训模式等。此外，学院还成功举办了多元智能国际研讨会、教师培训国际论坛、海峡两岸教育论坛、教师学习与专业发展等影响较大的学术活动。这样的坚守与创新也是我们开展高质量干部教师培训的根本动力。

第四，遵循教育规律，促进培训模式升级和转型。只有遵循规律，潜心钻研探索，塑造精准、专业的品质，学院的干部教师教育培训事业才能实现长足发展，保持领先地位。遵循规律是发展之规，专业品质是发展之果。实践证明，以研促训，研训一体，在丰富的培训实践中开展研究，同时以研究的态度和方法促进培训质量的提升，是学院实现专业化发展的必由之路。其中，最重要的是对校长教师成长规律的研究，对教师培训科学规律的探寻，以及对从根本意义上的学科建设规律的遵循。对规律的遵循也是学院培训工作不断升级转型的前提。七十年来，学院在培训实践中不断深入理解教师作为培训主体、培训是实现教师自身生命成长的内涵，促进了培训方式由教师被动参与培训向构成学习共同体的研修形态转变，推动了学院在教师培训理论上的新发展，不断实现从工作走向学术、从经验走向理论的跃迁。对规律的系统总结与梳理，是我们开展高质量干部教师培训研究的宝贵财富。这些规律主要体现在如下三个方面。

一是校长教师成长规律。在丰富的培训实践中开展校长教师成长规律的研究，是学院的优良传统。学院所倡导的校长教师研究不仅仅是纯学理性的研究，更是将先进理论与教育教学实践有效衔接的实践性、应用性、对策性、操作性的研究。在探寻规律的道路上，学院取得了一系列卓有成效的成果。比如，二十世纪八十年代编著了国内第一部《学校管理》专业教材和第一部《中国教育管理史》，推出了全国第一套较为系统的教师继续教育课程指南，出版了在全国影响广泛的由教师、校长著书立说的《北京教育丛书》，等等。在新世纪课程改革的挑战面前，学院启动了新课程理念转化为优质教学行为的过程研究、教师专业发展的理论与实践研究、借鉴多元智能理论开发学生潜能等实践研究。学院的学科创新团队和学科带头人在这样的研究与实践中成长起来，学院也因此拥有一批又一批实践性、综合性与辐射性较强的研究成果，核心竞争力大大增强。

二是教师培训科学规律。干部教师培训是一种具有专业性的教育实践，有其自身的规律与特点。七十年来，学院未曾改变过校长、教师教育"专门"学院的性质，在丰富的培训实践中认真研究培训。依据成人学习规律努力更新培训内容，创新培训模式，提升专业品质，已经成为全院教师的共识。学院陆续开展了"中小学教师专业标准""中小学教师培训课程指南""中小学教师教学技能测试""中小学校长任职资格培训课程体系建设""中小学校长任职资格培训必修课程标准""中小学校长培训效果追踪""中小学校长教师培训评价体系建设""中小学新任教师培训标准与规范化培训"等领域的研究；在全国率先实行校长岗位任职合格培训制度，创立了中小学校长持证上岗制度；创新并逐步完善了在职教师继续教育与培训制度。从建立标准、建构课程到科学评估，学院对培训开展的专业研究有条不紊地进行并持续开展。学院还特别注重以科研促进培训课程资源建设，先后组织出版了"绿色耕耘"丛书、"校长研修"丛书、"学校诊断"丛书、"学习与思维"教学指导丛书等，在全国干部教师教育培训领域产生了较大影响。

三是学科建设规律。学科建设是学院事业发展的根基。自"十一五"以来，学院通过选聘学科带头人、探索重点学科建设、开展学科创新平台建设等方式，积极推进成人高等教育学校的学科建设，并积累了宝贵的经验。近年来，学院通过推进学科创新平台建设，努力把学术研究、人才培养、队伍建设、实践基地建设和社会服务等有机结合起来，构建了以教师教育为核心的四大学科图谱，特色学科建设模式更加清晰。

学院统筹设置了33个非实体性学术研究平台，跨学科、跨专业、跨院系的科研攻关机制更加完善，有组织的科研有了更加强有力的组织保障。

第五，坚持人才强院，造就"师者之师"。学院发展的历史，是几代培训人创业、奉献，在促进学院发展的基础上实现自身发展的历史。只有锤炼队伍，培养顶天立地，教学、科研、管理"三位一体"的人才，学院的事业才能蒸蒸日上、永葆活力。随着时代的发展，人才是立院之本、教师是学院发展的第一资源的理念愈加深入人心。学院坚信，只有始终坚持人才强院，构建"顶天立地"的人才发展格局，为教职工创造发挥潜能、成就事业的体制机制，才能永葆事业发展的活力。作为"师者之师"，一是要有专业情怀，形成对干部教师教育培训事业价值的高度认同。学院始终重视党建和思想政治工作，坚持"师者之师"标准，加强师德师风建设，常态化推进师德培育涵养，举办青年教师启航成长营，建立新教师入职宣誓制度和师德承诺制度。二是要具备深厚的专业理论功底，深谙中小学教育教学实践。学院一方面加强学科带头人队伍建设，发挥他们在学科建设、科学研究和培训工作中的示范引领作用；另一方面，强化"欲为人师先拜师，欲强培训先下校"的人才培养理念，积极促进青年教师的专业发展。学院通过举办青年教师教学比赛、先锋博士论坛等活动，安排新入院教师到一线学校锻炼，持续提升教师教书育人能力水平。学院实施"优教优才发展工程"，深入开展优秀教师与团队选树表彰，引育并举加强教师队伍建设。学院持续性的培训者队伍建设，为开展高质量干部教师培训研究奠定了重要的人才基础。

基于以上经验，本套丛书结合国内外对教师职后教育、在职教师专业发展的最新研究成果，集学院专业力量对如何做好高质量教师培训工作进行了系统研究。"新时代高质量教师培训研究丛书"由四卷构成，分别对培训理论、培训课程、培训模式、培训质量评价进行研究。

第一卷《教师培训理论研究》主要从教师培训哲学、教师培训伦理、教师培训心理、教师培训设计、教师培训机构管理、教师培训文化与教师培训政策七个方面对高质量教师培训进行理论建构。全书以"教师发展"作为逻辑起点，从本体论、认识论和实践论三个层面对高质量教师培训进行哲学探讨，并尝试建构了"教师培训的生命增值理论"，同时，对教师培训中应有的价值伦理、心理场域、设计思维、管理治理及文化与政策等问题进行了阐释。

第二卷《教师培训课程建构》聚焦教师培训课程问题，从社会学、心理学、哲学等学科基础及课程与教学论的视角，基于教师专业标准、教师生涯发展和问题解决等维度建构教师培训课程体系，从教师培训目标确定与主题内容选择、教师培训课程实施与评估、教师培训课程管理、教师培训课程资源建设等方面对培训课程建设的具体流程和环节进行分析，为教师培训课程设计与有效实施提供了理论支撑和实践参考。

第三卷《教师培训模式创新》聚焦教师培训模式创新，基于成人学习、建构主义等理论，对教师培训模式创新的目标、内容、方式、评价的一体化以及模型运行机制进行分析，重点对新手型教师（新教师）、熟练型教师（优秀青年教师）、胜任型教师（区级骨干教师）、成熟型教师（市级骨干教师）、专家型教师（特级教师与正高级教师）以及协同创新型校本教师研修（UDS）等模式进行了创新性探索。

第四卷《教师培训质量评价》基于教师培训质量评价的内涵与要素，分析了培训质量评价体系构建的价值取向与目标体系、原则与结构等基本问题，重点从培训需求分析评价、培训项目设计评价、培训课程资源评价、培训绩效评价、培训组织机构评价等方面建构了系统的教师培训质量评价体系，为实践者与研究者提供了涵盖培训全过程与全要素的丰富案例与评价方法。

新时代是加快建设教育强国的关键时期，也是首都教育全面开启建设高质量教育体系和实现高水平教育现代化的新阶段。面对新的发展形势，我们将站在历史发展的新基点上，继续坚持"献身终身教育，培育育人之师"，全面贯彻党的教育方针，将高质量教师队伍建设作为教育强国建设的基础工程，以更高远的历史站位、更宽广的国际视野、更深邃的战略眼光，持续探索高质量教师培训体系的理论与实践建设新路径。我们期待与全国基础教育干部教师培训的研究者与实践者携手同行，开创更加美好的未来！

肖韵竹　张永凯　汤丰林

2023 年 9 月 10 日

序

深化教师培训研究　健全中国特色教师教育体系

教师培训是中国特色教师教育体系中的重要组成部分，是促进教师从资格走向合格、从合格走向卓越的有效途径，是教师提升素质能力的重要环节和不断实现专业成长的根本需要。新中国成立以来，随着社会经济和教育事业的不断发展，国家在各历史发展阶段持续制定了一系列教师培训政策，各地各校也在工作中积累了经验。进入新时代，踏上新征程，一些培训主体提高站位，适应时代，守正创新，开展了一系列卓有成效的理论研究和实践探索，取得了丰富的研究成果，赋能了广大教师的专业成长，为我国建成国家、省、地市、区县、学校较为完备的五级教师培训体系做出了贡献。

北京教育学院创建于中华人民共和国成立之初的 1953 年。作为北京市专门设置的以基础教育干部教师继续教育为使命的高等师范院校，学院 70 年的发展历程，是中国特色教师教育体制不断健全、教师培训制度不断完善的生动记录和发展缩影。近年来，学院胸怀教育大局，笃信建设教育强国，基础在教师，以构建中国特色教师教育体系为抓手，切实把强师工程作为建设教育强国的战略基础抓实抓好，在全国基础教育干部教师培训领域发挥了示范表率作用，为我国教师教育体系建设和中国特色教师培训体系贡献了首都样本和北京方案，在承担"国培计划"、落实国家脱贫攻坚和乡村振兴教育支援过程中成效卓著，在教师队伍政策研究、教师素养研究、教师专业发展研究方面成果不凡。

"新时代高质量教师培训研究丛书"是学院在教师培训研究领域多年砥砺深耕的代表性成果。在北京教育学院建院 70 周年之际推出的这套丛书，聚焦教师培训领域的核心问题，对教师培训理论、培训课程建构、培训模式创新与培训质量评价等重要议题进行了深入研究，为教师培训高质量发展提出了政策梳理、理论思考、实践策略与未来建议，具有非常重要的时代意义。

"新时代高质量教师培训研究丛书"认为，教师是兴教之本、强教之源。中共中央多次部署，强国兴师势在必行。教师是人类灵魂的工程师，是人类文明的传承者，承载着传播知识、传播思想、传播真理，塑造灵魂、塑造生命、塑造新人的时代重任。进入新时期新征程，党中央将教师工作摆在前所未有的重要地位，教师队伍建设迎来了新的历史机遇和发展契机。作为中华人民共和国成立以来首份关于教师工作层级最高的里程碑式文件，2018年1月20日中共中央、国务院印发的《关于全面深化新时代教师队伍建设改革的意见》，从党和国家事业全局和战略高度，深刻系统回答了新时代教师队伍建设的一系列重大理论和实践问题，明确了新时代教师队伍建设改革的战略方向。2018年9月10日，全国教育大会在北京召开，习近平总书记强调，全党全社会要弘扬尊师重教的社会风尚，努力提高教师政治地位、社会地位、职业地位，让广大教师享有应有的社会声望，在教书育人岗位上为党和人民事业作出新的更大的贡献。2019年3月18日，习近平总书记主持召开学校思想政治理论课教师座谈会，希望思政课教师以及全国广大教师政治要强、情怀要深、思维要新、视野要广、自律要严、人格要正。2021年4月19日，习近平总书记考察清华大学时指出，教师要成为大先生，做学生为学、为事、为人的示范，促进学生成长为全面发展的人。2023年5月29日，习近平总书记在中共中央政治局第五次集体学习时指出：强教必先强师，要把加强教师队伍建设作为建设教育强国最重要的基础工作来抓，健全中国特色教师教育体系；健全中国特色教师教育体系，大力培养造就一支师德高尚、业务精湛、结构合理、充满活力的高素质专业化教师队伍。2023年9月9日在第39个教师节到来之际，习近平总书记为参加优秀教师座谈会的同志们写来贺信，指出教师群体中涌现出一批教育家和优秀教师，他们具有心有大我、至诚报国的理想信念，言为士则、行为世范的道德情操，启智润心、因材施教的育人智慧，勤学笃行、求是创新的躬耕态度，乐教爱生、甘于奉献的仁爱之心，胸怀天下、以文化人的弘道追求，展现了中国特有的教育家精神。上述重要论断，既为全面加强教师队伍建设注入了强劲动力，也为教师培训工作提供了根本指引。有了"尚方宝剑"，有了持之以恒，有了五级体系，教师培训更具中国特色、中国品质，体现独特性。

"新时代高质量教师培训研究丛书"认为，回顾过往，教师培训成绩巨大，问题仍存，亟待突出精准培养，体现提质增效。在过去十年里，中央和地方一度加大培训力度。为主动适应深化基础教育课程改革、全面实施素质教育的需求，教育部于2013年发布《关于深化中小学教师培训模式改革 全面提升培训质量的指导意见》（教师〔2013〕6号），希望教师培训工作由规模发展向质量提升转型。自此，各地以满足教师专业发展个性化需求为工作目标，引领教师专业成长，在培训规划、项目设计、组织实施、质量监控等方面逐步完善，教师培训进一步规范化和专业化。各级培训机构以服务基础教育干部教师终身学习为使命，培养了一批又一批优秀教师、优秀教育管理者和教育专家，用专业力量助力干部教师成长与学校发展，书写了与时代同步伐的教育篇章。然而，在教师培训领域也存在着针对性不强、内容泛化、方式单一、质量监控薄弱等问题。"新时代高质量教师培训研究丛书"聚焦精准培训、落实提质增效，这是培训"专业化、标准化"必须攻坚克难的问题。教育部、财政部印发《关于实施中小学幼儿园教师国家级培训计划（2021—2025 年）的通知》及附件《"国培计划"示范项目指导方案》中，两处强调"精准培训"，一是在目标任务上强调"实行分层分类的精准培训"，二是在重点改革方面提出"完善高质量精准化的培训机构"。针对现实情况，根据中共中央、国务院印发的《关于全面深化新时代教师队伍建设改革的意见》，2022 年教育部等八部门联合出台《新时代基础教育强师计划》。"强师计划"强调了"深化精准培训改革"，因此教师培训必须更加注重内涵发展、全面提质增效。精准培训不仅是教师培训改革的重要抓手，还是深化教师培训改革的行动自觉和内在追求。所以，要以精准培训为抓手推进教师培训改革，让教师培训赋能队伍发展，让受训的每位教师都能受益，体现精准性。

"新时代高质量教师培训研究丛书"发现，教师培训必须胸怀大局，遵循规律，把握教育改革态势，提高教师培训质量。高质量教师教育体系建设是新形势下教师队伍建设的重要任务之一。随着国家教育领域综合改革的持续推进，"双减""双新"等政策对教师专业素养提出新要求。高质量落实教育改革，关键在教师。为了将国家政策有效转化为教师实践策略，亟待发挥培训的专业引领和支撑作用。随着信息技术的飞速发展，人工智能方兴未艾，教育数字化战略行动亦需要切实落实到教师培训中。教师培训需要提质增效再出发，数字化转型背景下教师培训工作需要创新发展，培训实践与理论研究工作任重道远。教师培训要以新科技变革为动能，依据科学研究与实践论证，重视方向引领，突显示范效应。要实现从教育大国到教育强国是系统性跃升和质变，必须以改革创新为动力，让教师培训与时俱进，体现时代性。

"新时代高质量教师培训研究丛书"认为，教师培训应当对照首善标准，勇担强师重任，服务教育强国建设。锚定 2035 年，面向 2050 年，应当发挥专业培训院校的独特优势，加强教师培训机构的协同联动，聚焦培训制度与管理、培训课程与模式、培训质量评价等核心问题开展深化研究，为高质量教师培训体系建设提供有力支撑。要看到，从"四有好老师""四个引路人"和"四个相统一"，到做学生为学、为事、为人的大先生，到弘扬教育家精神，既一脉相承，又层层递进。那么，高质量的教师培训也要按照首善标准，提升培训品质和质量，不断发力，述而有作，实现卓越。在全员培训的同时，组织卓越培训，优化"双名"工程，助力教育家成长。接受高质量培训的教师，不仅要传道授业解惑，给学生指点迷津，而且自身也要努力明道信道，形成大境界、大胸怀、大格局，努力成为大先生。大先生应当形成教育家精神，做教书育人的育人者，学生成长的引领者，改革发展的创新者，至诚报国的奉献者。

总之，我相信"新时代高质量教师培训研究丛书"能够为广大教师培训工作者提供有益参考和借鉴。期望广大教育同仁坚持问题导向，协同研究教育改革与发展和教师队伍建设中出现的新情况、新问题，深入推进需求导向的精准培训，积极探索数字化赋能教师培训的新路径，切实提高培训质量，为加强中国特色教师教育体系建设和加快推进高水平教育现代化做出新的更大贡献，共同为建设高素质专业化创新型教师队伍、推进教育高质量发展贡献实践智慧与专业力量。

是为序。

王定华

2023 年 10 月

（本序作者系国家教师教育咨询专家委员会副主任委员、中国教育学会副会长、北京外国语大学党委书记、博士生导师）

前　言

多年来，北京教育学院始终坚持服务首都、辐射全国，坚定不移地走教师培训专业化道路，在培训质量管理与评价方面积累了丰富经验。例如，采取培训项目负责制，注重培训项目申报、实施和收官的全程考评和质量监测；实施首席培训师制度，实行项目组自评、部门初评与学院终评相结合；应用项目负责人答辩、专家现场评审、问卷调查与访谈、学员成果作品展示与分析等多种质量评估方法，以评促改、以评推新；开发"评估流程图""评价表""评价清单"等多种培训质量管理工具，有效开展教师培训项目绩效评估工作。

随着教师培训作为教师职后教育的重要工作从"量"的增长进入了"质"的提高发展阶段，教师培训质量评价理念和评价重心发生了积极变化：不仅仅重视对"培训输入"的实施评价，而且更加关注"培训输出"的结果评估；不仅仅关注培训期间学员学习成果，而且更加注重学员培训后的迁移应用和为工作单位带来的积极作用；不仅仅评价学员的学习与发展情况，而且评估培训团队在训前研究开发、训后追踪指导和团队本身的培训专业化发展，以及培训项目带来的区域辐射和更广更强的影响力。这些变化使得我们对教师培训质量管理问题逐渐形成如下新的共识：

一是充分认识到教师培训质量评价工作的专业价值。培训质量评价对包括管理部门、培训团队和学员等培训相关方来说都有价值。对于培训管理部门来说，培训质量评价帮助把握培训管理工作的"牛鼻子"，可以产生"以评促建、以评促改"作用；对于培训团队来说，通过培训自评和外评能够促进培训专业发展，体现"以评促研、以研促训"效果；对于学员来说，培训质量评价能加强"以训促学、以学促用"效果。培训质量评价需要投入大量的人力、智力和时间。如果培训质量评价对培训机构及其人员的工作和利益没有直接关系，或关系没有被充分认识到，那么，培训质量评价工作往往得不到保障。

二是精准预测到培训质量评价工作的专业难度与复杂性。教师培训质量评价是一项专业化程度较高的工作。如何收集培训质量评价需要的信息、资料和数据？哪些渠道提供的信息是安全可靠的？影响培训质量的原因是多方面的，哪些是培训导致的，哪些是其他因素影响的结果？有些培训效果需要经过一段过程或周期才能显现，而评估通常是在培训结束时或结束后不久进行的。另外，评估工作面临人际复杂问题。由于技术上的困难使得评估结果不能完全反映培训的质量，无法令人完全信服，甚至产生人际纠纷和利益冲突。一方面，如果评估结论不能令人满意，那么培训项目的决策者、组织实施者都可能觉得不舒服，甚至担心自己的利益受到损失。另一方面，评估方一般都是同行或同事关系，因此评估时往往会照顾面子，使得评估容易流于形式。

三是要熟练掌握教师培训质量评价方法与评估工具的开发与应用。影响培训质量的内部要素和外部要素多样，各类培训项目、培训目标和内容等情况差异较大，评估和验收标准各不相同。因此，需要培训团队重视开发和选择适当的评价方法及其工具，特别关注这些方法和工具的功能和实用方法，保证其一定的效度和信度。

四是要树立"无评价，不培训；要质量，必评价"理念。培训质量不仅仅是教学管理部门对培训项目的管理手段，更是培训项目团队开展培训质量监测和培训效果内部控制的重要方法。评价什么，培训就会关注什么；培训关注什么，就会更多地收获什么。评价是培训专业自律、专业自主、专业自强的重要能力体现。项目负责人和首席培训师培训质量评价能力建设是当务之急。

基于以上认识，我们意识到对教师培训质量评价的研究迫在眉睫。本书从教师培训质量评价实际工作出发，借鉴教育领域内外部培训行业质量评价经验，以全面质量评价理念为指导，构建完整的教师培训质量评价体系，并选择了五个影响教师培训质量的要素作为本书内容，包括"教师培训需求分析评价""教师培训项目方案评价""教师培训教学实施评价""教师培训效果评估""教师培训组织机构评价"。各章以培训质量评价问题为导向，努力将培训理论研究与培训实际经验总结相结合，从培训质量评价各要素所涉及的学科概念、一般原理、实施方法等角度，探索教师培训质量评价领域的相关模型、方法、工具及其应用案例。

余新

2023 年 9 月

目　录

第一章　教师培训质量评价体系的建构 ……………………………………1

第一节　教师培训质量评价的内涵 ………………………………………1

一、质量与培训质量 ………………………………………………1

二、教师培训质量 …………………………………………………2

三、教师培训质量评价体系 ………………………………………3

第二节　教师培训质量评价的理论基础与基本原则 …………………3

一、基于质量视角的全面质量管理理论 …………………………3

二、基于评价视角的教师培训理论基础 …………………………6

三、教师培训质量评价的基本原则 ………………………………8

第三节　教师培训质量评价体系的要素 ………………………………10

一、全过程要素下的教师培训质量评价 …………………………10

二、全要素管理下的教师培训质量评价 …………………………11

第四节　教师培训质量评价的问题与展望 ……………………………12

一、教师培训质量评价的问题 ……………………………………12

二、教师培训质量评价的未来展望 ………………………………14

第二章　教师培训需求分析评价 …………………………………………16

第一节　教师培训需求分析概述 ………………………………………16

一、教师培训需求分析的内涵及意义 ……………………………16

二、教师培训需求分析的常见问题 ………………………………18

三、教师培训需求分析的流程 ……………………………………20

四、教师培训需求分析的模型 ……………………………………22

五、教师培训需求分析的评价框架 ………………………………23

第二节　学校组织需求分析及培训需求评价 …………………………25

一、学校组织需求分析的内涵及意义 ·············· 25

二、学校组织需求分析的模型 ·················· 26

三、学校组织需求分析的方法和工具 ·············· 27

四、学校组织需求分析的评价 ·················· 30

五、实践案例 ·························· 31

第三节　教师工作分析及培训需求的评价 ·············· 38

一、教师工作分析的内涵及意义 ················ 38

二、教师工作分析的模型 ···················· 39

三、教师工作分析的方法和工具 ················ 43

四、教师工作需求分析的评价 ·················· 48

五、实践案例 ·························· 49

第四节　学员学情分析及学习需求评价 ·············· 53

一、学员学习需求分析的内涵与意义 ·············· 53

二、学员学习需求分析的方法和工具 ·············· 54

三、学员学习需求分析的评价 ·················· 62

四、实践案例 ·························· 63

第三章　教师培训项目方案评价 ·················· 69

第一节　教师培训项目方案评价的意义和内涵 ·············· 69

一、教师培训项目方案评价的目的和意义 ·············· 69

二、教师培训项目方案评价的内涵与特点 ·············· 70

三、不同教师培训项目类型方案评价的共性与差异 ········ 72

第二节　教师培训项目方案评价标准 ·············· 72

一、教师培训方案三级评价体系 ················ 73

二、重点类型教师培训项目设计方案评价标准 ········· 74

第三节　教师培训项目方案评价方法 ·············· 85

一、会议评审 ·························· 85

二、文本评价 ·························· 88

第四节　教师培训项目方案评价工具 ·········· 89
　　一、评价量表 ·········· 89
　　二、教师培训项目设计模板举例 ·········· 92
第五节　教师培训项目方案评价案例分析 ·········· 94
　　一、项目方案案例呈现 ·········· 94
　　二、方案评审反馈及评价方法案例分析 ·········· 101
　　三、方案评价工作的经验、突出问题及改进措施 ·········· 102

第四章　教师培训教学实施评价 ·········· 104
第一节　教师培训教学实施评价指标 ·········· 104
第二节　教师培训教学质量监控方法 ·········· 106
　　一、课堂观察 ·········· 107
　　二、学员访谈 ·········· 111
　　三、问卷调研 ·········· 114
第三节　教师培训在线教学实施评价 ·········· 116
　　一、培训实施中在线学习过程的评价 ·········· 116
　　二、在线学习平台中的教师专业画像 ·········· 119

第五章　教师培训效果评估 ·········· 121
第一节　教师培训效果评估概述 ·········· 121
　　一、教师培训效果评估内涵 ·········· 121
　　二、教师培训效果评估意义与功能 ·········· 123
　　三、教师培训效果评估类型 ·········· 125
　　四、教师培训效果评估主体 ·········· 126
第二节　教师培训效果评估模型 ·········· 129
　　一、整体评估模型 ·········· 129
　　二、层级评估模型 ·········· 130
　　三、结果评估模型 ·········· 135

四、教师培训效果评估模型 ……………………………………138

第三节 教师培训效果评估标准 …………………………………141

第四节 教师培训效果评估流程、方法、工具及应用案例 ………143

一、培训效果的评估流程 ……………………………………143

二、培训效果的评估方法 ……………………………………150

三、培训效果的评估工具及其应用案例 ……………………153

第六章 教师培训组织机构评价 …………………………………167

第一节 教师培训机构评价的发展 ………………………………167

一、中华人民共和国成立后教师培训机构发展历程 ………167

二、教师培训机构评价发展的历史沿革 ……………………172

第二节 教师培训机构评价 ………………………………………176

一、国外教师培训机构的资质评估 …………………………176

二、国内教师培训机构的资质评价 …………………………182

第三节 中小学校本研修评价标准及工具 ………………………187

一、中小学校本研修评价标准 ………………………………187

二、中小学校开展校本研修的评价工具 ……………………197

参考文献 ……………………………………………………………203

后 记 ………………………………………………………………207

第一章　教师培训质量评价体系的建构

2018 年，教育部等五部门印发的《教师教育振兴行动计划（2018—2022 年）》中提出要建立健全教师培训质量评估制度，建立教师培养培训质量监测机制，并发布《中国教师教育质量年度报告》，这些都明确了教师培训质量的重要性，并且将评价作为教师培训质量提升的重要方式。为了更好地提升教师培训质量，有必要建构教师培训质量评价的体系。为了更加系统深刻地认识教师培训质量评价这一核心问题，本章将在对"质量""培训质量""教师培训质量"等相关概念分析的基础上，从"质量"和"评价"两个维度探索构建教师培训质量评价体系的理论基础。在"质量"维度上，将重点依据全面质量管理理论探索质量管理中的核心特点和原则；在"评价"维度上，梳理相关的教师培训理论，包括成人教育学理论、教育评价理论、循证决策理论等，并分析不同理论对教师培训质量评价体系构建的指导意义。

第一节　教师培训质量评价的内涵

一、质量与培训质量

（一）质量

我国《现代汉语词典》中将"质量"解释为"产品或工作的优劣程度"。在英文中一般翻译为"quality"，牛津词典将其解释为"the standard of something when it is compared to other things like it; how good or bad something is"，即"与同类事物相比，某事物是好是坏的标准"。ISO9000：2015 中将"质量"界定为"客体的一组固有特性满足要求的程度"[①]。现代质量管理的领军人物约瑟夫·M·朱兰在其《朱兰质量手册（第六版）》中对质量的概念进行了更加清晰的定义，认为"质量意味着适目的性"，在他看来，为了适合目的，任何产品和服务都必须具备能够满足顾客需要的正确特征，并且以最少的失效来加以提供，必须能够真正满足顾客的要求，并取得优异的业务绩效[②]。戴明在《戴明论质量管理》一书

---

① 徐平国，张莉，张艳芬：《ISO9000 族标准质量管理体系内审员实用教程（第四版）》，北京，北京大学出版社，2017。
② [美]约瑟夫·M·朱兰，约瑟夫·A·德费欧：《朱兰质量手册：通向卓越绩效的全面指南（第六版）》（卓越国际质量科学研究院等译），北京，中国人民大学出版社，2014。

中提出"质量的意义是工作绩效能令自己满意，并且以工作为荣。质量提高了，就会把浪费在工作上与机器上的时间转为生产更好的产品与服务"[①]，对于质量的追求程度决定了我们确定什么样的目标。因此，本书认为，质量本身的词义解释更加注重产品或事物的特性，而从管理学领域来看，"质量"更多的偏向于"适应目的"或者"满足要求"，也就决定了"质量"的两层含义，即质量就是以满足用户需求为目的的工作的优劣程度。

（二）培训质量

培训是有目的地教授人们如何掌握必要技巧，履行工作职责。培训是"在组织发展过程中，为了适应外在环境变化和组织变革，组织成员需要在知识、技能和态度上进行有目的、有计划和有组织的学习活动，从而发挥最大潜力，提高工作绩效"[②]。因此对培训的质量要求决定了培训存在的意义与价值，提供培训不是为了完成多少数量的项目、种类或者技巧，而是在改善绩效方面取得效果。结合前文关于"质量"的定义，我们不难理解，培训质量是指通过满足组织成员的发展需求，能够在改善组织成员的业务绩效或成果方面所达到的程度。

在关注培训质量评价时，当前也有很多会运用"培训成果""培训效果"和"培训绩效"等概念，实际上这几个概念之间存在意义上的差别。培训成果是指培训结束之后所取得的成绩；培训效果是指因培训这一行为所产生的结果，通常是指好的方面，培训效果是指培训活动给培训对象、派送单位、培训委托方、培训机构、培训投资方等相关培训利益者带来的正面效应[③]；培训绩效更具有评价的意味，通常用于评价培训的完成情况。培训质量与培训绩效的含义相似，但是培训质量除了具有评价的意味之外，还具有"改善"的含义，更多地关注培训对象的发展过程和结果。因此，本书立足于"质量"这一内涵，将其作为探索教师培训体系的立足点和出发点，覆盖了教师培训的全过程和全要素，将在后面的章节重点分析和阐述。

二、教师培训质量

教师培训虽然具有企业培训中的共同特点，但是教师作为自主性较强、与学生发展密切相关的群体，培训意味着在追求绩效的过程中，更加强调培训过程中教师的学习需求、学习过程中的感受和学习转化效果，对教师培训质量的要求也更高。教师培训的魂在于质

---

① ［美］W·爱德华兹·戴明：《戴明论质量管理》（钟汉清、戴久永译），海口，海南出版社，2003。
② 鱼霞，毛亚庆：《论有效的教师培训》，载《教师教育研究》，2004（1）。
③ 余新：《教师培训师专业修炼（第2版）》，北京，教育科学出版社，2022。

量，没有质量的培训不仅无助于教师专业发展，还会极大地浪费人力、物力和财力[①]。教师培训项目质量包括产品质量和培训活动过程的工作质量，其中产品质量是培训服务满足相关方培训要求的程度，工作质量指的是培训规划、实施、组织与管理、评估等工作的质量[②]。教师培训质量的达成需要满足四个条件，即培训目标的达成程度、培训目标的有效性、培训产品与服务的联系程度、顾客的满意度[③]。这四个界定条件较好地满足了教师培训在"培训"和"质量"方面的特点。本书中对教师培训质量的界定将继续沿用该理解。换句话说，教师培训质量就是"通过培训目标、培训产品、培训服务等方面的设计来适应教师专业发展的目的和需求的程度"。

三、教师培训质量评价体系

质量评价体系是质量管理体系中关于评价的部分。朱兰博士将产品质量定义为"适目的性"，即从用户的角度来看待质量。"评价"在《现代汉语词典》中的解释为"评定价值高低或评定的价值"，这种行为存在于人类一切有目的的活动之中。教师培训作为一项有目地促进教师专业发展的社会实践活动，自然就少不了对其过程和目标实现程度的价值衡量和判断，这个过程就构成了教师培训的质量评价。

当前国际上已经有很多培训评价模型盛行，如柯氏四级培训评价模型、CIPP 评价模型等，这些评价模型有的涉及培训整体过程的评估（如 CIPP 模型），有的侧重培训效果的评估（如柯氏模型）[④]。根据前文中对于"质量"与"效果"的理解，教师培训质量评价不能简单地套用现有的培训模型，因为其无法涵盖包含过程和效果的质量评价。本书将从教师培训需求分析评价、教师培训项目方案评价、教师培训教学实施评价、教师培训效果评价、教师培训组织机构评价等方面进行详细阐述和分析，并构建完整的教师培训质量评价体系。

第二节 教师培训质量评价的理论基础与基本原则

一、基于质量视角的全面质量管理理论

本书虽定位于质量评价，但最终追求的是在精准质量管理基础上的培训，因此有必要在全面质量管理理论的基础上去构建教师培训质量评价体系，深化对教师培训质量管理的

---

① 肖建彬：《基础教育教师培训课程与培训质量评估研究》，北京，北京师范大学出版社，2019。
② 陈霞：《教师培训项目质量管理》，上海，上海教育出版社，2018。
③ 李方，钟祖荣：《教师培训质量导航》，北京，高等教育出版社，2014。
④ 余新：《教师培训师专业修炼（第 2 版）》，北京，教育科学出版社，2022。

认识。

（一）全面质量管理的概念

全面质量管理的含义是"将组织的所有管理职能纳入质量管理的范畴，强调一个组织以质量为中心，强调以全员参与为基础，强调全员的教育和培训"[①]。其中，"全面"一词包含三层含义：一是系统的，即运用多种手段，系统保证和提高产品质量；二是全过程；三是用质量成本衡量和优化质量管理的有效性，也就是本书中强调的质量评价。

（二）全面质量管理的核心特点

全面质量管理具有"以适用性为标准，以人为本，突出改进的动态性、综合性"等核心特点[②]。本书中关注的是教师培训质量，试图通过组织形成一个紧密的有机整体，以满足用户的需求为目的，从而实现全面的质量管理，突出"全组织""全过程"和"全员参与"，同时，在评价的基础上要考虑多重因素的影响，所以在"三全"的基础上，我们仍需关注全面质量管理中对多样评价方法的关注。

1. 全组织的质量管理

从纵向来看，全组织的质量管理就是教师培训组织自上而下通力协作，从管理层的顶层设计和决策，到中层的支持保障，再到基层的实施运行，都以质量目标的实现为准绳。从横向来看，作为教师培训前、中、后的所有活动，都必须保证不同组织职能部门的紧密配合，提高产品或服务的质量，形成以保障和改进质量为最终行为目标的一个有机整体。

2. 全过程的质量管理

产品质量管理的全过程包括产品质量的产生、形成和实现的过程，因此，不仅只是关注产品的生产过程，还要关注产品的使用过程，评价产品是否满足了顾客的需求，将产品的质量管理作为一个系统综合的体系来看。就教师培训的全过程来说，从前期研发教师培训项目需求调研、培训课程资源开发和培训条件准备，到培训期间的有效传递和学习指导，再到培训后追踪指导和迁移转化的进一步支持，只有每个环节的质量都得到保障，培训质量才能最终实现。

3. 全员参与的质量管理

产品质量人人有责，组织中的任何一个人的工作质量都会影响产品或服务的质量，只有实现了全员参与的质量管理，才能生产出让顾客满意的产品。作为教师培训的工作，如果希望最终的培训服务是让教师满意的，必须保证教师培训过程中所有参与人员都能形成相互认同的培训专业理念，充分了解培训目标，并且获得统一的认识，同时做到责任分工

---

①② 刘立户：《全面质量管理》，北京，北京大学出版社，2004。

明确，充分调动起所有参与人员的积极性和主动性，而不再是教师培训者一个人或两个人的事情。而且，关于质量管理的相关培训也必须在组织中实现全员覆盖。

4. 多方面因素考虑的质量管理

影响产品和服务质量的因素有很多，并且很复杂，所以在进行质量管理时，需要综合考虑多方面的因素，并且将不同的因素进行科学对待，区分不同因素对质量的影响程度。在此基础上综合使用多种评价方法来了解这些因素对质量管理的影响，并且采取相应的措施来解决潜在的质量问题。教师培训质量不仅需要考虑到教师培训相关利益者的利益诉求主观性，而且要考虑到学员个体、送培单位、参训机构、管理部门等培训主体的客观条件。

（三）全面质量管理的原则

长期以来，在质量管理的原则方面，有很多学者提出一些相关准则，比如全面质量管理中提出的八大原则、朱兰提出的质量三部曲、戴明提出的十四条质量职责等。但这些内容的提出相对时间较长，ISO9000：2015 中综合多方面内容的考虑，最终确定了七项质量管理的原则[①]，这为后续确定教师培训质量评价的理论基础、原则和体系构建提供了重要参考，其详细内容摘录如下：

1. 以顾客为关注焦点

具体体现在：对潜在顾客的辨识和了解；理解顾客的需求和期望；将组织目标与顾客的需求和期望联系起来；在整个组织内沟通顾客的需求和期望；基于顾客的需求和期望来策划、设计、开发、生产、交付和支持的产品或服务；测量和监视顾客的满意情况，并采取适当的措施；在有可能影响到顾客满意度的相关方的需求和期望方面，采取相应措施；积极管理与顾客的关系，实现持续成功。

2. 领导作用

具体体现在：在整个组织内，就其使命、愿景、战略、方针和过程进行沟通，在组织的所有层次创建并保持共同的价值观和公平道德的行为模式；培育诚信和正直的文化；鼓励在整个组织范围内履行对质量的承诺；确保各级领导者成为组织人员中的楷模；为人员提供履行职责所需的资源、培训和权限；激发、鼓励人员并表彰人员的贡献。

3. 全员积极参与

具体体现在：与员工沟通，以增进他们对个人贡献的重要性的认识；促进整个组织内部的协作；提倡公开讨论，分享知识和经验；授权人员确定工作中的制约因素并积极、主动参与；赞赏和表彰员工的贡献、钻研精神和进步；针对个人目标进行绩效的自我评价；

① 徐平国，张莉，张艳芬：《ISO9000 族标准质量管理体系内审员实用教程（第四版）》，北京，北京大学出版社，2017。

进行调查，以评估人员的满意程度和沟通结果，并采取适当的措施。

4. 过程方法

将相互关联的过程作为一个系统加以理解和管理，有助于组织实现其预期结果的有效性和效率；同时，使组织能够对体系过程之间相互关联和相互依赖的关系进行有效控制，以增强组织整体绩效，得到一致的、可预知的结果。

5. 改进

具体体现在：促进在组织的所有层级建立改进目标；对各层级员工进行培训，使其懂得如何应用基本工具和方法实现改进目标；确保员工有能力成功地制定和完成改进项目；开发和展开过程，以在整个组织内实施改进项目；跟踪、评审和审核改进项目的计划、实施、完成和结果；将新产品开发或产品、服务和过程的变更都纳入改进中予以考虑；赞赏和表彰改进。

6. 循证决策

循证决策就是基于数据和信息的分析和评价的决策，数据和信息是最重要的资源，确保数据和信息足够精确和可靠是决策正确的条件。应该做到：确定、测量和监视关键指标，以证实组织的绩效；使相关人员能够获得所需的全部数据；确保数据和信息足够准确、可靠和安全；使用适宜的方法对数据和信息进行分析和评价；确保人员有能力分析和评价所需的数据；权衡经验和直觉，基于证据进行决策并采取措施。

7. 关系管理

为了持续成功，组织需要管理与相关方的关系，相关方包括外部供方、关联方和顾客。在确定与相关方的关系基础上，考虑权衡短期利益和长远利益的关系；收集并与相关方共享信息、专业知识和资源；确定绩效并向相关方报告，以增加改进的主动性；与相关方共同开展开发和改进活动；鼓励和表彰相关方的改进和成绩。

二、基于评价视角的教师培训理论基础

（一）成人教育学理论

1. 基本理论观点

成人教育学是由诺尔斯提出的，区别于普通教育学，成人教育学是"帮助成人学习的科学和技术"。在成人教育学领域，教师和学习者作为共同的探究者，彼此之间存在着精神上的互动[1]。诺尔斯提出的成人教育学存在五个基本的假设：（1）成人有独立的自我概

---

[1] Knowles,M.S.The Modern Practice of Adult Education:From Pedagogy to Andragogy,(2nd ed)New York:Cambridge Books, 1980.

念并能指导自己的学习；（2）成人积累了生活经验，可以作为丰富的学习资源；（3）成人的学习需求与个人社会角色紧密相关；（4）以问题解决为中心进行学习，并且对可以立即应用的知识感兴趣；（5）学习动机来自内部而不是外部[①]。

2．对教师培训质量评价体系构建的指导意义

（1）教师专业成长是教师培训质量评价的核心价值

成人教育学理论突出了成人学习的核心特点在于问题解决和满足个人内部学习动机。教师培训的目的就是促进教师的专业成长，在评价过程中不仅要考虑教师专业成长的结果，还要考虑他们成长的过程，以及他们在这个过程中实现的经验积累和潜力挖掘。

（2）实践转化经验和能力是教师培训质量评价的重要维度

成人教育学理论强调成人学习的自我导向学习倾向，更多的是增加生活经验，并且利用这些经验与资源，完成工作任务，并在完成工作任务过程中实现个人专业成长。教师培训质量评价要符合成人教育学理论的核心特点，注重评价内容的实践转化过程，将实践转化经验和能力作为评价的重要维度。

（二）教育评价理论

1．基本理论观点

随着教育评价理论的不断发展与完善，目前其已经经历了公认的四个发展阶段，分别是：（1）注重"测量"的评价理论阶段，用统计和测验等技术手段进行评价；（2）注重"描述"的评价理论阶段，对教育的结果进行描述，关注最后的结果与目标的一致程度；（3）注重"价值"的评价理论阶段，在关注测量结果的同时，也要明确考虑评价的标准和目标；（4）注重"建构"的评价理论阶段，关注以人为中心，充分考虑人的需要的满足。第四代基于建构主义的评价理论对教育相关的价值主体进行了充分考虑，充分满足多元的价值需求，更加关注质量的评价，而不再是"为了评价而评价"。

2．对教师培训质量评价体系构建的指导意义

2020年，中共中央、国务院印发《深化新时代教育评价改革总体方案》，对新时代教育评价改革的目标和任务进行了明确阐述。为了顺应这一发展趋势，教师培训质量评价体系的构建也必须坚持问题导向、科学有效和统筹兼顾，保证质量评价的效果。基于第四代教育评价理论，教师培训的核心要素是促进教师专业发展，教师的积极发展变化才是教师

[①] [美] 雪伦·B·梅里安：《成人学习理论的新进展》(黄健等译)，北京，中国人民大学出版社，2006。

培训质量的主要指标。教师培训质量的高低表现为教师在培训结束后知识、技能、情感、态度、价值观的改变程度，而不是单一表现为教师的量化指标。

（三）循证决策理论

1. 基本理论观点

循证决策的理念最早产生于医学领域。1996年，Sackett将"循证医学"进行了科学界定，在对循证理念的认识上更进了一步。他提出循证医学就是"慎重、准确和明智地应用当前所能获得的最好的研究证据，同时结合临床医生的个人专业技能和多年临床经验，考虑病人的实际情况和愿景，全面综合三个方面的考虑，最终制订出病人的治疗方案"。循证决策的概念来源于循证医学，因此对此概念的理解可以结合循证医学中所强调的主要方面，Davies曾对"循证决策"进行清晰界定[1]，"循证决策是指决策者在进行决策、制订计划时，将能够获得的最佳研究证据置于制定与实施政策的核心，并结合专业的智慧与利益相关者的价值观来做出决定"[2]。

2. 对教师培训质量评价体系构建的指导意义

循证决策对于提升教育决策的科学性以及有效性具有显著的成效，教师培训质量评价体系的构建本身就是一种决策行为，需要利用现有的最佳证据来确定最终的体系方案。在教师培训质量评价体系构建的过程中，一方面要提升评价工具的科学性，最大限度获得最真实的数据，并作为最佳证据库的重要来源之一；另一方面要通过构建多元主体参与的评价共同体，综合考虑来自多元主体的评价智慧和价值观，提升教师培训质量评价体系构建的科学性和有效性，同时也不乏满足成人培训质量评价的人文性，形成提升教师培训质量的评价改革路径。

三、教师培训质量评价的基本原则

当前，我国已经进入"质量时代"，追求高质量发展已经成为各个领域的当代命题和永恒主题。按照中共中央、国务院《全面深化新时代教师队伍建设改革的意见》提出的"经过5年左右努力，教师培养培训体系基本健全，……组织高质量培训"[3]的要求，以及2022年在《新时代基础教育强师计划》中提出的"实施教师精准培训改革，完善自主选学

---

① Sackett D L,Rosenberg W M,Gray J A, et al. "Evidence Based Medicine: What it is and What It Isnt,".British Medical Journal, 1996,312(7023).

② Davies H T, Nutley S, Smith P C. What Works? Evidence-based Policy and Practice in Public Services. Bristol: Policy Press，2000.

③《全面深化新时代教师队伍建设改革的意见》，https://www.gov.cn/zhengce/2018-01/31/content_5262659.htm？ trs=1。

机制"①的要求，教师培训必须能够采取多方面举措来保障质量。作为质量保障的重要一环，评价必须能够科学有效地开展，结合全面质量管理理念、教师培训理论以及当前现实需求，教师培训质量评价需要遵循以下几项原则：

（一）整体设计的原则

教师培训的质量评价不受单一因素影响，而是一个系统工程，需要坚持整体设计的原则。构建质量评价的体系，包含评价标准、评价过程、评价反馈等方面，确保质量评价是一个有机的开放循环系统，而不是在教师培训之后就结束的评价。

（二）"三全性"原则

基于全面质量管理的理念，教师培训质量评价也要坚持"三全性"原则。

"全面性"原则是要在评价过程中坚持质量评价的全面管理，充分调动一切资源去保证教师培训的质量，并将最终的目标落实在教师发展的各个维度上。

"全过程性"原则是要落实在教师培训的不同环节上，不断拓宽教师培训从培训前到培训后追踪的每一个环节，每一个环节的质量决定了教师培训的总体质量，每一个环节教师的变化与成长都是教师培训质量评价的对象，因此要制订不同的质量标准。

"全员性"原则是教师培训的质量评价不仅是培训者或者培训机构的责任，也是每一位教师、所在学校管理者、学生以及其他利益相关者的共同责任。必须做到所有人都承担起教师培训的质量评价责任，实现各要素之间的协同合作。

（三）循证原则

全面质量管理中重点探讨了循证决策的原则，同时循证决策理论也是教师培训的重要理论基础之一，因此教师培训的质量评价必须坚持循证原则。教师培训的质量评价必须做到以证据为基础进行分析与评价，确保收集的数据信息可以有效转化成可以利用和参考的证据，而不是盲目相信量化调查中反馈的数据信息，综合考虑来自相关研究成果、教师发展特点、项目培训特点等方面的因素，去综合考察如何有效评价教师培训的质量。

（四）创新原则

教师培训的质量评价不是一成不变的，为了满足质量持续提升的需要，需要及时发现并解决质量评价中的问题，结合教师培训过程中不断出现的不可控因素，逐步完善和优化目标，提升质量评价的标准和系统设计，确保始终满足教师培训质量提升的需要。

---

① 《新时代基础教育强师计划》，http://www.moe.gov.cn/srcsite/A10/s7034/202204t20220413_616644.html。

第三节 教师培训质量评价体系的要素

一、全过程要素下的教师培训质量评价

在现代质量管理领域，使顾客对产品或服务满意是最基本的原则之一，因此，顾客可以评价质量，其他的评价都是不可靠的。作为教师培训的对象，教师对培训过程和培训结果的评价决定了教师培训的质量评价。为了保证教师培训的每个环节都能以高质量的水准满足教师的期望，在质量评价过程中，我们必须覆盖到教师培训质量管理的全过程要素。

戴明博士最早提出了 PDCA 循环的概念，并在企业的质量管理中得到广泛应用。PDCA 循环，又称戴明环，即计划（P）—实施（D）—检查（C）—处理（A），这个循环反映了提高管理质量应该遵循的科学程序，其中在不同的程序下也有具体的要求。比如在计划阶段，戴明又提出要完成分析现状、寻找原因、提炼主因、制订计划的步骤；在处理阶段，不仅要做到总结经验，进行标准化，还需要将遗留问题转入下一个管理循环。[1]在戴明经典质量管理程序的基础上，本书将重点围绕教师培训的需求分析、项目设计、组织实施、培训绩效等方面来开展质量评价。这些要素构成了教师培训的前、中、后不同阶段的核心内容，能够实现全过程的质量评价。

（一）培训需求分析评价

教师培训需求分析是培训活动开始前必须完成的一项工作，便于了解培训对象和确定培训目标，同时也是培训效果评价的重要参考指标，因此做好这项工作是后续各个培训阶段的关键。但是当前培训需求分析仍存在诸多问题，参考当前教师培训需求分析的理论模型，本书将重点围绕由麦克吉（McGehee, W）与泰耶尔（Thayer, P.W）提出的 OTP 模型进行阐述，即组织分析（Organization analysis）、任务分析（Task analysis）、人员分析（Person analysis），以上内容将在第二章节中进行详细阐述。同时，对于教师培训需求分析的评价也将主要基于组织分析、任务分析和人员分析的结果进行质量评价，整合三种分析的结果，确定培训需求的分析是否可以作为制订培训内容的依据，也决定了最终的培训质量。在教师培训质量管理过程中，教师培训需求分析的评价必须建立在对培训对象的充分了解基础之上，且培训需求的分析结果是能够充分提供有价值的参考和依据，并不是停留在形式层面的需求调研中。

（二）培训项目方案评价

在教师培训需求分析的基础上，需要开启方案设计的阶段，方案设计的内容受设计者、

---

[1] 刘立户：《全面质量管理》，北京，北京大学出版社，2004。

培训管理者、培训对象等多方因素的影响，所以在同样的内容和需求下，方案可能会是多个。但是，如何判断设计的方案是不是一个合适的且能保证培训质量的方案，同样需要进行评价。评价即需要标准，本书第三章将探索教师培训项目方案设计的评价标准，并基于不同类型培训项目设计不同的评价标准，在此基础上，阐述教师培训项目方案的评价方法和工具。

（三）培训教学实施评价

培训实施过程的评价模型已有很多，对于培训实施的效果的评价也有许多探索，本书将在前人研究的基础上，一方面通过课堂观察、学员访谈和问卷调研对培训专家的教学活动进行质量监控行为，另一方面通过对培训对象的学习过程的评价明确培训组织实施的质量如何，具体内容将在第四章中详细呈现。

（四）培训效果评价

培训绩效是指培训后的效果，用于了解培训最终的完成情况以及取得的成绩，因此对培训绩效的评价更多的是对结果的评价。当前在培训绩效评价上有多种模型，如整体评价模型、层次评价模型和结果评价模型，同时基于不同维度的评价标准，运用合理的评价方法和工具进行绩效评价。虽然绩效评价是对培训成果的评价，但也要尽量避免纯量化的等级评价，要更加重视科学指标的确定和结果的综合评价。具体内容将在第五章中详细呈现。

二、全要素管理下的教师培训质量评价

全面质量管理理念不仅重视产品"质量"全过程要素，更加突出"管理"的意味，因此，教师培训的质量评价也要做到全要素管理下的质量评价，管理层面会涉及培训组织机构、培训师资、培训工作管理等方面的评价。

（一）培训组织机构评价

我国关于教师培训机构管理的相关政策文件自新中国成立以来不断更新发展至今，作为教师培训质量保证的因素之一，培训机构的评价容易被忽视。通过了解国内外的教师培训机构资质评估制度和方法，更加明确当前教师培训机构所应达到的质量和专业水平，最大限度保障教师培训的质量。

（二）培训师资评价

教师培训师作为培训的主体之一，需要充分了解其角色定位，确定教师培训师的胜任力标准，对培训师的胜任力进行评价。北京教育学院的余新教授的著作《教师培训师专业修炼（第2版）》中对教师培训师进行了详细界定，即"在教师教育机构中接受过长期专业教育和专门训练，掌握系统教育科学知识和专业培训技能，能够运用现代教育培训理念和方法，开发与管理教育培训项目，设计与实施教师培训课程和教学，监测与评估教师培

训质量，从事教师培训的需求分析、课程设计、教学组织、管理服务、领导咨询活动的专业人员"。因此教师培训师并不是一个容易的岗位，需要具有高度的专业性，并且能够胜任教师培训的各个环节的任务，同时教师培训师受成人学习的特点的影响，还具有不同的类型，如演示型、指导型、引导型、教练型等。

（三）培训工作管理评价

教师培训管理评价在教师培训质量评价中经常被忽视。一方面，对培训管理的理解仍然只是停留在实践层面上的培训项目的管理，如对培训对象的管理、培训的开班结业管理等，但缺乏深层次的理论认识，忽视了培训管理在不同的教师培训活动中表现千差万别，容易流于形式，缺少专业性。另一方面，培训管理中需要转变培训者与培训对象的角色，两者不是服务与被服务的关系，需要共同协商管理。因此，我们需要加强对培训管理的认识和研究，将其纳入教师培训质量评价中的重要一环，对培训管理的内涵、类别、功能和价值有深入的认识，同时对于培训管理的评价也要基于科学的指标来进行。

第四节 教师培训质量评价的问题与展望

一、教师培训质量评价的问题

（一）重单一判断，轻综合评价

当前，随着我国教师培训进入新的改革发展阶段，传统教师培训中注重满意度这种单一的评价方式已经无法满足了解教师培训的质量的要求，为了进行深度的质量评价，必须从促进教师专业发展成效的角度综合考虑，运用多元综合的评价方式去了解培训是否能够满足教师专业发展的需求，这是对涉及教师培训的培训理念、培训课程、培训模式的综合评价。美国肯塔基大学教授 Guskey 曾经提出了五个层次的教师专业发展评价模型，分别是反应层、学习层、组织层、应用层和学生层[①]。这五个层次的评价充分实现了对教师培训质量的综合评价，是未来教师培训质量评价的发展趋势。

[①] 冯晓英，宋琼，吴怡君：《"互联网+"教师培训与专业发展：深度质量评价的视角》，载《开放学习研究》，2020，25（3）。
五个层次的具体内容：反应层是参与培训的教师对培训项目最初的满意度评价；学习层主要评价教师培训活动是否带给教师理论知识、实践技能以及态度或观念的变化；组织层关注与教师培训项目相关的组织支持与影响；应用层评价教师对于培训中所习得的新知识和新技能的实际应用；学生层关注教师对培训成果的应用最终对学生产生了怎样的成效。

（二）重培训投入，轻教师发展

教师培训的质量评价容易聚焦在培训过程中投入的师资、课程内容、时间和精力等指标，而轻视教师的真实发展的表现，未充分关注教师培训的内容是否与教师的需求保持一致，是否能够真正激发教师的专业发展与提升。这与我国当前针对教师职后教育的政策息息相关，我国当前对教师职后继续教育的学时有较高的要求，同时不同层级的教师培训部门都将培训项目压向教师，教师经常被动参加多个培训项目，导致参与培训项目过剩，教师的时间、精力无法充分参与到项目学习中，更无法保障学习效果。在这种情况下，对培训项目质量的评价最终只能以重投入的评价替代了教师发展的产出评价。

（三）重结果评价，轻过程评价

教师培训的评价往往在培训结束时进行，过度关注培训是否达到了预期成果，但是并未将培训前的教师诊断和培训过程中的教师表现进行全面考量，过程中的评价结果实际应作为教师培训质量评价的关键证据来源，结果的达成度是一方面，同时要关心结果达成的过程，只有这样才能将全面和深入的证据作为评价教师培训质量的标准，从而为更好地开展教师培训提供决策依据。

（四）重自我评价，轻科学评价

当前教师培训都是由培训项目负责人或者团队来承担，其评价存在重视项目团队自我开展的评价，而忽视了科学的质量评价。项目自我评价可以说是项目管理的一种手段，项目团队人员通过项目的方案设计、课程实施和效果评价等过程完成规定的项目培训工作，培训管理部门将自我评价的结果作为培训项目质量的重要表现形式，而忽视背后的科学评价的设计，比如自我评价的标准、调查问卷的信效度、项目团队的主观性等。有些管理部门同时也设计相关问卷去评价不同教师培训项目的质量，但是往往评价会因为问卷设计缺乏专业性而流于形式化，也未发挥通过评价来优化培训项目设计的作用。

（五）重培训者评价，轻多主体评价

教师培训项目的结业并不意味着项目质量评价的结束，应积极开展追踪评价。项目培训者在培训结束后的效果评价应只是作为质量评价的其中一环，后续应增强多方主体的参与。培训项目管理部门、学员自身、学员所在组织、学生等都应该作为评价主体充分考虑进来。朱旭东教授指出项目后的评价是反映培训效果的最终指标[①]，这也就意味着项目后多方主体的参与是关键，我们应重视起来。

---

① 朱旭东，宋萑：《论教师培训的核心要素》，载《教师教育研究》，2013（3）。

二、教师培训质量评价的未来展望

（一）集结多方主体参与评价，突出开放、协同、联动的质量评价理念

在当前第四代评价理论的影响下，教师培训的质量评价不再是简单地进行价值判断，需要在追求高质量发展的前提下，充分将满足教师多元的专业发展需求作为最终的质量标准，这就需要质量评价体系是在多方主体的参与下来建构的。《北京市新时代基础教育强师计划实施方案》（2022 年）中强调"构建开放、协同、联动的高水平教师教育体系，健全完善的教师专业发展机制"，"建立健全市、区、校三级教师专业发展支持体系"[1]。因此，教师培训的质量评价需要联合管理部门、培训者、教师、学生等主体的积极参与，同时，政府作为教师专业发展的行政主导部门，也需要对教师培训的质量进行监督，确保信息公开，充分提出意见，最终实现各主体之间的通力合作。

（二）坚持建构主义评价观，健全教师培训质量的评价体系

教师培训作为成人学习过程中的重要一环，本身具有复杂性，如果单纯依靠标准和量化的纯科学主义评价方法并不能全面有效地反映出教师培训的效果，也无法真正了解教师培训是否真正满足了教师的学习和发展需求，因此，我们必须坚持建构主义评价观。建构主义评价观主要是关注评价过程中的价值的多元性和情境的复杂性[2]。在高质量教师培训体系下，我们也要健全教师培训质量的评价体系。一是教师培训项目本身需要综合考虑面向的教师群体、学科差异，所以要制定具有差异化的教师培训质量评价指标体系；二是融入学员评价、机构评价、教师自评、同伴互评等评价形式，结合不同来源的评价结果来评价教师培训的质量；三是坚持过程性评价与终结性评价相结合，并做好培训后的追踪调研；四是量化评价与质性评价相结合，作为对成人教师培训质量的评价，存在很多无法量化的数据信息，要对这些信息进行质性分析和评价。

（三）构建教师培训质量评价的保障机制

受成人学习的学习风格、学习动机、实际需求等因素的影响，教师培训的开展应该更加以满足教师的需求为目的，那质量评价制度也应当落实满足教师需求的理念，从而引导教师培训质量不断提升。那构建教师培训质量评价的制度，需要首先建立起完善的保障机制。一是教师培训者与学员教师之间的跨界交流制度。教师培训者往往作为高校专家，与一线教师的交流不可避免地要跨越两者之间的"边界"，这一边界的跨越不仅需要双方主体和

---

[1] 《北京市新时代基础教育强师计划实施方案》，https://www.beijing.gov.cn/zhengce/zhengcefagui/202212/t20221203_2870774.html。

[2] 王建华：《论高等教育的高质量评估》，载《教育研究》，2021，42（7）。

各自所在组织之间的互相交流与协作，同时还需要能够在处理跨界沟通中的障碍时采取正确的举措来解决，破除教师培训者的权威，也不能忽视一线教师自身的学习能力和水平。二是建立教师培训质量评价标准的审查制度。当前教师培训的质量评价更多的是重视培训的实施而忽略教师的学习效果和追踪反馈，标准化或者量化的评价标准导致教师在培训过程中出现懈怠心理和惰性，缺少了创新精神和能力。

（四）积极发挥培训质量评价的循证诊断与改进功能

开展质量评价，不是为了给培训机构或者培训对象讲排名，而是希望起到以评促建、以评促改的作用。通过教师培训的质量评价可以精准衡量教师培训的过程和结果，为培训效果的诊断与改进提供丰富的证据。一是通过质量评价可以找到教师培训的不足与原因，了解教师培训改进的方向，采取有针对性的举措；二是质量评价对过程环节的关注更加容易提供充足的数据和资料支撑，进一步实现循证理念下教师培训的改进；三是推动培训者、培训对象、培训机构等利益相关者自我诊断的改进，质量评价明确了清晰的质量要求和评价标准，为利益相关者开展自我诊断提供了参考，做到循证决策，最终实现科学改进和提升。

第二章　教师培训需求分析评价

我国已经形成了从"国培计划"到"校本培训"、从理论研修到影子研修、从线下学习到线下线上混合学习、从面向新教师到面向骨干教师和班主任以及校（园）长的多类型、多形式、多层级、多主题的中小学幼儿园教师培训体系。在培训规模和投入日益增大的背景下，如何精准对接教师职业发展需求，提升培训的实效性和吸引力，已经成为新时代中小学教师培训转型必须思考的核心课题。

2021年，教育部、财政部颁布的《关于实施中小学幼儿园教师国家级培训计划（2021—2025年）的通知》中指出，实施精准培训，培训主题应具有针对性、实用性、科学性等特征，满足教师个性化学习需要[①]。从实践层面来看，教师培训需求分析一直是培训者的短板，普遍存在需求分析的针对性不强、方法不科学、分析内容不全面、分析结论比较浅显等问题。在本章中，我们将系统论述培训需求分析的内涵、流程以及评价框架。同时，还将从组织分析、教师工作分析、学员学情分析三个方面介绍培训需求分析评价的方法和工具，并通过实践案例和点评的形式呈现不同视角下需求分析评价的实施过程。

第一节　教师培训需求分析概述

一、教师培训需求分析的内涵及意义

做好培训需求分析的评价是保证培训质量的关键一环。当前忽视教师培训需求的现象随处可见，在教师培训中呈现给教师的培训内容主要是基于讲授者的能力和研究兴趣，忽视了教师的实际需求。有研究者提出，教师培训市场供需矛盾渐显端倪。首先是供给与需求不对等，表现为两种情况：一是供给过剩，超过了培训市场需求量，造成培训资源的浪费；二是供给不足，无法满足培训市场需求，教师不能从市场找到所需的培训项目。其次是供给与需求不匹配[②]。因此，培训需求分析作为培训的出发点和第一个环节，就显得格外重要，我们需要预先考虑"为什么培训""培训谁""培训什么""需要谁来培训""如何培训""培训要达到什么效果"等核心问题。良好的培训项目表现在项目设计理念和内容与学员愿景和需求的完美统一，也就是学员最终想获得的正是培训者所给予的。

---

① 教育部 财政部：《关于实施中小学幼儿园教师国家级培训计划（2021—2025年）的通知》。
② 唐晓明：《论教师培训需求侧管理和供给侧改革的有效协同》，载《中小学教师培训》，2023（1）。

具体来说，教师培训的需求分析的价值体现在以下几方面：

1. 了解信息

教师培训需求分析可以全面地了解与培训相关的各方面信息，主要包括教师个人的基本信息（职称、个人的知识/能力情况、学习意愿和对培训的期望等）、岗位信息（任教学段、工作岗位、工作经历、岗位知识/技能要求、职业规划等）、组织信息（学校的基本情况、学校在开展相关培训主题方面的经验、学校对于教师参与培训的预期等）。

2. 分析差距

教师培训需求分析的主要目标是分析差距。有研究者提到，教师培训需求有应然需求和实然需求之分，应然需求是学校的组织需求和社会需求，以及上层教育组织机构所提出的要求，是通过培训需要教师必须学习和掌握的内容。实然需求是教师在实际工作中面临的困惑、困难、问题以及多样化的学习愿望。因此，在培训需求的分析中不仅要关注到教师个人能力与培训目标之间的差距，还要考虑到教师的能力与国家和社会发展需求之间的差距。分析差距可以聚焦在以下三个方面：一是教师个人的教育教学能力与培训目标之间的差距；二是教师当前的能力与工作岗位要求之间的差距；三是教师的发展与学校、社会和国家需求之间的差距。

3. 确定培训目标

培训需求分析的另一个目的是确定培训目标，培训目标主要是针对某一项或某几项差距。目标的确定旨在通过缩小或消除相关的差距以达到相应要求。

4. 评估培训效果

培训需求分析需要借助问卷、访谈、观察等方法搜集信息，这些评估工具也是评估培训效果的依据。借助科学的评估方法和工具，通过前后预测的对比，我们就能看到培训是否有效，培训目标是否达成。

此外，培训者还可以根据培训目标、培训形式和内容来预测需要投入的时间、人力和财力等成本。

培训需求分析是指在规划和设计培训项目或培训活动之前，培训者采用各种方法和技术，通过收集和分析各种信息，确定培训对象的工作现状与应达目标之间的差距，循证产生差距的原因，并进一步从这些原因中找到那些可以通过培训来解决的学员知识、技能、态度、能力和行为等方面的问题，为开展培训活动提供依据。[1]因此，培训需求分析评价就是要全面评估培训需求分析的内容、流程以及采用的方法是否科学、有效，分析得出的结

---

[1] 余新：《教师培训师专业修炼（第2版）》，北京，教育科学出版社，2022。

论是否能真实地反映学员的培训需求，并考虑是否能在未来的培训中实现。

二、教师培训需求分析的常见问题

多数培训者由于没有系统地学习过相关课程，对培训需求分析的认识是模糊的，还存在片面、偏颇甚至错误之处。具体来看，常见的问题有以下几种：

一是将培训需求等同于教师的主观培训愿望[①]。教师表达的主观愿望需要被重视，这有助于激发学习动机。但是作为培训者，要能够从众多的主观诉求中找到本质性的需求。这其中有两个原因：一是有些培训需求是潜在的，大部分教师的知识、技能与时代发展的差距是客观存在的，并不是每位教师都能意识到自身有培训或学习的需要；二是由于受制于专业水平和反思能力，教师有时候所表达的需求未必是他们真正需要的。比如，在一次调研中发现，教师对于"学习障碍"这一主题关注度很高，但是"学习障碍"是心理学中的一个专有名词，可能和教师理解的内涵不同，我们就做了进一步的调研，结果发现教师认为只要是学习成绩不好、不遵守纪律的都是"学习障碍"。通过澄清概念和深入访谈，我们了解到教师真正的培训需求是"学生常见行为问题的管理策略"。

二是认为培训需求就是预期工作绩效与教师实际表现之间的差距。有研究者认为，对于教师的培训需求就是要找到预期的绩效水平与实际表现之间的差距。但是在现实情境中把差距等同于培训需求是不妥的，只有通过培训能够改变的差距才是培训需求。因为教师面临的困境和问题不一定都是由于他们能力欠缺导致的，还可能和社会文化背景、家庭教育等有关；其次，教师培训不一定能解决所有问题，比如某校多数教师职业倦怠，这可能和学校的管理模式有关，仅仅给教师提供相关培训是不够的。

三是需求调研的对象单一。需求调研往往只关注培训对象本身，这会导致在分析培训需求时视野不够开阔和深入，可能会漏掉教师自己都没有意识到的潜在的培训需求。教师培训需求调研的对象还应该包括相关领域的专家、学校管理者以及培训管理者等。教师培训工作涉及培训院校、中小学校和教育主管部门等众多机构，需要这些相关部门以及各类人员通力合作，形成良性机制，共同关注和诊断教师培训需求。

四是需求调研方法和工具的运用不够科学。在需求调研中，我们往往会用到访谈法、问卷法、观察法等，这些方法都属于实证研究方法，注重调研工具的科学性和有效性。但实际上很多需求调研所使用的工具都比较粗糙，比如为了了解学员对培训课程的需求，仅

---

① 赵德成，梁永正：《教师培训需求分析》，北京，北京师范大学出版社，2012。

将一些专题讲座的内容和培训形式列个清单，让教师根据自己的兴趣打分。这种形式的调研只能得到比较粗犷的结论，对于教师设计课程内容以及精准把握培训需求是不够的。

在需求调研中，首先要明确调研的目的，比如是要了解教师的知识储备，还是想了解教师某些能力的发展水平，或者是了解教师的教育理念？其次，根据调研目的选择调研方法和工具。一般来说，要尽量选择成熟的调研工具，比如想要了解班主任的育人能力，可以选择已有的问卷，或者在此基础上做些改良。最后，要整合分析尽可能多元的数据，得出培训需求。在调研之后，可以通过系列分析反思不断改进调研行为，从而提升调研质量，反思的主要维度可以聚焦在问题设计、调研方式、对象选择、沟通方式、统计方式、数据验证等方面。

表 2-1 培训需求调研能力反思表[①]

内容	存在的问题	问题归因	改进方向
问题设计			
调研方式			
对象选择			
沟通方式			
统计方式			
数据验证			

五是不重视政策解读和文献调研。培训需求调研中除了要关注"人的需求"，还需要进行政策和文献的调研。关注国家颁布的教育政策文件有助于把握组织需求。组织需求具有宏观性、战略性和长期性的特点，主要指在社会发展过程中，党的教育方针、国家的教育政策改革带来的教师个体教育教学能力提升的宏观需求。文献调研一方面有助于了解与培训主题相关的前沿发展动态，引领教师专业成长；另一方面有助于分析培训需求，没有理论支撑，需求报告就会显得单薄，专业性不够。

[①] 孙剑飞：《提升教师培训需求调研品质的策略探究——以 2019 年湖里区中小学德育主任和分管副校长培训需求调研为例》，载《福建教育学院学报》，2022（9）。

三、教师培训需求分析的流程

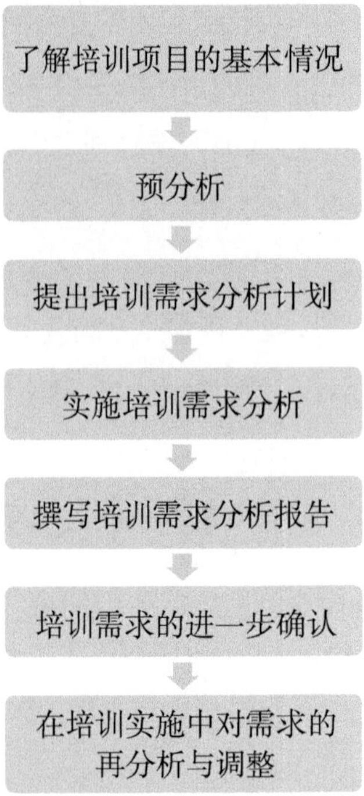

图 2-1　教师培训需求分析的基本流程

在开展教师培训需求分析时可以参考以下七个步骤[①]：

（一）了解培训项目的基本情况

在培训需求分析前，需要了解与培训项目有关的基本背景信息，如：

● 谁发起的培训？为什么发起培训？

● 谁是培训的主管？他们对培训的定位和期待是怎样的？

● 培训对象是谁？人数是多少？有些培训项目是先立项再招生，此时就要分析潜在的培训对象的特点和培训需求。

● 培训内容是否已有初步限定？能否在培训分析之后有所调整？

● 培训经费从哪里来？经费有多少？

（二）预分析

有时培训项目是首次举办或者具有创新性，在需求分析方面没有太多可借鉴的经验；有时培训者对学员的基本情况不太了解，此时最好先开展一个培训需求的预分析。预分析可以重点了解三方面的信息：培训对象的基本情况；培训对象在工作中遇到的困惑和问题；教师或主管部门对培训的期望。

---

① 赵德成，梁永正：《教师培训需求分析》，北京，北京师范大学出版社，2012。

（三）提出培训需求分析计划

在培训需求分析计划中，一般应该包括：项目概况、需求分析的目标和内容、需求分析的对象和方法以及开展需求分析的进度表和人员分工等。需求分析的内容可以参考 OTP 模型和弓箭模型，计划各个维度分析的重点内容和具体问题。在分析方法中，重点要计划采用哪些方法和工具收集并分析数据，特别是访谈提纲的编制、问卷的选择都需要具有科学性和专业性，要在文献调研的基础上进行编制或者改良。

（四）实施培训需求分析

实施培训需求分析主要是循证的过程，即数据的收集和分析，并基于结果对培训方案提出可行建议。在开展调研的过程中，负责调研的人员最好提前接受一些专业训练或进行模拟演练，像访谈法等需要与培训对象面对面进行沟通和观察的方法，没有经验的调研者可能会忽略一些有价值的关键信息。目前，网络上的数据采集和分析平台能满足我们大部分的要求，但是，如果想对不同教师群体进行比较，比如分析不同发展阶段的教师对培训需求的差异，可能就需要用到相对复杂的分析方法，建议请专业人员来做，以免得出错误的结论。

（五）撰写培训需求分析报告

培训需求分析报告是整个培训需求分析的结果，也是确定培训目标、设计课程的重要依据和前提。一般来说，需求分析报告应该包括以下内容：

● 项目实施的背景和意义

● 培训项目的基本信息

● 培训需求分析的目标和内容

● 培训需求分析的对象和方法

● 培训需求分析的结果和结论

● 对培训项目设计的建议

● 附录：一般应包括所使用的问卷、访谈提纲等

（六）培训需求的进一步确认

培训需求分析得出的结论是否合适，还需要进一步地评估。一般来说，培训组织方需要召开由培训管理人员、培训教师、培训顾问组成的项目专家小组会议，必要时也可以邀请培训委托方、学员代表参加，专门研究培训需求的结论，来判断分析报告中得出的结论是否能够对培训项目的设计和课程的研发给予指导性建议，还有哪些是需要调整或深入挖掘的。

（七）在培训实施中对需求的再分析与调整

当培训项目实施后，有些培训需求可能会发生变化，也有些需求会随着培训的深入才能浮出水面，此时就需要纠正偏差。因此，作为培训者要有足够的敏感性，在培训实施过程中要建立评价和监测机制，及时对课程内容和培训形式进行调整，促进培训效应最大化。

四、教师培训需求分析的模型

了解培训需求分析的模型有助于厘清分析问题的维度，帮我们建构科学、全面的分析视角。当前教师培训需求分析的模型主要是从企业管理中借鉴而来，种类繁多，我们主要从总体的分析视角来介绍被广泛运用且可操作的模型。

（一）OTP 模型

OTP 模型是由麦克吉（McGehee, W）与泰耶尔（Thayer, P.W）于 1961 年提出的，O 代表组织分析（Organization analysis），教师所在的学校是重要的组织，可以从学校发展目标、组织特征、组织环境、管理者态度、培训资源等方面去考虑；T 代表任务分析（Task analysis），是指对教师的工作任务岗位要求分析、专业要求分析等；P 代表人员分析（Person analysis），是指根据教师自身的实际情况，如知识、能力、情感态度等方面，来寻找教师的"最近发展区"，确定需要接受哪些内容的培训。该模型认为培训需求分析要注重系统性，只有从组织、任务和人员三个层次上综合分析，进行三角互证，才能客观、准确地识别培训需求。本章第二、三、四节的内容会分别对这三方面的需求分析方法展开详细论述。

以某市"高中数学骨干教师"市级培训项目的需求分析为例：

● 人员分析——基于高中数学骨干教师发展阶段分析，通过课堂观察、访谈、问卷等方法了解这批骨干教师的教学表现和普遍难点、问题，确定其最近发展区。

● 任务分析——通过文献分析、访谈资深数学教师、教研员等了解和分析数学教师教育教学工作的具体内容；数学骨干教师与普通教师相比，在专业素养、知识和能力上的要求。

● 组织分析——通过文本调研、访谈、问卷等方法，了解该市教育局、学校、家长等对于数学骨干教师教育教学工作的期待；分析该市的数学教育质量，以及对教师提出的要求与挑战。

结合 OTP 模式带来的启发，在进行教师培训需求分析时，可以转换三个视角[1]：

一是从教师"个体"到"群体"需求的考虑，即要跳出个体的表述视角，更多关注和分析某个群体的典型特征和培训需求。

---

[1] 严加平：《教师"想要的"就是"需求"了吗？——OTP 模式及其在教师学习需求分析中的运用》，载《上海教育科研》，2013（12）。

二是从"当事人"角度到"学校组织发展"角度考虑，随着对培训价值和规律的认识不断深入，对教师培训的评价主要是看多大程度上与学员知识的增加、行为的变化和工作的改进联系在一起，以及多大程度上体现学校组织发展的需要。

三是从"孤立"考虑教师需求，到从"对比、对照"考虑，OTP 模型中有关"任务分析"就是以"比较"的方式来寻找需求的维度。对教师来说，这种参照、比较，可以是以《中小学教师专业发展标准及指导》为依据的参照，也可以是与同群教师中更为优秀者的比较。

（二）弓箭模型

OTP 模型给出了培训需求分析的总体框架，且其中的三个方面要进行互证。那如何进行互证？当这三方面的培训需求出现冲突时怎么办呢？弓箭模型以更直观的方式教我们如何进行系统思考。弓箭模型在 OTP 模型基础上还加入了一个分析维度——社会需求。余新教授认为，在做需求分析时，首先要以社会宏观需求分析为基础，这有助于把培训需求分析置于培训战略之上，把握大方向；其次，要优先考虑组织层面的培训需求；最后，要以工作需求为基础，兼顾组织需求和人员需求[1]。

当组织和人员对某些培训需求均高，并与工作需求一致时，培训项目属于"优先满足型"。如果组织需求高、人员需求低，该项目属于"必要满足型"，组织将创造培训条件，努力为之立项。如果组织需求和人员需求均低，则该培训项目属于"可有可无型"，没有必要立项。

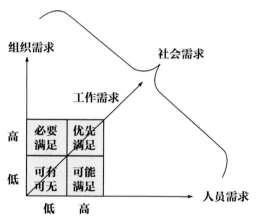

图 2-2　教师培训需求分析的弓箭模型

五、教师培训需求分析的评价框架

根据 OTP 模型，我们从学校组织分析、教师工作分析和学员学情分析三个方面构建了

---

① 余新：《教师培训师专业修炼（第 2 版）》，北京，教育科学出版社，2022。

教师培训需求分析的评价框架和指标体系。评价教师培训需求分析做得好不好，首先可以参照该框架下的三级指标；其次要看收集和分析数据的方法是否科学，调研的对象是否具有代表性；最后要看基于需求分析得出的结论是否在本次培训中可达成、可评估。

表 2-2　教师培训需求分析的评价框架

一级指标	二级指标	三级指标
学校组织分析	学校发展目标和战略规划	学校发展目标
		教学发展规划
		人力资源规划
	组织特征	组织文化
		价值观
	环境资源	政治环境
		经济环境
		社会环境
		教育资源
教师工作分析	岗位说明	职位
		职责
		组织关系
		工作内容
		工作条件及环境
	任职条件/胜任素质	知识
		技能
		才能
		其他的个性特征
学员学情分析	基本资料	工作年限、年龄、学历
		专业发展类型
	学习动机和态度	学习动机
		学习态度
	能力	教育教学信念
		已有知识储备
		教学能力、科研能力等

第二节　学校组织需求分析及培训需求评价

一、学校组织需求分析的内涵及意义

（一）学校组织需求分析的内涵

根据OTP模型，O代表组织分析（Organization analysis），教师所在的学校是重要的组织，教师是组织中的一员。教师培训的评价不仅看课程数量和活动内容是否满足学员的个体兴趣，同时要看培训在多大程度上与学员知识的增加、行为的变化和工作的改进联系在一起，以及在多大程度上体现学校组织发展的需要。通过研究学校发展战略，确定培训和开发的范围。通过组织分析，对组织所处的环境、组织发展战略进行检查，以确定培训范围的重点。

组织分析通常需要了解以下几方面的信息：

学校教育发展的目标和战略规划。学校发展的战略目标和规划决定了其人力资源规划，人力资源规划又在很大程度上决定了培训规划。培训目标和计划只有和学校教育发展战略目标相一致，才能满足组织发展的需要。

学校组织特征。了解学校的运作模式、组织文化、价值观、处事风格等有助于培训者对学校有更深刻的理解，能够更有针对性地设计培训方案。培训对学校组织特征的影响一是适应性，二是改进性。如果学校组织文化适应组织发展方向，培训活动就尽可能与其保持一致；如果学校组织文化存在问题，需要改革，培训活动尽可能对其组织文化改革产生影响。

组织环境资源。学校所处的政治环境、经济环境、文化环境、科技环境、社会环境和教育环境对组织变革都会产生不同程度的影响，进而对教师培训产生需求或对教师培训提出新的要求。教育行政组织可提供的经费、时间、人力等资源，往往是编制培训计划的约束条件。

（二）学校组织需求分析的意义

个人的发展离不开组织的发展，组织将个体凝聚起来产生更大的作用和价值。学校发展目标、文化氛围、管理制度深刻影响着教师教学的质量。只有将教师培训与社会发展、教育变革、学校人力资源开发、教师专业发展等要素紧密结合起来，运用系统思维才能解决教师培训中的诸多问题。因此，学校组织分析对干部教师培训具有重要意义。

一是从宏观层面解决学校问题。学校在变化的复杂环境中存在与发展，时常会出现新问题，包括学生思想波动、安全意识差、心理问题多、学习困难等。通过了解学校存在的问题，教师培训能够更针对地制订培训方案，帮助教师在学习中解决这些问题，并在解决问题的过程中提高教育学生的能力。

二是提高新教师学校归属感。在新教师培训中，教师培训不仅能传递真实的教书育人的方法技能，更重要的是帮助他们了解自己所在学校的文化和价值观念，以及学校的一系列规章制度和要求，提高新教师的学校归属感。

三是促进课程与教学改革。如果地区、学校自上而下开展课程与教学改革，在开展教师培训前必须对学校发展战略、改革政策进行调研。确保教师培训不仅能够有效地增长教师知识、提升教师技能，而且能够开阔教师工作视野，为教师提供新的思维工具，促进课程与教学改革。

二、学校组织需求分析的模型

（一）SWOT分析

SWOT分析是组织制订发展战略时经常采用的方法。S（strengths）是优势、W（weaknesses）是劣势、O（opportunities）是机会、T（threats）是威胁，即基于内外部竞争环境和竞争条件下的态势分析，将内部主要的优势、劣势和外部的机会和威胁等，通过调查列举出来，并依照矩阵形式排列，然后用系统分析的思想，把各种因素相互匹配起来加以分析，从中得出一系列相应的结论。

学校运用SWOT分析对所处的情境进行全面、系统、准确的研究，并根据研究结果制订相应的发展战略、计划。基于学校发展战略制订干部教师的培训计划，能够最大程度上地弥补学校发展劣势，提高学校竞争力。

图2-3　SWOT分析模型

（二）PEST分析

PEST分析用于分析组织所处的宏观环境对于发展的影响。宏观环境主要包括政治法律环境、经济环境、技术环境、社会环境和自然环境等。其中PEST的含义分别代表四类影响学校战略制订的因素英语单词首字母缩写：政治的（Political）、经济的（Economic）、社会的（Social）、技术的（Technological）。政治环境如当地教育局对学校教师培训的政策支持，经济环境如学校所处地区经济发展水平及所能获得的培训资金来源，社会环境如学校周围社会文化建设对其教育教学的影响，技术环境如信息技术对学校教育教学的影响等。通过分析学校所处环境能够帮助培训者制订更恰当的培训计划。

三、学校组织需求分析的方法和工具

（一）学校发展目标和规划

明确的学校发展目标对教师培训的规划和设计起着决定性作用。比如，当学校决定其发展目标为通过实施"新课程"打造"特色校"时，教师培训必须围绕如何实施"新课程"和如何建设"特色校"展开。学校发展战略规划是学校对其长远发展目标及行动路线所作的宏观的、有预见的构想和安排。学校战略规划是基于基础教育发展政策要求，把握教育发展趋势，积极发挥内部人员和环境的作用，通过发展员工、培育学生来提升学校综合实力。郭慧禹[1]指出企业战略决定了培训工作的方向和目标，基于战略开展培训才能最大限度地发挥培训的价值，只有把培训的根本任务定位于支持企业战略实现上，才能实现企业长远发展。教师培训同样应当基于学校发展规划，这样才能实现教师、学校全面发展。

学校发展目标和战略规划通常采用访谈法获得，通过访谈校长或主要管理人员进行分析提炼发展目标和任务。陈咏梅[2]硕士论文中通过对北京市某学校的发展目标和规划进行分析，确定其发展目标为"造就创新素养突出的现代学生、成就创新品质卓越的现代教师、铸就创新动力强劲的现代学校"，发展规划中确定任务主要聚焦在探索多种教育模式、实践多条培训路径、整合多类办学资源三大领域。基于发展模式和培养路径，进行任务分解，通过其中与青年教师参与、实践、经验、能力等有关的内容，确定其校青年教师的培训需求。具体发展战略与青年教师培训需求任务图如下：

多样化个性育人模式	1. 分类分层走班制 2. 十二年生涯规划体系 3. 建立导师制	青年教师需要育人模式培训
多种类信息化育人模式	1. 教科研云服务平台 2. 教学模式变革 3. 基于大数据分析反馈学生成绩	青年教师需要教育信息化培训
多元国际化育人模式	1. 引进和实践国际优质课程资源 2. 搭建国际科研项目平台	青年教师需要教育国际化培训
课程课堂课题三条培养途径	1. 构建开发品质课程 2. 打造精品课堂 3. 课题精深推进	青年教师需要理念策略培训研修

图 2-4　根据某校发展战略分析教师培训需求示意图

---

[1] 郭慧禹：《战略导向的 L 公司培训体系设计》，南京理工大学硕士学位论文，2009。
[2] 陈咏梅：《基于学校发展战略的青年教师培训研究——以北京师 A 学校为例》，北京师范大学硕士学位论文，2016。

（二）学校组织特征

学校组织特征包括运作模式、组织文化、价值观、处事风格等，其中学校组织文化是学校教育的灵魂。学校组织文化是学校所有成员（主要指教职员工）所认同并表现出的共同规范、价值观、行为模式与态度等，具有能够整合、积聚、倍增其他物质资源、精神、知识及人力资源的作用。教师培训计划必须与学校组织文化、核心价值观保持一致才能达到良好的培训效果。目前，组织文化测量已经形成一些比较成熟的量表，例如北京师范大学教育管理学院学校文化课题组所编制的《中学学校文化量表》[①]、关雪在硕士论文编制的《中学组织文化问卷》[②]等，量表信息如表2-3。调研过程中，通过获得学校组织文化各维度均分，进而分析学校需进一步提高的方向。如关雪通过对薄弱学校的组织文化分析发现，薄弱学校参与程度、学习共同体得分较高，而领导行为方式、协调一致、目标愿景等方面得分均低于平均分，则说明学校需加强这几方面的文化建设。

表2-3　学校组织文化测查量表

量表名称	维度	题目数量	计分方式	例题
中学学校文化量表	符号 领导行为 教职工行为方式 学校目标 行为导向	34	李克特5点计分 1表示"完全不符合"，5表示"完全符合"	（1）学校领导鼓励教师之间的交往。 （2）我经常与同事们一起交流心得和工作经验。
中学组织文化问卷	参与程度 团队合作 能力发展 核心价值观 协调一致 创新改革 顾客意识 学习共同体 目标愿景 领导行为	41	李克特5点计分 1表示"非常不符合"，5表示"非常符合"	（1）学校在教师能力提高上持续投资，注重教师培训。 （2）学校的办学目标获得教职员工的广泛认可。 （3）在教学或者行政工作中能大胆引进。

① 吴岩：《教育管理学基础》，北京，清华大学出版社，2005。
② 关雪：《薄弱学校与优质学校组织文化测量与比较分析——以广州市高中为例》，华南师范大学硕士学位论文，2012。

（三）学校环境资源

学校环境可以分为校内环境和校外环境，又分为自然环境、社会文化环境、科技环境等。通过观察法、访谈法等对学校环境调查分析，可以评估教师开展教学活动可利用的自然、社会文化等资源，进行特定的培训方案设计。例如，安吉县某些学校周边有广阔的竹林，学校可以利用竹子开展劳动教育课，教师培训则可以从这一角度进行培训课程设计，做到因地制宜。表2-4为李路路在《义务教育学校内涵发展研究》[①]中对校长关于学校外部环境的访谈提纲：

表2-4　关于某校外部环境的访谈提纲

问题1	外部环境的影响对学校发展来说是很重要的，您能否具体介绍一下Z区教育局和W镇政府对学校发展有哪些资源倾斜和政策支持？您是如何将W镇特色资源应用到学校发展中的？
问题2	学校加入教育生态区合作学校之后，都在哪些方面得到了相应的资源支持呢？这给学校的发展带来了什么样的影响？
问题3	还有其他对学校影响较为显著的外部资源吗（教育学院、其他大学、家长及学校所在社区），能否具体介绍一下学校与这些外部机构之间的关系？
问题4	您如何看待Z区教育局及W镇教育改革对学校的影响？学校周边建设给学校带来了怎样的机遇和挑战？

学校培训资源是指学校愿意或者可能投入培训活动的组织资源，其主要形式包括培训经费、培训时间、培训师资、设备设施等物质条件。首先，培训经费影响到校本培训的范围、深度和形式，也影响到派出参加校外培训人员的数量和规模。其次，人力资源情况是培训需求分析的关键内容。学校人力资源的规划、配置、培训、评价和激励等对提高教职员工的能力和素质，调动职工的积极性，实现学校组织目标具有重要意义。在进行学校人力资源调查时，除了调研学校有多少学科带头人可以做兼职培训师、有多少人需要及时接受培训、可以接受培训的时间等基本情况，还可以对人力资源管理情况进行调查，进而有针对性地提高干部教师的能力素养和工作效能。人力资源管理可采用访谈法和量表，《学校人力资源管理量表》[②]示例如表2-5。调研过程中，通过获得学校人力资源管理各维度均分，可通过绘制雷达图等方式，进而分析学校需进一步改进的方向。

[①] 李路路：《义务教育学校内涵发展研究》，华东师范大学硕士学位论文，2021。
[②] 张杉妹：《基于资源基础理论的中小学学校管理评估体系研究》，北京师范大学硕士学位论文，2017。

表 2-5 学校人力资源管理量表

量表名称	维度	题目数量	计分方式	例题
人力资源管理	管理型人才的组织架构 管理型人才的能力素养 教学型人才的培训机制 教学型人才的引领激励	19	李克特 5 点计分 0 表示"完全不符合",4 表示"完全符合"	（1）我校有明确的教师培训计划。 （2）我校管理人员工作效率高。 （3）我校落实了师德考核要求。

四、学校组织需求分析的评价

教师的发展离不开组织的发展，对于学校组织分析来说，首先要明确学校的发展目标和规划，在此基础之上分析教师发展的培训需求；其次，评价学校组织分析要考察其是否对校内、校外环境进行了全面分析，包括内部组织文化、外部可利用的环境资源等方面，全面的分析有利于培训者制订更加适合该校的教师培训方案。同时，评价学校组织分析要看在分析过程中选用的工具和流程是否科学规范，针对特定学校的分析要开发相应的工具，如特定的访谈提纲，才能具体分析该校的教师培训需求。最后，评价中要看基于学校组织分析得出的培训需求是否在本次培训中可达成、是否与教师发展需求相匹配。

表 2-6 学校组织分析的评价框架

一级指标	二级指标	三级指标
学校组织分析	学校发展目标和战略规划	学校发展目标
		教学发展规划
		人力资源规划
	组织特征	组织文化
		价值观
	环境资源	政治环境
		经济环境
		社会环境
		教育资源

五、实践案例

北京市通州区某小学调研报告

（一）调研目标

通过面对面访谈及问卷调研了解学校的发展目标和战略规划、组织特征、环境资源情况。

（二）调研对象

学校所有校级领导干部以及各个教学部门和教学业务部门的干部教师，共 107 人。

（三）调研工具

访谈提纲、调研问卷。问卷工具试题如下：

表 2-7 北京市通州区某小学调研问卷

问题 1	1. 您三年专业发展的目标是 [多选题] （1）对教学（管理）工作有清晰的思路，提高分析和判断事务的能力。 （2）对本职工作相关业务有全面系统认知，提升系统思考能力。 （3）关注业务领域的最新发展趋势，提升理论素养。 （4）提高研究能力，优化教学（工作）方法，形成个人教学（工作）风格。 （5）带新人，建团队，提升团队合作能力。 （6）其他
问题 2	2. 对于学校未来发展，您希望看到的改变是 [矩阵量表题]（5分表示愿意程度很高，1分表示愿意程度低，分值越低表示认同此项改革的程度越低） （1）改善 / 优化教师专业发展方式 （2）改善 / 提升学生学习状态 （3）改善 / 优化学校课程研发机制 （4）改善 / 调整学校教学管理制度 （5）改善 / 调整职能部门与教学一线关系 （6）改善 / 优化教学资源环境 （7）改善 / 调整学校与周边社区的关系 （8）改善 / 调整家校关系 （9）学校成为社会认可的质量品牌学校

（四）调研结果

1. 学校发展目标和战略规划

（1）学校组织效能

干部教师认为学校发展的优势在于设计能激发学生心智的课程，让学生有成长、有获得，学校要依托自然、人文资源，关联乡土人情，设计学习项目，促进学生发展。大部分教师比较认同学校发展的优势在于家长的拥戴和支持，家校合作，形成合力。

学校干部教师对于"学校发展的优势在于设计激励教师不断进步的发展路径"认可度相对最低。在访谈中，校长也提到对学校干部教师的激励是变革中非常重要的一部分，需要采取一定的策略激励干部教师变革的积极性，激发学校教师专业发展内在动机存在较大的提升空间。

干部教师对于"信奉领导者提出的发展理念""组织机制和流程设计"的认同度较低。可以理解为干部教师对理念和组织设计等组织要素作用发挥的判断比较低，他们没有在工作中感受到这些要素对他们的影响，所以认同度低；另一种可能是，学校在理念设计与制度优化方面的确需要改进。访谈中，教师提到繁重的工作负担，中层干部提到用人方式和用人机制存在短板。

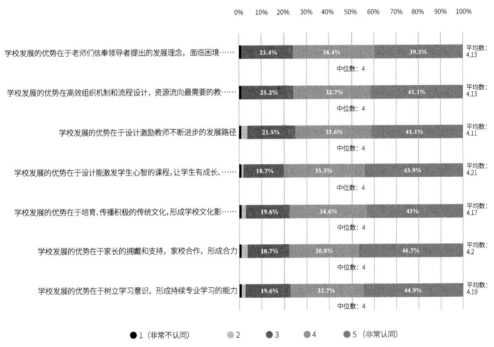

图 2-5 对学校提升组织效能，培育发展优势的建议

（2）教师未来三年专业发展目标

调研显示，干部教师对自身未来三年的发展目标，最主要的定位在于提高专业能力和专业研究能力。分别有 74.8% 的干部教师提到自己未来三年的目标是"对教学（管理）工作有清晰的思路，提高分析和判断事务的能力""对本职工作相关业务有全面系统认知，提升系统思考能力"，70.1% 的干部教师希望未来三年能够"提高研究能力，优化教学（工作）方法，形成个人教学（工作）风格"。

从调研结果看，干部教师的团队领导意识不足，领导力有待提升。只有 15% 的人提到未来三年要"带新人，建团队，提升团队合作能力"。

对教学（管理）工作有清晰的思路，提高分析和判断事务的能力	80	74.8%
对本职工作相关业务有全面系统认知，提升系统思考能力	80	74.8%
关注业务领域的最新发展趋势，提升理论素养	70	65.4%
提高研究能力，优化教学（工作）方法，形成个人教学（工作）风格	75	70.1%
带新人，建团队，提升团队合作能力	16	15%
其他_____	1	0.9%

图 2-6 教师未来三年专业发展目标

（3）对学校未来发展的期望

调研显示，学校干部教师最希望学校改善/提升学生学习状态，改善/优化教学资源环境，成为社会认可的质量品牌学校。访谈结果也显示，学校干部教师对学校有很强的归属感和本土情怀，对学生很负责任，尽职尽责，对学校未来发展抱有很多美好的期待。

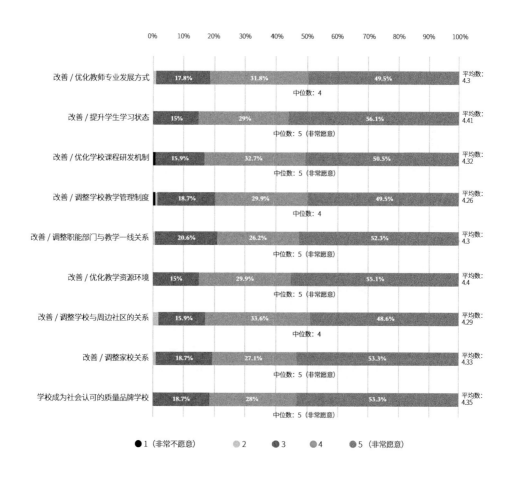

图 2-7 对学校未来发展的期望

2. 学校组织特征

（1）办学理念

我们调研了干部教师对学校办学理念的了解程度。结果显示，47.7% 的干部教师表示非常了解学校的办学理念，平均了解程度为 4.2。这表示，目前来看，学校干部教师对学校办学理念有比较好的了解。

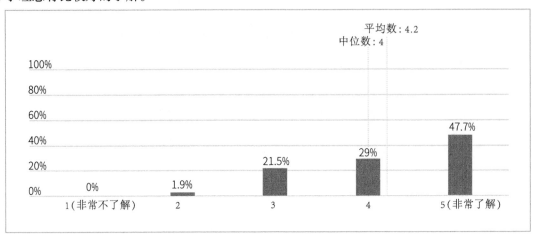

图 2-8 对学校办学理念的了解程度

（2）学校特色课程深入人心

调研结果显示，48.6% 的干部教师对学校特色课程都非常了解，平均了解程度达到 4.2，具有较好的了解基础。

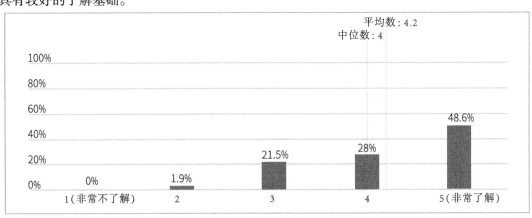

图 2-9 对学校特色课程的了解程度

（3）学校领导行为

调研结果显示，学校领导会倡导教师研究学生核心素养和解决问题能力的培养，会设计为教师提供多样资源，提供多种形式的鼓励教师展示才能的平台和机制，重视学校文化影响在社区的宣传和教育工作，调研社区和学生发展状况，制订学校发展目标和发展规划。相对认可度比较低的是学校领导奖励能让学生积极参与学习的教师。

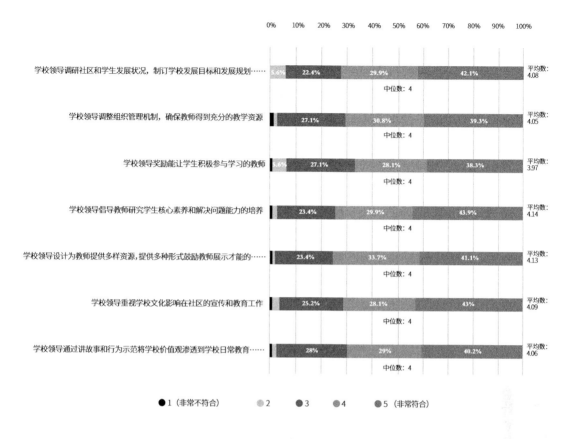

图 2-10　教师对学校领导行为的态度

结合干部教师访谈，有如下观点值得关注："学校领导调整组织管理机制，确保教师得到充分的教学资源"和"奖励能让学生积极参与学习的教师"认同度处于较低的水平，体现了学校在组织设计和制度设计方面对教师工作和学生学习的关注度不足。

访谈中，干部教师提到，学校是中心校和完小管理体制，在统筹教师和课程资源、规划教师队伍发展方面确实存在一些制度和机制弊端，导致信息和资源交流不畅。

（4）教师工作满意度

大部分干部教师表示认同自己学校的办学理念，并在日常工作中践行以影响他人，认为学校领导和教师拥有共同努力的目标。同时，他们普遍认为学校组织氛围较好。大部分干部教师认为自己能够从同事那里得到支持，学校文化氛围有归属感。

学校干部教师有变革的意愿，但是对应对挑战性工作缺少自信。调查显示，大部分干部教师对改革将会改变和影响人的思想和行为持有积极态度，表示愿意通过教研工作改进自己的教学效果，能够根据学校的办学目标和重点工作及时跟进并规划和调整自己的工作重点。但是，很多干部教师表示对具有挑战性的工作充满期待的认同度相对较低，对具有挑战性的工作仍然具有一定的畏惧心理。

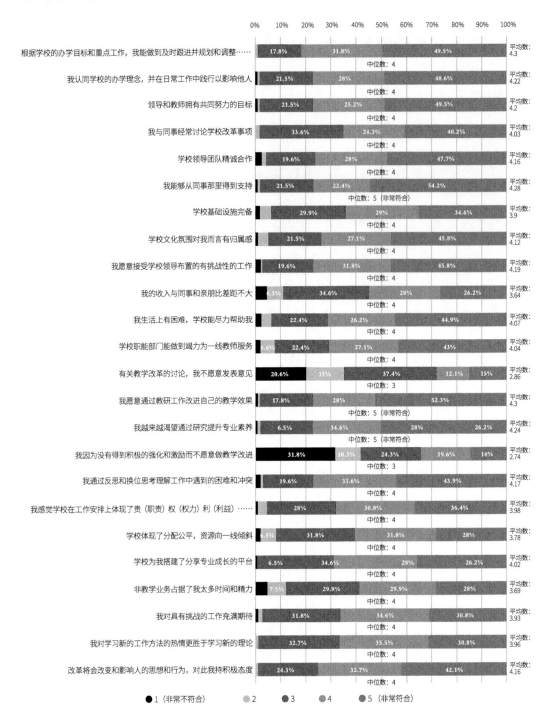

图 2-11 教师对工作的满意度

3. 学校环境资源

关于学校依托社区资源开发学科 / 跨学科实践课程的困难，调研结果显示，大部分干部教师认为主要困难在于制度保障方面，即教师进行课程开发的时间、资源、合作单位和专家支持难以保障；其次是内容方面的困难，即学科/跨学科实践活动任务链设计的困难；再次是活动实施方面的困难，即学科/跨学科实践活动教师设计引导学生自主探究学习支架（教学工具）的能力尚有不足；之后是关于评价标准的困难，即学科/跨学科实践活动效果评估指标体系和评价量规设计在过程性评价方面有困难。

结合访谈所获，有两个非常重要的观点被关注。

1）学校正在形成具有自身特色的"自然教育"理念，以"跨学科"为路径，探索依托乡域本土自然、人文资源，推进学校课程特色建设。

2）学校外部资源很多，学校教师正在"悄悄地"进行合作。

学校周边资源丰富，有大运河森林公园、潮白河公园、张家湾公园、国家级植物园、潞城书院、泗河古镇等。学校教师在依托社区资源开发学科和跨学科实践方面已经做了一些尝试。比如学校目前在尝试开发"大运河研学课程"。同时，老师们在教学中有一些自发的学科融合实践，比如：劳动教育与学生习惯养成教育相融合；书法课老师会与美术课老师、劳技老师合作设计教学；依托大运河森林公园，数学老师与语文学科老师合作撰写倡议书。总体来看，目前学校学科融合教学虽然有一些实践经验的探索，但还多是一些自发的零散合作，缺乏系统性和科学性，需要进一步整合与优化。

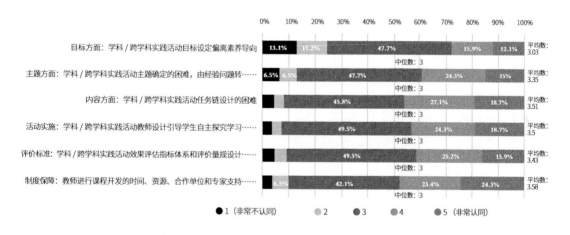

图 2-12　学校依托社区资源开发学科/跨学科实践课程的困难

（五）调研培训需求总结

总结来说，通过调研，主要得出以下几点培训需求：（1）对于校长干部关于如何激发学校教师专业发展内在动机，进行理念设计与制度优化的培训支持；（2）对于教师关于如何依托自然、人文资源，关联乡土人情，设计学习项目的培训支持；（3）如何开展教研工作改进教学效果；（4）如何设计学科/跨学科实践活动任务链；（5）如何引导学生自主探究学习支架（教学工具）；（6）如何设计学科/跨学科活动效果评估指标体系和评价量规。

案例点评：

这份培训需求报告是基于北京市某所小学组织分析得来的，首先，调研对象均为学校干部教师，他们能够对学校的发展目标和战略规划、组织特征、环境资源具有更宏观的认识；其次，调研者采用访谈法和问卷法，根据调研目标，编制了完善的访谈提纲和量表，通过分析学校的专业发展目标、课程规划、环境资源等，在此基础上分析该校教师的培训需求。

具体来说，该需求报告分析的优点有以下几点：首先，该案例较为全面地呈现了学校组织分析的各个方面；其次，本次调研对象针对性高，能够更加突出地分析学校组织的总体情况；最后，本次调研不仅调查了学校内部的总体情况，还调研了学校的环境资源，分析了学校的特色发展路径，并给出具体的培训需求建议，这为该校教师的精准培训提供了重要的参考价值。

第三节　教师工作分析及培训需求的评价

一、教师工作分析的内涵及意义

（一）教师工作分析的内涵

根据 OTP 模型，T 代表任务分析，也叫工作分析（job analysis），它侧重于描述某一特定工作任务或岗位的性质，分析各个岗位的员工达到理想的工作业绩、胜任工作必须掌握的知识技能、任职条件等。在教师培训需求分析中，工作层面的需求分析是围绕教师某种特定的工作岗位或活动内容开展的分析，明确担任这一岗位的教师所必须具备的知识和能力等专业要求。

工作分析可以分为两类：工作导向和个人导向的工作分析[1]。工作导向的分析聚焦于工作任务，个人导向的分析则聚焦于工作所需的个人素质，也称为胜任素质。前者是以工作为中心的分析方式，得出的是基本的任职能力，即胜任该岗位的最低要求。后者是以个人为导向的工作分析，能够识别出岗位所需要的核心胜任力，找到优秀员工和普通员工的区别，并在这个基础上确定关键岗位的胜任素质模型。

---

[1] [美]保罗·E.斯佩克特：《工业与组织心理学（原书第7版）》（孟慧等译），北京，机械工业出版社，2021。

（二）工作维度培训需求分析的意义

从教师培训的角度来说，工作分析可以帮助培训者从三个方面开展需求分析：

一是明确标准。不同岗位有不同的任务要求，像新教师培训或校长任职资格培训中，培训者要知晓这类群体需要达到的基本岗位胜任力，此时就需要采用"工作导向"的分析法。新教师的基本能力要求可以参考《中小学教师专业标准（试行）》，该文件从专业理念与师德、专业知识、专业能力三方面对教师的基本素质进行了明确的规定。校长的任职资格可以参考《义务教育学校校长专业标准》，该文件从规划学校发展、营造育人文化、领导课程教学、引领教师成长、优化内部管理、调适外部环境六个方面对校长的履职资格进行了规定。

二是寻找差异。在分层培训中，培训者需要确定不同群体的胜任力，像骨干教师、特级教师或名师工程等培训项目，培训者需要分析这些教师与普通教师相比所应具备的核心胜任力。此时就要采用"以个人为导向"的工作分析法，通过比较、对照等方法建构胜任素质模型。还有些培训是为了满足教育教学改革的新要求，就需要确定参与培训的教师当前所具备的胜任力与未来胜任力之间的差异，确定其培养路径。

三是确定发展路径。有些培训是为了培养后备干部或骨干力量，此时工作分析的重点是确定不同级别的岗位胜任力，描绘出相应的能力阶梯，以使培训内容能够聚焦于职业晋升所需的素质。对于教师个人来说，他们能够了解需要具备哪些能力获得职位晋升；对学校来说，可以通过培训不断地培养适合更高层职位的后备人选。

二、教师工作分析的模型

工作维度的分析主要是以教师工作任务的研究为基础，分析各个岗位的教师达到理想的工作业绩、胜任工作必须掌握的知识技能，从工作任务的角度确定培训需求，决定培训目标及培训内容。工作分析有助于培训者了解不同岗位或同一岗位不同发展阶段的教师所需要的胜任力，即岗位胜任力。教师胜任力是指教师在完成教育教学工作中所应该具备的基本知识、技能和人格特点，以及相应的特征和属性。

岗位胜任力有三个基本特征：一是要与工作紧密相关，很大程度上受到工作环境、工作条件及岗位特征的影响，具有动态性；二是要能够区分工作岗位中的高绩效者与低绩效者，可以预测未来的工作绩效；三是可以被测评、是稳定的行为特征[①]。

（一）胜任力模型的结构

在工作分析中要建构胜任力模型，这有助于培训者更系统和全面地分析教师的培训需

[①] 曾双喜：《胜任力：识别关键人才、打造高绩效团队》，北京，人民邮电出版社，2022。

求。胜任力模型指担任某一特定的任务角色需要具备的胜任特征的总和，它是针对特定职位表现要求组合起来的一组胜任特征。完整的胜任力模型一般包含模型结构、指标名称、指标定义、指标维度、行为描述等部分。

● 模型结构就是将模型的指标进行归类，即对模型进行一种结构化表达。模型结构就像一张能力素质的"地图"。

● 指标名称对胜任力模型非常重要，指标名称取得不恰当，会使人们对指标的理解产生歧义，一个好的指标名称能使模型得到更好的宣传和推广应用。

● 指标定义是对指标内涵进行详细、准确的说明。

● 指标维度又叫二级指标，是在指标之下构成一个指标完整内涵的几个要素。如果说指标是分子，那么维度就是原子，不同的原子构成不同的分子。如沟通能力是一个指标，它可以分为沟通意识、倾听反馈、有效表达、人际洞察四个维度。设置指标维度的目的，就是为了更加清晰、具体地把胜任力指标的内涵呈现出来。

● 行为描述指我们能观察到的某个胜任力的一些关键行为。

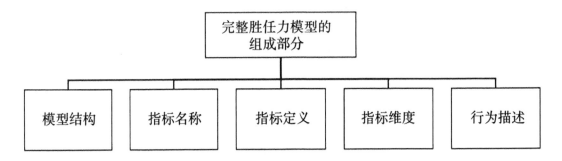

图 2-13　胜任力模型的组成部分[①]

（二）适用于教师工作分析的胜任力模型

关于教师的胜任力模型有很多，基于不同的培训目的和对象，所需要的模型也不尽相同，比如有基于不同学科的模型，也有基于不同工作岗位的模型。这里介绍两个胜任力模型，一个是 KSAO 模型，我们可以把它理解为一个模板，培训者在进行工作分析时能以此为基础建构自己所需要的模型；另一个是《卓越教师教学能力标准》，该模型描述了教师胜任核心素养教育应具备的关键能力，对于多数教师教学能力的工作分析可以起到借鉴意义。

1. KSAO 模型

KSAO 模型是美国学者哈维（Harvey）提出来的，K——知识（Knowledge）、S——技

---

① 曾双喜：《胜任力：识别关键人才、打造高绩效团队》，北京，人民邮电出版社，2022。

能（Skill）、A——才能（Ability）、O——其他的个性特征（Others）。KSAO 模型和传统的冰山模型的内在逻辑是一脉相承的，即"冰山"之下是最难培养的隐形特质，比如动机、自我概念、个性品质等，但恰恰是这部分的隐形胜任力才是决定人们行为和表现的关键特征，这些潜能的改变相当漫长，是一个长期的过程。"冰山"之上是外显的知识、技能，这些是最容易培养的，可以通过短期学习、培训来弥补。KSAO 胜任力模型的主要价值在于区分了不同要素的培训难度，在分析培训需求和制订培训目标时可以让培训者更清楚地知道哪些能力是比较容易培养的，哪些是需要长期培养的，哪些是很难改变的。

表 2-8　KSAO 模型的构成[①]

分类	构成	定义	培养难度
"冰山"之上	知识（Knowledge）	在工作过程中必须用到的信息，是我们通过不断实践积累而来的，包括专业知识、岗位知识、完成任务或解决问题所需的特定知识等	★★
	技能（Skill）	在完成任务或解决问题过程中对某些设备、软件操作的熟悉程度	★★★
"冰山"上下都有	才能（Ability）	表达能力、观察能力、学习能力、迁移能力、创新能力、管理能力、归纳思考能力、实践操作能力、应变能力、自制力等	★★★★
"冰山"以下	其他的个性特征（Others）	在完成一项工作时需要具备的其他特质合集，包括工作态度、教育理念、思维、道德品质等	★★★★★

案例：运用 KSAO 模型建构教师数据素养[②]

数据素养由特定的技能集和知识库组成，是指理解和有效使用数据来为决策提供信息的能力。对教师来说，数据素养是指将数据转化为信息并最终转化为可操作技能与知识库的能力。培养教师数据素养，增强教师数据信息敏感性，提高教师数据分析、处理能力已成为新时代教师专业发展核心素养的需求。基于该模型，培训者就可以进一步分析培训对象的能力基础，并确定培训的重点和难点。

---

① 曾双喜：《胜任力：识别关键人才、打造高绩效团队》，北京，人民邮电出版社，2022。
② 胡斌武，林山丁，沈吉：《基于 KSAO 模型的教师数据素养培养研究》，载《教育探索》，2019（5）。

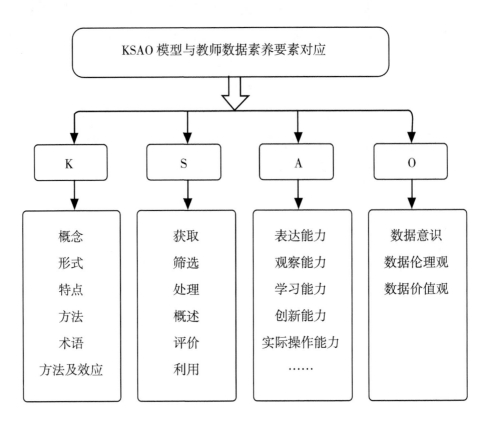

图 2-14　KSAO 模型与教师数据素养要素对应分析图

2. 卓越教师教学能力标准

为了顺应教育目标从"习得知识技能"转向"掌握核心素养"的全球教育趋势和我国课程改革的主导方向，北京师范大学中国教育创新研究院等部门经过多年探索研制了《卓越教师教学能力标准》（以下简称"标准"），该标准以清晰的框架描述了教师胜任核心素养教育应具备的关键能力。

核心素养教育的三个典型教学场景为"学习设计""教学实施"和"评价与改进"，教师需要发展一系列能力，以胜任上述教学场景中的具体工作。标准将相关能力按教学场景进行组合，形成了包括 3 项一级能力、14 项二级能力的教学能力结构。其中，每项二级能力后还有概念的说明，以及 3～5 级的能力指标和行为描述。如"1.1 开发培育核心素养的课程"，是指在国家课程校本化方案设计中，以核心素养及其进阶发展为目标，整体规划课程内容，构建一组纵向递进、横向关联的课程主题，形成学习单元序列；在课程设计中适宜地关联其他学科相关内容，在单元间和单元内都体现出（跨）学科知识的发展、学科思想和方法的深化以及认识世界方式的建构。相应的 4 级指标分别为：体现素养导向、组织课程内容、明确学习进阶、设计课程实施。

表 2-9　卓越教师教学能力标准①

教学场景	一级能力	二级能力
学习设计	指向核心素养的学习	1.1 开发培育核心素养的课程
		1.2 确定学习目标
		1.3 分析学习过程
		1.4 选择教学策略
		1.5 配置学习资源
教学实施	构建学习为中心的课堂	2.1 营造学习环境
		2.2 引导探究学习
		2.3 开展合作学习
		2.4 支持自主学习
		2.5 促进迁移应用
评价与改进	使用评价促进学与教	3.1 设计评价方案
		3.2 强化过程性评价
		3.3 完善终结性评价
		3.4 基于评价反思并改进教学

三、教师工作分析的方法和工具

（一）工作维度的培训需求分析流程

从培训需求的角度进行工作分析的主要目的是找到学员的最近发展区，即岗位胜任力与个人能力之间的差异，在此基础上确定培训的目标和内容。一般来说，可以分为以下几个步骤。

1. 成立工作分析小组

从人力资源的角度来讲，工作分析的专业性很强，工作组一般应该包括人力资源专家、培训教师和管理者、相关专业领域的教研员或专家等，这是进行工作分析的组织保证。工作组需要制订工作计划，明确工作分析的范围和主要任务、采用的调查方法等。工作小组要结合培训的对象和目标确定本次分析是要明确基本的任职资格标准，还是要得出不同发展阶段教师的胜任力，不同的分析目的采用的方法和调研的对象也会有所不同，到最后生成的工作说明书也不尽相同。

2. 收集和分析信息

在做培训需求分析时，要列出工作任务清单、每项任务的执行标准、工作执行的实际

---

① 北京师范大学中国教育创新研究院：《卓越教师教学能力标准》，https://teacherstandards.cn/teacherstandards。

绩效。在信息收集过程中，可灵活地运用面谈、问卷调查、实地观察、文献调研等方法来得到有关职位工作的各种数据和资料。在分析资料阶段，需要工作小组的人员共同参与讨论，以确定这些资料的正确性、完整性以及是否容易了解。随着时代的发展，我们的教材、考试政策、人才培养方略都在发生变化，这就对教师的教育教学不断提出新的要求。在收集和分析信息时要重点关注这些新的变化和要求，这也是教师培训的重点和难点。

3. 编写工作说明书或建构胜任力模型

根据不同的培训对象和目的，工作分析最终的成果是编写工作说明书或者建构岗位胜任力模型。工作说明书是以书面的形式描述工作中的活动、任职资格、职责以及与工作有关的重要因素及信息。工作分析并不是简单机械地积累工作信息，而是对各职位的特征和要求作出全面说明，在深入分析和认真总结的基础上，创造性地揭示出各职位的主要内容和关键因素。

《义务教育学校校长专业标准》就类似于一份工作说明书，明确了校长的任职资格，该标准包括了"专业职责""专业要求""行为描述"三部分，此处选取"规划学校发展"中的第一个专业要求"专业理解与认识"。

表 2-10　义务教育学校校长专业标准[1]（部分）

专业职责	专业要求	
一、规划学校发展	专业理解与认识	1. 明确学校办学定位，履行实施义务教育的工作使命，保障适龄儿童、少年平等接受有质量的义务教育，着力保障农民工子女、残疾儿童少年、家庭经济困难学生的受教育权利
		2. 注重学校发展的战略规划，凝聚师生智慧，建立学校发展共同目标，形成学校发展合力
		3. 尊重学校传统和学校实际，提炼学校办学理念，办出学校特色

4. 确定培训需求

工作分析中得出的胜任力和学员实际情况之间的差距是培训的重点，但是并不是所有问题都能通过培训解决，此时就需要工作小组结合实际情况确定哪些是本次培训中可以解决的问题。可以参考 KSAO 胜任力模型中提到的几个要素，"冰山"以上的一些知识和技能是比较容易培养的，"冰山"以下的能力和个人素质是比较难以在短时间内改变的。此外，

---

[1] 教育部：《义务教育学校校长专业标准》，http://www.moe.gov.cn/srcsite/A10/s7151/201302/t20130216_147899.html。

如果培训需求比较多，可以进行排序，此时可以参照弓箭模型，把"优先满足型"和"必要满足型"的培训需求放在前面。

（二）工作维度的培训需求分析方法和工具

工作维度的培训需求分析方法有很多，适用于教师培训的有观察法、行为事件访谈法和 DACUM 工作分析法。

1. 观察法

观察法是指由有经验的人通过直接观察的方法记录某一时期内工作的内容、形式和方法，并在此基础上分析有关工作因素，通常采用的是非参与式的观察。在采用观察法进行工作分析时，首先要明确观察的目的，并提前对观察的内容进行结构化或半结构化的设计，便于记录和后期分析。

在需求调研中，该方法不适用于覆盖到全体的参训学员，因此选择的观察对象要有代表性。一般来说，观察法可以与访谈法等相结合，适用于对学员的工作内容进行深入的剖析，特别是有些培训需求可能学员自己也意识不到或者说不清楚，此时就需要通过客观的观察来进行分析。比如，有研究者想要了解乡村学校校长领导力，就作为校长的"影子"，利用非参与式观察，观察 Z 校长在一个常规工作日的时间分配情况和工作情况，观察该校长与其他学校校长、上级领导和学校中层管理人员交流时的语气、神态，并写了约 20 篇观察日记。结合访谈法，研究者得出乡村校长应具备的五个领导力：价值领导力、教学领导力、结构领导力、道德领导力和人际领导力。在需求调研中，培训者可以进一步分析参训的乡村校长的这五个领导力中哪些是薄弱的，进而有针对地设计培训课程。

表 2-11 校长工作内容观察表[①]

时间	主要内容	发生地点	相关人物	相关细节
周一				
周二				
周三				
周四				
周五				

2. 行为事件访谈法

行为事件访谈（Behavioral Event Interview，简称 BEI），是一种高度结构化的访谈方法。基于对教师的岗位素质要求，调研者可以对培训学员曾参与的一系列行为事件进行反复的

[①] 艾小芸：《乡村学校校长领导力个案研究——基于临汾市 X 县 Y 学校的调查》，山西师范大学硕士论文，2022。

提问和探究，追究事件发生的细节，从而收集有效的行为事件或故事。在进行培训需求评估中，该方法可以帮助培训者收集与岗位素质要求相关的有效行为事件，评估教师素质能力水平高低，通过能力素质分数高低判断并区分优秀绩效者与一般绩效者。在访谈中，一般会让被访谈者分别描述工作中两三件成功或失败的事件。在具体的访谈环节中，培训者可以采用 STAR 工具进行访谈。

- S——情境（Situation）："当时你面对的情况是怎样的？""还有谁参与这件事情？"
- T——任务（Task）："你的角色／目标是什么？"
- A——行动（Action）："你当时是怎么做的／说了什么／怎么想的／感受怎么样？"
- R——结果（Result）："最终的结果是什么？""对你有什么影响？"

表 2-12　　高中生物教师行为事件访谈[①]

下面请您先回忆一下，在您过去的教学经历中，您认为最成功的两次教学经历以及最受挫的两次教学经历。

要事	最成功的教学一	最成功的教学二	最受挫的教学一	最受挫的教学二
S（情境） 1. 当时所处的环境 2. 自身的状态（如情绪、心态、顾虑等）				
T（任务） 1. 教学任务是什么 2. 设计教学活动的想法与原因				
A（行动） 1. 教学实施的过程是怎样的 2. 采取了哪些教学策略 3. 遇到了什么困难，又采取了什么措施				
R（结果） 1. 教学的结果如何 2. 对教学结果的自我反思				

访谈结束后要对学员描述的关键事件进行编码和分析。首先，通过对访谈文本进行分析，梳理出相关的主题，从中筛选可进行编码的语句。其次，在理解语句内涵的基础上提取关

[①] 林隽伟：《高中生物学教师教学胜任力模型的构建研究》，华东师范大学硕士论文，2022。

键概念，凝练编码形成相应的胜任力要素。

表2-13　访谈文本编码举例[①]

行为事件叙述	主题分析	所体现的胜任力要素
去年区里面的教学大赛，我上的是细胞核和细胞器这部分内容，这是我觉得比较成功的一次经历。	深入分析教学内容之间的联系	对生物教材的分析
这节内容其实是重要概念的学习，所以我就把概念学习按照层级来分，核心概念下位到重要概念，然后还有一些小概念。那么这些概念习得的过程肯定也是分层级的，所以我就在设计的过程中加入了一些探究小活动	根据教学需要设计教学活动	教学活动的设计

3. DACUM 工作分析法

观察法和行为事件访谈法都是对学员个人的工作内容进行分析的方法，比较费时费力。DACUM（Developing A Curriculum，教学计划开发）工作分析法是一种采用典型从业者分析与大样本从业者经验相结合的方法，是一种科学、高效、精准的分析方法。使用 DACUM 分析法最关键的环节是要组织一场 DACUM 研讨会。主持研讨会的一般是需求调研的发起者，其负责设计和引导研讨会的各个环节。具体流程如下。

（1）工作分析实践专家遴选

研讨会一般由 6 ~ 12 名优秀从业者构成，他们能全程参加 2 ~ 3 天，完成不少于 16 小时的工作分析。研讨会的成员均是从岗位中精心挑选出来的优秀工作人员，这些人员对该岗位所分析的职业领域工作非常熟悉，甚至对该岗位领域的发展趋势都熟悉。在教师培训需求调研中，我们可以选择相关领域的骨干教师、教研员、高校教师等。他们要能有效地与他人交流，是很好的团队合作者，具有开放的心态，具有良好的性格和从业年限代表性，其中专职管理者的比例一般不超过 10%~12%。理论研究和实践探索结果表明，由优秀工作人员分析、确定与描述的本职业岗位工作所需的能力，更符合实际工作的需要，而且具体、准确。

---

① 林隽伟：《高中生物学教师教学胜任力模型的构建研究》，华东师范大学硕士论文，2022。

（2）向专家小组介绍 DACUM 的基本情况及流程

由组织者说明工作分析研讨会的目的和重要性，介绍参会各位专家，并在工作分析表中写明研讨会主题，讲解实施流程以及具体内容，以便保证后续工作的顺利展开。

（3）工作表开发

这也是研讨会的重要工作内容，目的是构建岗位能力模型。首先，研讨会成员要建构"组织结构图"，这是描述某一职业或岗位在组织中所处位置的图，以此来明确该职位在组织中的位置，明确上下级、组织内部和外部的关系等。其次，运用"头脑风暴法"梳理出岗位职责和对应的岗位任务，罗列出优秀教师为了完成一项职责所必须做的事情，这个阶段往往需要占用大量的时间；接下来，对梳理出的职责和任务进行优选级排序，通常的做法是对重要性、紧迫性、自学困难度进行打分。最终，确定出每一个职责和工作任务的分值，进而也明确了关键职责和关键任务，为后续课程体系的规划明确侧重点，同时也为培训工作明确重点方向。

表 2-14　工作分析表样例

职责	任务		
职责 A	任务 A-1	任务 A-2	……
职责 B	任务 B-1	任务 B-2	……
职责 C	任务 C-1	任务 C-2	……

此外，DACUM 工作分析法在构建了岗位能力模型后，工作小组还可以形成相应的调查问卷，通过大样本的分析来进一步验证和修订该模型，或者让培训学员通过问卷自评，培训者以此为基础分析学员的岗位胜任力和现有能力的差距，确定培训需求。

四、教师工作需求分析的评价

工作分析法主要来源于企业管理，一般公司都会聘请专业的人力资源团队来进行分析。对于教师培训者而言，这部分专业性较强，我们介绍的方法和工具也是选择了较好操作并适用于教师工作分析的。当我们评价这部分需求分析时，首先要明确需求分析的目的是什么，如果是关于任职资格的培训，那么要参考岗位说明的评价指标，看看这些内容是否全面；如果是了解某些岗位的胜任力，就要参考胜任素质的评价指标。有时候，根据培训目的的不同，可能也会将二者结合。其次，教师工作分析的流程要比较规范，在评价中要看工作小组的成立、信息搜集、胜任力模型的建构、培训需求的确定等过程是否科学。最后，评价中要看基于教师工作分析得出的培训需求是否在本次培训中可达成、是否与岗位职责相匹配。

表 2-15　教师工作分析的评价框架

一级指标	二级指标	三级指标
教师工作分析	岗位说明	职位
		职责
		组织关系
		工作内容
		工作条件及环境
	任职条件／胜任素质	知识
		技能
		才能
		其他的个性特征

五、实践案例

基于 DACUM 技术的职业院校教师培训需求分析[①]

（一）调研目标

对职业院校教师的工作职责与任务进行分析，细化职业院校教师的专业标准；通过对比，分析新任教师与骨干教师的岗位胜任力差异，并在此基础上分析职业院校教师的培训需求。

（二）调研方法

1. 遴选专家

在北京市骨干教师办公室推荐和部分省市（河北、天津、山东、广东、河南）中高职示范校推荐的基础上，选出了 11 名参加工作分析的专家教师。该专家团体均是一线全日制优秀骨干教师，具有较好的专业代表性，性别和职称比例妥当，教龄 5~24 年不等，全程参与了为期 2 天的工作分析研讨会。

2. 实施工作分析

● 工作组织结构图开发

研究者在白板纸的中央画一个菱形框，将本次调研所要分析的职业院校专业课教师写在其中，请专家教师找出该教师的直接上级、该上级的上级、教师职业的下级以及与其有业务往来的学校外部主体和学校内部主体。

---

① 高山艳：《职业院校教师专业能力：结构与培养》，北京，北京师范大学出版社，2022。

● 职业院校教师职业总体分析

采用头脑风暴的方法，以"您在工作中都做什么？"这个问题引导专家教师尽可能列出职业院校教师所有的工作内容。在此阶段，专家教师可暂不考虑所提出的工作内容是属于任务还是职责。最终，共列出 56 项工作内容。

● 职业院校教师职责开发

在主持人的引导下，运用头脑风暴法并经过讨论逐一开发和确定每一项职责和任务，最终确定出职业院校教师的 9 项职责（按工作的逻辑排序）：教学准备、开展教学、课程考核、专业建设、指导学生发展、开展教学 / 科学研究、开展社区 / 企业服务、参与学校建设、提升业务能力。

● 职业院校教师任务开发

确定职责后，主持人便引导专家教师分析每项职责所包含的任务，任务开发流程与职责的开发流程类似。

● 检查修订职责和任务

调研者从整体上对开发的职责和任务进行检查，包括对每项职责和任务的表述是否准确、清晰和合乎规范，职责和任务的逻辑顺序是否合理，并对不合理的地方进行修订。

● 形成、修订工作分析表

在工作分析结束后，调研者将上述工作分析结果整理成"职业院校教师工作分析表"，并请 11 位专家审核，提出修改建议。

表 2-16　基于工作分析的职业院校教师专业能力表（工作分析表 部分样例）

职责领域	能力单元
教学准备	了解班级学生基本情况
	编制授课计划
	收集资料
	编写教案
	制作电子课件
	制作视频材料
	开发学习材料
	准备教学设备、材料、工具
开展教学	组织课堂、引导教学、知识讲解、技能展示、组织练习、巡回指导、答疑、成果展示、评价反馈、课堂总结
课程考核	制订学生考核方案
	开发知识测试工具

职责领域	能力单元
课程考核	开发技能测试工具
	开发态度测试工具
	组织考核
	成绩评定
	汇总成绩
	分析成绩
	反馈成绩
	报告成绩

3. 编制调研问卷

根据开发的职业院校教师能力结构表，编制了相应的量表，调查的维度即工作分析所开发的职责及任务。问卷对每项任务进行了 5 个维度的调查，分别是：

√ "是否从事该任务——您做此任务吗？"

√ "任务的重要性程度——作为职业院校教师，这个任务成效对您有多重要？"

√ "任务从事频率——作为职业院校教师，您从事该任务有多频繁？"

√ "是否为入门级别的任务——您认为此项任务是新手要做的吗？"

√ "任务难度——作为职业院校教师，您认为下列任务有多难？"

（三）　调研结果和培训需求分析

● 本次调研所开发的职业院校专业教师工作分析表包含 9 项职责共 91 项工作任务。

● 十项最重要的教师工作任务皆不在最困难的十项任务之列，最重要的工作任务与最困难的工作任务在不同职业院校教师群体眼中可能并非完全一致。因此，在培训前，考虑到教师工作任务重要性因素的同时，找出对于该培训群体来说最困难的任务。

表 2-17　最困难及最重要的前 10 项任务各维度统计

能力单元（最困难前 10）	从事（是）/%	重要性	难度	能力单元（最重要前 10）	从事（是）/%	重要性	难度
推广成果	54	4	3.81	技能展示	97.5	4.55	2.62
开发课程体系	63.3	4.25	3.8	知识讲解	98.6	4.53	2.49
参与新产品研发	33.3	3.65	3.79	编制授课计划	98.3	4.52	2.54
参与制订行业标准	35.5	3.71	3.76	组织课堂	98.1	4.52	2.57
开发课程标准	67.8	4.28	3.75	组织练习	98.6	4.52	2.49
形成教科研成果	61.1	4.03	3.75	引入教学	99.2	4.49	2.45
制订人才标准	60.3	4.21	3.74	与学生沟通	98.9	4.49	2.57
课题开题、论证	61.7	3.99	3.74	反思教学	98.9	4.48	2.59
申报课题	62.7	3.94	3.73	了解班级学生基本情况	97	4.45	2.37
验证应用成果	58.9	4	3.71	收集资料	98.1	4.44	2.6

● 对于不同发展阶段和不同专业类型的教师，培训内容的侧重点不同。新手教师，着力加强"了解职业学校学生基本情况、教案编写、职业学校课堂组织、组织学生技能练习、与学生日常沟通"等入门级别的能力培训。对于成熟型教师应加强专业建设、课程开发、参与企业产品研发、提供技术服务等较高级别能力的培训。对于实践操作能力要求较高的专业型教师应着力加强教师"技能展示""组织学生技能练习""技能评价"等专业能力的培训。

表 2-18　10 项"入门级别的任务"与"较高级别的任务"

能力单元	难度	认为是入门级别任务的百分比/%	能力单元	难度	认为是入门级别任务的百分比/%
汇总成绩	2.16	89.3	推广成果	3.81	45
组织课堂	2.57	89.1	申报课题	3.73	44.5
了解班级学生基本情况	2.37	88.9	制订人才标准	3.74	43.9
与学生沟通	2.57	88.9	开题	3.74	43.6
反思教学	2.59	88.4	开发课程体系	3.8	42.8
报告成绩	2.23	88.4	开展科普宣讲	3.31	39.2
引入教学	2.45	88.2	参与新产品研发	3.79	38.1
组织练习	2.49	88.1	提供技术服务	3.6	37.9
布置作业	2.21	88.1	培训企业员工	3.47	36.3
反馈成绩	2.29	87.9	参与制订行业标准	3.76	34.1

案例点评：

这份培训需求报告是基于职业院校教师的工作分析基础上得来的，首先采用 DACUM 技术对职业院校教师的岗位职责和能力要求进行了工作分析，调研者采用的工作分析流程和方法非常规范，通过为期 2 天的工作研讨会，细化了职业院校教师的工作职责与任务；其次，调研者采用问卷法，根据开发的职业院校教师能力结构表，编制了相应的量表，通过对比，分析新任教师与骨干教师的岗位胜任力差异，并在此基础上分析不同发展阶段的职业院校教师的培训需求。

具体来说，该需求报告分析的优点有以下几点：首先，该案例完整地呈现了 DACUM 工作分析法的各个流程，包括专家遴选标准；其次，本次调研对象广泛，在研讨会阶段，主要是调研了来自 6 个省市的 11 位专家，在问卷调研中，对象包括不同发展阶段的职业院校教师；最后，根据工作分析的框架，本次调研内容既包括了职业院校教师工作职责的分析，也包括了新手教师基本任职条件的分析和成熟型教师胜任素质的分析，这为精准培训提供了重要的参考价值。

第四节　学员学情分析及学习需求评价

一、学员学习需求分析的内涵与意义

（一）学员学习需求分析的内涵

根据 OTP 模型，P 代表人员分析（Person analysis），是指根据教师自身的实际情况，如知识、能力、情感态度等方面，来寻找教师的"最近发展区"，确定其需要接受哪些内容的培训。

学员个体层面的培训需求分析主要确定哪些学员需要培训，需要什么培训。需求评估中个体层面的评估是通过分析学员现实教学结果、教学能力状况与期望目标之间的差距，再进一步分析产生差距后面隐藏的原因，以此来确定培训的内容。人员分析是从任职者面向未来考察培训的需求。

学员需求分析主要侧重以下内容：

学员基本资料：包括拟参加培训的学员所属的部门、现任职务、参加工作的时间、年龄、所受教育和接受过的培训等信息。还包括他们的职业生涯发展的阶段，区分他们的专业发展类型（能干型、研究型、反思型等）。

能干型教师不仅能够根据学生特点，设计组织多种教育教学活动、创设和利用环境，积极引导学生发展，还能够与同事积极交流和合作，建立和谐、支持性的家校关系，与社区各机构建立起密切的合作关系。研究型教师是指教师通过自身的实践活动不断地进行自我监控、评价，进而对自己的理论进行检验、修正和完善。反思型教师是以自己的教育活动为思考对象，对自己的行为、决策以及产生的结果进行认真的自我审视和分析。通过反思，教师的自我觉察能力和自我反思水平得以提高，教育教学能力不断发展。

学员的动机和态度：了解学员参加培训的真正动机及对培训的态度，是教学工作岗位的需要还是个人职业生涯发展规划的需要？是主动参加还是被迫参加？还可以包括对学习内容和形式方面的态度等。

关于学员的能力：学员的能力水平信息来源主要有学员自我评价、第三方的评价（上级领导、同事、下属等）和绩效考核记录等。还可以包括教师已有的教育教学经验、他们在教育教学过程中遇到的普遍性问题和困惑、已有的能力（知识、方法、信念），即找到"最近发展区"。

（二）学员学习需求分析的意义

学员学习需求分析是教与学目标设定的基础，只有真正了解学员的现有知识经验和心理认知特点，才能确定科学合理的教学目标，为培训者教学方案的决策提供有效信息和证据。因此，学情分析在培训前期的教学设计过程中具有重要的价值，可以归纳为以下几点：

一是确保教学目标精准定位。 根据维果斯基的"最近发展区"理论，教学应当引导、推动学生从现有水平走向可发展水平。通过学情分析，培训者可以制订合理的教学目标，帮助学员达到可发展的最高水平。同时，培训者能够找到学员与课堂教学相关的过去知识经验、目前的课程需求和将来目标的信息，从而为每个学员量身定制教学计划。

二是提高学员的参与度。 通过确定学员的需求和偏好，培训者可以设计教学环境并使用适当的教学策略来激发学员兴趣，从而提高学员参与度。

三是提高培训者的自我意识。 学情分析不仅有助于培训者了解学员的需求，还有助于了解自己的教学实践。培训者可以通过学情分析关注自己的教学方式和策略，一旦发现自己的教学方法不适合某个学员或学员群体，就可以及时进行调整。

在教师培训中，不同类型、不同岗位的教师，对培训的需求也是有差别的，甚至同一教师在其职业生涯发展的不同阶段培训需求也是不同的，所以，在进行培训需求的分析中，必须对学员有足够的尊重和了解，力求做到按需培训，提高培训的针对性和实效性。

二、学员学习需求分析的方法和工具

（一）学习动机和态度

1. 学习动机

根据自我决定理论，学习动机分为内部动机、外部动机和无动机三种类型[1]。内部动机是人类固有的一种追求新奇和挑战、发展和锻炼自身能力、勇于探索和学习的先天倾向。它与个体的内部因素如兴趣、满足感等密切相关，是高度自主的动机类型，代表了自我决定的原型，例如教师参与培训是出于自主发展。外部动机是指人们不是出于对活动本身的兴趣，而是为了获得某种可分离的结果而去从事一项活动的倾向，例如教师参加培训学习是为了晋升职位等。无动机是最缺少自我决定的动机类型。它的特点是个体认识不到他们的行为与行为结果之间的联系，对所从事的活动毫无兴趣，没有任何外在的或内在的调节行为以确保活动的正常进行。无动机的教师认为培训课程毫无意义，是在浪费时间，或者认为自己没有能力学好，或是没有获得成功的渴望。了解学员的学习动机有助于调整优化

---

[1] Edward L. Deci, Richard M. Ryan. Intrinsic motivation and self-determination in human behavior. New York: Plenum press.

教学策略，更加有效地开展教学活动。学员动机可采用量表调查，如《学术自我调节量表》[①]，量表具体信息见下表。

表 2-19 学员学习动机测查量表

量表名称	维度	题目数量	计分方式	例题
学术自我调节量表	外摄调节 内摄调节 认同调节 内部动机	16	李克特5点计分1表示"完全不同意"，5表示"完全同意"	（1）因为他人（领导或同事）要求，我参加培训。 （2）参加培训，因为我希望成为一名好老师。

2. 学习态度

在调查学员学习动机的基础上，还应调查学员对培训内容、培训形式、培训时间和培训师的需求与态度。

表 2-20 案例：某市小学教师培训需求调研问卷

培训内容	1. 您认为教师培训最迫切、最需要的培训内容是： （1）专业知识 （2）了解学生特点 （3）现代化教育技术与课程整合的知识（4）教育思想和理念 （5）教学技能 2. 您目前在教育教学中最需要哪方面的知识： （1）专业学科知识 （2）德育及心理健康教育的理论 （3）教育科研方法 （4）教师的职业道德规范 （5）新课程标准的解读
培训形式	1. 您最喜欢的培训方式是： （1）案例分析 （2）经验交流 （3）专家讲座 （4）教学示范 （5）其他
培训时间	1. 您觉得一年内累计培训长度最适宜为： （1）1～2个月 （2）2～3个月 （3）3个月以上 2. 您希望举办教师培训的周期应该是： （1）半月 （2）1月 （3）2～3月 （4）半年 3. 您觉得培训最好选在什么时候进行： （1）周六日 （2）寒暑假 （3）课余时间 （4）课余时间与周六日相结合 （5）课余时间与寒暑假相结合
培训师	1. 参加培训，您最希望谁给您授课： （1）教材编写者 （2）一线教师 （3）教研员 （4）教育教学专家 （5）其他

[①] 金星霖，王纬虹：《中职教师培训动机及其相关因素分析——基于重庆市的调查》，载《职业技术教育》，2019（21）。

（二）学员的能力

1. 教育教学信念

教育信念是教师真正信奉的、在教育实践中体现出来的、积淀于教师个人心智中的价值观念，通常作为一种无意识的经验假设支配着教师的行为。教师的信念对其教学计划、教学决策和课堂实践有着重要的影响。教育部2012年发布的《幼儿园教师专业标准（试行）》《小学教师专业标准（试行）》和《中学教师专业标准（试行）》对教师的专业标准做了明确的维度划分，其中教师的"专业理念与师德"被列为三大维度之首，标准中专业理念共包括教师职业理解与认识、对学生的态度与行为、教育教学的态度与行为和个人修养与行为四大领域。因此，开展教师培训必须要了解教师的教育信念。

关于教学信念的评价方法大致呈现三种研究取向：量化研究、质化研究，以及二者相结合使用。量化研究主要采用设计教育信念量表，质化研究主要采用深度访谈、课堂观察法和个案研究。

调查量表有适用于不同教师群体的教育信念量表，如《密西根州立大学教育信念量表》[1]，还有针对特定教师群体编制的量表，如《特岗教师信念量表》[2]，量表具体信息如表2-21：

表 2-21　教师教育信念量表

量表名称	维度	题目数量	计分方式	例题
密西根州立大学教育信念量表	学生 课程 社会环境 教师 教学策略	20	李克特5点计分 1表示"完全不同意"， 5表示"完全同意"	（1）合作学习有利于提高学生成绩。 （2）学生有自己的天性，应该完全尊重其天性发展。
特岗教师教育信念量表	学生 教师 课程 教学 社会环境 教育	35	李克特5点计分 1表示"完全不同意"， 5表示"完全同意"	（1）特岗教师在乡村教育建设中发挥着重要作用。 （2）乡村教育振兴离不开乡村教师队伍建设。

关于教师的教学信念还可采用访谈法，采用访谈法时应做到：（1）明确访谈调查的目

① Bruce A. Brousseau, Cassandra Book, Joe L Byers："Teacher Beliefs and the Cultures of Teaching ." Journal of Teacher Education. 1988（39）.
② 乔三三：《S县特岗教师教育信念的调查研究》，山西师范大学硕士论文，2020。

的与任务，准备访谈提纲；（2）制订访谈调查计划；（3）选择好访谈的场所和时机，营造良好融洽的访谈氛围；（4）条理分明，分类准确，整理访谈调查材料；（5）对调查材料的结果分析。

表2-22　案例：对某位中学英语教师关于教学信念的访谈①

问题	被访者的回答	分析
你认为学生应该是：抑制者、容纳器、客户、伙伴、原材料、个人探索者、民主探索者？	学生应该是一个智能型容纳器，主动筛选教师所教授的信息，进行消化吸收加工。同时，学生应该像原材料，教师是加工者。	该教师在信念上仍然是以"教"为中心的传统理论，关心的基本内容是如何把课备好、教好，如何有效地传授自己的知识，而很少考虑学生"如何学"的问题，学生的主动性、积极性受到一定程度的限制，难以体现学生的认知主体作用，难以实现以学习者为中心的课程目标
你认为学生在课堂上应该学到什么？你教学的主要任务是什么？	在课堂上的主要任务就是有效传授教学大纲所规定的知识和技能，并最大程度地确保学生掌握。	
你是否认为课堂教学应该以学生为中心？	课堂教学的确应该照顾到学生的具体水平、特点等问题，但是学生水平较差、学习自觉性较低时，还是以教师为中心比较能够确保教学质量。	
你是否知道学生需要什么？并如何了解他们？	了解学生的渠道主要是通过课下沟通，课堂上通常是看学生们的反应。	
在课堂中学生的参与重要吗？一堂课中学生活动大约多少时间比较合适？	老师讲课学生没反应就觉得很失败，但参与方式还主要是比较传统的提问、做练习等。如果学生参与过多，通常会觉得浪费时间，而且该掌握的知识点也无法确保他们掌握，况且教学都是平行班，上课要按进度表，教师没有多大的自由。	
你认为在课堂上教师是权威还是引导者？自己在课堂上的主要角色是什么？	教师还是应该是权威者，否则无法服众。学生的自学能力和自觉性都较差，让他们自主很大程度上就是放羊，他们很多人不知道该干什么及怎么干。所以还是传统教授比较能保证课堂教学质量。	
你认为传统的教学模式比现在倡导的学生主体教师主导的教学模式更好吗？	传统的教学模式不利于学生的全面发展，但是目前的具体情况让人比较无奈。	

---

① 胡艳：《教师信念与其课堂教学行为之间关系的个案观察研究》，载《科技资讯》，2007（28）。

2. 已有知识储备

教师知识是教师在教育教学实践过程中所获得的教学知识和教学经验，教师知识是教师专业素质的核心内容，教师专业发展离不开教师知识。舒尔曼提出"学科教学知识"（Pedagogical Content Knowledge）作为教师专业知识的核心素养，是衡量教师专业化水平的重要指标[1]。关于学科教学知识的调查分析可以分为测试调查、访谈法、量表测评等。

不同学科的知识经验测查会呈现一定的差异性。以英语学科为例，德国学者科尼格于2016年开发了对参与不同阶段教师培训的职前英语教师内容知识、学科教学知识及一般教学法知识的纸笔测验[2]。具体测试内容如下：

表 2-23　教师知识水平测查

维度	考察点	题目数	例题
内容知识测试题	考察英语教师们关于英美文学及语言学方面的知识	54	Which clause types occur in the following sentences? Sue went to london and stayed there for a week. A. Embedded clauses B. Coordinated clauses C. Subordinated clauses D.Non-finite clauses
一般教学法知识测试题	考察教师教学的一般方法及课堂组织与管理的知识	40	案例分析：教师应如何对学生回答中的错误进行分析？
学科教学知识测试题	考察教师课程知识、教学策略以及学生知识	33	英语阅读文章中题材主要为哪几种？

---

① Shulman. L.S, " Those who understand: Knowledge Growth in Teaching,"Educational Researcher, 1986, 15（2）.

② Konig, J., Lammerding, S., Nold, G., Rohde, A., Straub. & Tachtsoglou, S. "Teachers' Professional Knowledge for Teaching English as a Foreign Language : Assessing the Outcomes of Teacher Education,"Journal of Teacher Education, 2016, 67（4）.

随着信息技术的发展，相关学者进一步提出整合技术的学科教学知识（Technological Pedagogical Content Knowledge, 简称 TPACK）。信息化背景下的教师知识构成除了传统的学科内容知识、教学法知识、技术知识，还包括伦理知识。为了开展大规模调研，TPACK 测量量表也逐渐被开发使用。下面为中小学信息技术教师知识评价量表[①]。

表 2-24 信息技术教师知识评价量表

量表名称	维度	题目数量	计分方式	例题
信息技术教师知识评价量表	（1）信息技术教师的教学法知识 （2）信息技术教师的学科内容知识 （3）信息技术教师的技术知识 （4）信息技术教师的学科教学知识 （5）信息技术教师的整合技术的学科知识 （6）信息技术教师的整合技术的教学法知识 （7）信息技术教师的整合技术的学科教学知识 （8）信息技术教师的信息伦理知识	40	李克特 5 点计分 1 表示"非常不同意"，5 表示"非常同意"	（1）我能够根据学生的表现或反馈调整自己的教学方法。 （2）我清楚地知道信息技术学科的重难点有哪些。

3. 专业能力

教师的专业能力包括课堂教学能力、教学评价能力、教育科研能力、课程资源的开发与利用能力、学术交流能力、管理能力等。教师专业能力测评可采用访谈法、观察法和问卷法等。

观察法是指培训师和培训管理者通过深入学员的工作现场，如教室、实验室、办公室等，或通过校长和学员同事对其工作进行观察、评价，充分了解学员的专业能力水平并确定培训需求。例如，通过进入课堂观察教师教学呈现、学生课堂参与、师生问答，来充分了解教师的教学能力，课堂教学观察表[②]示例如表 2-25、表 2-26、表 2-27：

[①] 李云春：《教育信息化 2.0 背景下信息技术教师知识评价量表的构建研究》，贵州师范大学硕士论文，2022。

[②] 李小红：《课堂观察：高中新教师培训的载体创新与实践》，载《现代中小学教育》，2023，39（5）。

表 2-25　　教师教学呈现观察表

观察视角	观察点	观察记录及分析
学习活动	有几个学习活动？活动之间是否有逻辑性和序列性？ 每个学习活动是否为学习的深入搭台阶？ 每个学习活动是否有清晰的子目标？ 子目标是否为学习总目标服务？	
评价活动	学习活动中是否有评价环节的存在？ 教师是否抓住了评价学生的机会？	
教师语言	教师语言具有生动性吗？（妙语、风趣、形象） 教师语言具有艺术性吗？（亲切、肯定、激励） 教师语言具有严谨性吗？（准确、简练、逻辑） 教师语言具有启发性吗？（设疑、点拨、激思） 教师语言具有优美性吗？（语速、语调、语气）	
师生对话	师生对话是否基于教师对学生话语的专注倾听和接纳？ 师生对话的话语权是否平等、协商？ 师生话语中是否有过程性，帮助学生不断深入、拓展、修正表达？ 师生话语中是否有探索性，促进学生深度思考？	
教育机智	学习活动推进过程中的教学机智。 处理师生对话的教育机智。 处理课堂生成的教育机智。	

表 2-26　　学生课堂参与度观察表

观察视角	观察点	观察记录及分析
倾听	有多少学生聆听教师的讲课或同学的发言？（反思教师授课的吸引力） 聆听过程中有与教师产生互动吗？（回应／眼神） 从回应和眼神说明了什么？（反思是否是真实的学习） 聆听时，有多少学生有辅助行为（记笔记／查阅）？（反思对学习习惯的指导）	
合作	有哪些合作行为？ 有多少人参与小组合作？	

续表

观察视角	观察点	观察记录及分析
	合作效果如何？（反思课堂什么情况需要组织学生进行合作学习；教师小组合作指导的有效度）	
教师语言	超过75%的学生参与师生、生生互动。	
	50%~75%的学生参与师生、生生互动。	
	25%~49%的学生参与师生、生生互动。	
	低于25%的学生参与师生、生生互动。	
	没有学生参与师生、生生互动或者教师没有提供互动机会。	
	师生互动、生生互动的效果如何？（反思教师课堂组织、师生对话的有效性）	

表2-27　师生问答观察表

观察视角	观察点	观察记录及分析
教师设问与追问的水平	教师始终要求学生为他们的回答提供依据或者解释原因，或对不同学生的问答进行串联、追问和反刍。	
	教师偶尔要求学生为他们的回答提供依据或者解释原因，或对学生的问答进行追问。	
	教师的大多数追问是程序性的解释或者是记忆性的知识。	
	教师没有要求学生为自己的观点提供依据和相应的解释。	
学生回答的水平	学生能够持续地或以合适的方式为他们的观点提供依据，或者学生能够在前一位学生观点的基础上进行发散性延伸。	
	整堂课中学生偶尔（1~2次）能够为他们的观点提供依据或学生能用合适的方式去解释他们的想法。	
	学生提供的解释是程序性的、记忆性的知识，或者提供的原因或依据是不准确的、不完整的、模糊的。	
	回答者没有解释答案背后的原因。	

教师对自身能力的感知还可以通过教师效能感来反映。自我效能感是指行为主体对自己在日常活动中是否能够做到、是否能够做好的一种自我能力感知。教师自我效能感是教师对自己在教研活动中是否能够做到、是否能够做好的一种自我能力感知。测量教师效能感可采用量表调查，下面列举了相关量表。

表 2-28　教师效能感测查量表

量表名称	维度	题目数量	计分方式	例题
俄亥俄州教师效能量表[1]	教学策略效能感 课堂管理 学生投入度效能感	24	李克特 7 点计分 1 表示"完全不能", 7 表示"总是能够"	在哪种程度上你能培养学生的独立思考能力？
乡村教师自我效能感量表[2]	教学效能感 科研效能感 人际效能感	20	李克特 5 点计分 1 表示"非常不符合", 5 表示"非常符合"	（1）我已掌握并且能概括所教学科的大纲。 （2）我能撰写出自己较为满意的课题申报书。

三、学员学习需求分析的评价

学员学习需求分析是制订培训方案最直接、最明确的科学依据。对于教师培训者而言，学员学习需求分析是展开培训的必不可少的一环。当我们评价学员学习需求分析时，首先要明确需求分析是否已精准定位培训的教学目标，是否通过评估学员的现有水平及想要达到的目标水平来制订教学目标、确定教学内容。其次，评价需求分析是否通过选用合适的方法分析出学员的学习态度及倾向的学习方式来确定教学开展方法，有效的教学方式能够为实现教学目标保驾护航。教育不仅是知识的传递，更是心灵的感化，学员学习需求分析还应评价学员的教学信念，依此在培训过程中帮助学员树立科学的教育信念。最后，评价中要看学员的培训需求是否在本次培训中可达成、是否与岗位职责相匹配。

表 2-29　学员学情分析的评价框架

一级指标	二级指标	三级指标
学员学情分析	基本资料	工作年限、年龄、学历
		专业发展类型
	学习动机和态度	学习动机

---

[1] Roberts. J.K., Henson. R.K. "A Confirmatory factor analysis of a new measure of teacher efficacy: Ohio State Teacher Efficacy Scale." Elementary Secondary Education, 2001 (38).
[2] 王昊宇：《乡村教师的自我效能感研究》，广西师范大学硕士论文，2022。

续表

一级指标	二级指标	三级指标
学员学情分析	学习动机和态度	学习态度
	能力	教育教学信念
		已有知识储备
		教学能力、科研能力等

四、实践案例

《小学班主任对特殊需要儿童的帮助策略专题班》教师培训需求调研

（一）调研目标

通过问卷调研教师已有的经验和能力、培训的内容需求、培训形式需求以及如何提升培训的有效性，以分析参训教师的培训需求。

（二）调研对象

北京市某区参加本次培训的学员。

（三）调研工具

针对学员的有《特殊需要儿童帮助策略专题班需求调研问卷》和《课堂中师生互动调查问卷》。

表2-30　《小学班主任对特殊需要儿童的帮助策略专题班》教师培训需求调研工具

量表名称	维度	题目数量	计分方式	例题
特殊需要儿童帮助策略专题班需求调研问卷	（1）班级管理 （2）个性化的学业辅导策略 （3）个性化的行为指导策略 （4）积极强化 （5）家校沟通 （6）惩罚	29	李克特5点计分 1表示"从不"，5表示"总是"	（1）帮助学生将任务分解成小的单元或步骤。 （2）在对这些学生进行指导时，为了便于他们理解，调整表达方式。
课堂中师生互动调查问卷	（1）情感支持 （2）班级管理 （3）教育支持	34	李克特5点计分 1表示"完全不符合"，5表示"非常符合"	（1）我认为我尊重学生，并经常会使用尊重性的语言向学生表达"请或谢谢"。 （2）课堂上我能觉察到学生对知识点的困惑，并尽力解决。

（四） 调研结果

1．教师已有的经验和能力

（1）知识：教师对特殊需要儿童的了解程度

调研发现，教师对大部分特殊需要儿童的了解程度都是中等，其中对"学习困难"的了解程度最高，其次是"情绪和社会交往问题"，然后是"注意力和多动障碍"，以及"智力发育迟缓"。但是从我们以往的培训经验和各种特需儿童的专业知识普及程度来看，学习困难领域的专业性很强，教师对这一群体的了解相对较少。从目前教师的自我评估来看，有可能存在概念上的混淆，即教师认为的学习困难就是学习成绩不好。

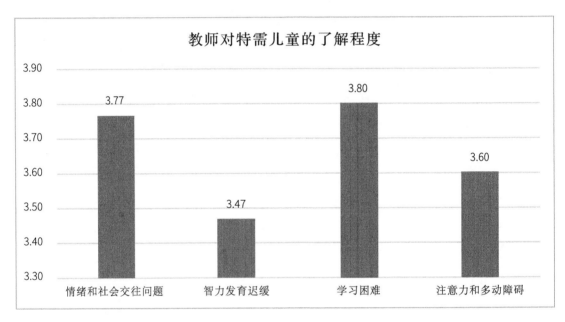

图 2-15　教师对特殊需要儿童的了解程度（平均分）

为了进一步探究教师对"学习困难"概念的理解，项目组追加了关于"学习困难"的词汇联想调查，询问教师们认为"学习困难包括什么"以及"看到学习困难，会想到什么"，作为对"学习困难"概念内涵和概念外延的调查。结果显示，教师认为的学习困难主要是学不会、听不懂、注意力不好、学习习惯不好。

（2）方法：教师常用的辅导策略

在对特殊需要儿童的指导策略中，调查发现：教师最常用到的策略是"家校沟通"和"积极关注"，其次是"班级管理""个性化的学业辅导"和"个性化的行为支持"，而"忽视"和"惩罚"等策略相对使用较少。

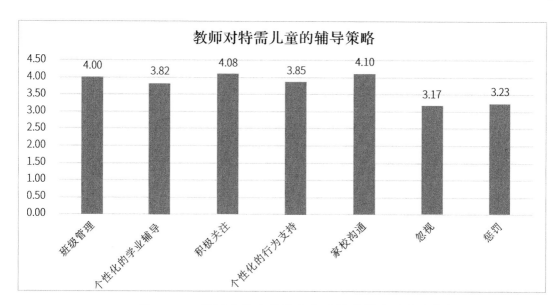

图 2-16 教师对特殊需要儿童的辅导策略（平均分）

此外，本项目还调查了课堂中的师生互动情况，该量表共分为 3 个维度：情感支持、班级管理、教育支持。结果显示，教师在"情感支持"和"教育支持"两方面得分较高，在"班级管理"方面得分相对较低。这意味着大部分教师在授课过程中，能营造积极的氛围，能够尊重学生的观点；教师在讲解知识的过程中，能给学生高质量的反馈，能采用适合学生年龄特点的教学策略。但是，在课堂的行为管理能力上需要提升，如管理刻板、对课堂中的突发问题没有预见性等。

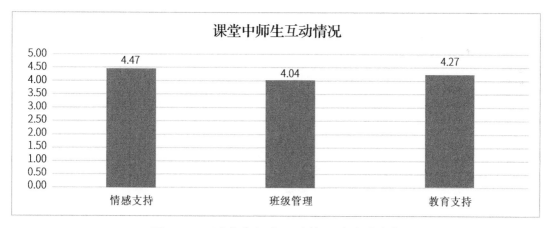

图 2-17 课堂中师生互动情况（平均分）

（3）能力：教师的满意度和自我效能感

教师在指导特殊需要儿童的自我效能感方面也比较低，53.3% 的教师在指导特需儿童的时候有负面情绪，76.6% 的教师认为自己的指导能力有限，70.0% 的教师对自己的指导效果不太满意。

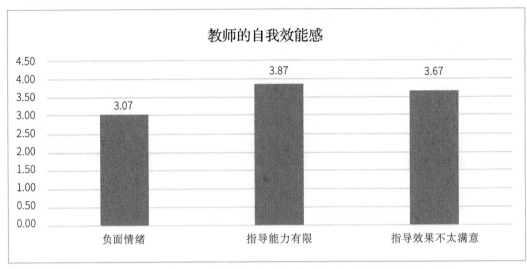

图2-18 教师指导特殊需要儿童的自我效能感（平均分）

2. 培训内容的需求调研

对教师的调研中,大家最希望了解的培训内容主要是"情绪和社会交往问题""学习困难"和"注意力和多动障碍"。在具体的方法和技能中,教师最感兴趣的是"家庭指导"和"自己的情绪和压力管理",其次是"个性化辅导""如何寻求专业支持"等。这和前几年的学员需求略有不同,主要体现在"自己的情绪和压力管理"方面今年排在了首位,可见今年的学员在特殊需要儿童的指导中面临的压力更大。

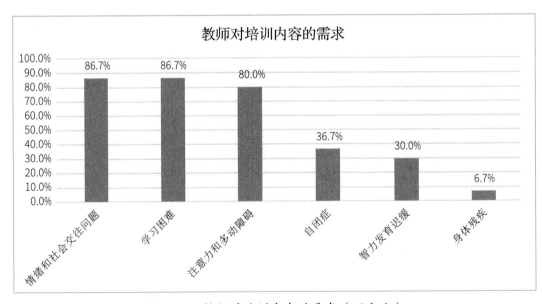

图2-19 教师对培训内容的需求（百分比）

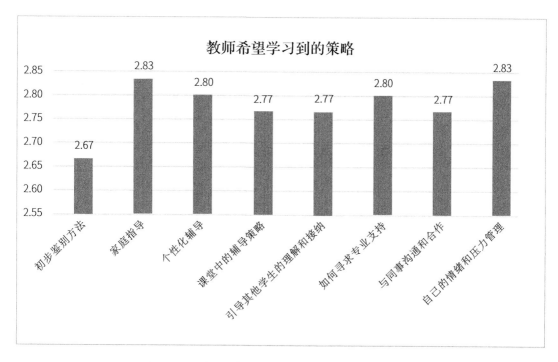

图 2-20 教师希望了解的具体方法（平均分）

3. 培训形式和有效性调研

参加培训的教师最喜欢的培训形式是案例教学，其次是在线学习，再次是专题讲座和实践指导。

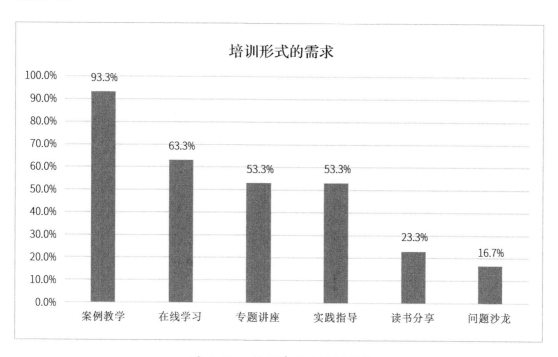

图 2-21 教师希望的培训形式

关于如何提升培训的有效性，在对教研员和以往培训学员的调研中，大家比较一致地认为需要结合实际的案例来进行讲授培训形式的需求（百分比）、教授可操作性的方法、任务驱动、小组研讨、下校交流等实践环节，让教师在做的过程中不断地改进，并指导教师进行学习成果提炼，强化输出。

（五）调研分析

针对以上调研中的核心内容，将结论汇总到表 2-31 中：

表 2-31　调研结果汇总表

调研内容	调研结论
经验和能力	经验匮乏、指导方式的针对性不强 满意度和自我效能感较低
培训的内容需求	内容：情绪和社会交往问题、学习困难、注意力和多动障碍
	方法：家庭指导、自己的情绪和压力管理、个性化指导、如何寻求专业支持、课堂中的辅导策略、引导其他学生的理解和接纳、与同事沟通和合作、初步鉴别方法
形式需求	案例教学、在线学习、专题讲座、实践指导
如何提升有效性	实践导向、任务驱动、强化成果输出

案例点评：

这份培训需求报告是基于北京市小学班主任对特殊需要儿童的帮助策略专题班学员需求分析得来的。首先，由于培训主题是关于特殊需要儿童的帮助策略，具有一定的针对性，调研者采用完善的问卷调查了学员的教学经验和能力；其次，为了更好地达到培训效果，调研者采用问卷调查了学员关于培训内容的需求和形式需求，通过数据分析，得出小学班主任对特殊需要儿童的帮助策略的培训需求。

具体来说，该需求报告分析的优点有以下几点：首先，该案例通过直接调研小学班主任对特殊需要儿童的教学经验及能力，结合调研课堂师生互动情况，从侧面反映出学员需要加强提高的能力和教学方法；其次，本次调研主题针对性高，问卷中培训需求内容方面涉及的主题针对性强，能够切实了解学员的培训需求；再次，本次调研为了更好地提高培训效果，调研了学员关于培训形式的需求；得出培训应当实践导向、任务驱动和强化成果输出的结论，这为后续开展培训课程提供了有效的指导建议。

第三章　教师培训项目方案评价

　　本章主要阐述对教师培训项目方案进行评价的必要性及操作办法。本章不是讲解该如何具体设计一个方案，而是提供方案评审的标准和操作办法。对方案设计者来说，以自评促设计，明确培训方案的评价标准，可以对照标准去设计项目方案；对培训管理者来说，如何进行培训管理，特别是培训方案管理，需要遵循一定的培训方案评价标准和操作规程。未经评价或未通过评审的教师培训项目方案不可立项实施。一个项目首先要设计项目方案，其次是要通过评审。设计之初，项目负责人应该知晓好的项目方案的评价标准。

　　教师培训工作中有必要区分项目申报方案和项目实施方案及相应的评审工作。在培训立项之前，是一般性的申报方案（或培训简案）设计，此时没有具体的培训学员，多数情况下培训设计是满足共性需求的。培训对象招生完成后，在对培训对象做具体调研的基础上，完善方案设计，形成具体的实施方案。评审工作也要有相应的侧重点。

　　本章聚焦项目实施方案设计评价，重点阐释为什么要进行培训项目实施方案评价；评价一个教师培训项目实施方案，重点评什么；有没有分类的评价标准；怎样组织教师培训项目实施方案评价活动，分几步走；每一步做什么，要达到怎样的效果。

第一节　教师培训项目方案评价的意义和内涵

　　一个教师培训项目要获得立项，最初需要精心的项目设计，形成申报方案报送教育行政管理部门或培训机构内部的管理部门接受评审。成功立项之后，需要进一步设计项目实施方案。教师培训实际工作中更重视立项阶段的设计与评审。评价（或评审）一个教师培训项目的实施方案的目的和意义何在？教师培训实施方案评价包含哪些内容？

一、教师培训项目方案评价的目的和意义

（一）教师培训项目方案评价是教师培训质量监控的第一关

　　为了保证教师培训项目的质量和实效，有必要从方案管理源头监控教师培训项目的设计和实施。方案管理过程是由"计划—实施—检查—处理（总结）"系列环节组成的闭环（戴明环，即 PDCA 循环）。培训质量是由培训全过程每个环节的质量所决定的，首要的

是培训计划（即培训方案研制）管理。培训方案研制，一开始就决定着教师培训的价值和效果。方案评价作为培训方案研制管理的重要内容和抓手，是决定培训项目效果的十分重要的直接干预因素，应该广泛组织开展。培训开始之前，项目负责人要对培训进行整体设计，在充分的需求调研和文献调研基础上，确定培训主题、培训目标、培训课程、培训师资、培训方式以及考核方式，形成项目方案。一位专业的、经验丰富的项目负责人，要能够做出合格的甚至高质量的项目设计方案。对培训管理方来说，既要信任项目负责人，又要依据一定的标准对项目方案进行评价、审核，把好质量监控的第一关。对一个培训机构而言，要形成一整套的培训管理和质量监控制度，把项目方案评价作为培训实施前的重要一环。提前公布评价标准，也是项目负责人设计培训方案的参考依据。对不太符合标准的项目方案，要通过评审环节反馈修改意见，待方案完善后再开始培训。

（二）教师培训项目方案评价为教师培训顺利开展做好准备

教师培训项目方案犹如建筑行业的图纸，只有图纸绘就，才能按图施工。开展项目实施方案评价，就是为培训的顺利开展打好基础。首先，项目方案设计会充分考虑学员的学习需求，在需求调研基础上明确培训目标、培训内容、培训方式、考核评价等内容。也只有针对学员需求，才能实施精准培训。其次，项目方案设计过程也是培训负责人汇集培训资源、遴选培训讲师的过程。哪些讲师更适合为培训对象授课，他们的专业储备和实践经验是否能够为实现培训目标服务，决定培训供给方的资源实力。最后，项目方案设计是整个项目团队形成合力的验证。方案设计不是培训负责人一个人独自完成的，而是和所有项目团队成员充分沟通和内部论证的结果。大家对该方案的各项要素都了然于心，才能在实施环节一步到位。项目方案评审会重点论证培训目标是否合理，预期成果是否能够实现，培训课程是否能够为目标服务，培训方式是否恰当，考核方式能否反映目标实现。经过详细的评价论证，肯定方案的优点与合理之处，提出可供补充或替换的资源，发现不足并及时完善，才能保证培训项目的顺利实施。如果不经过评价就草草实施，某些环节就很可能出现漏洞，难以产生应有的效果，造成时间精力的浪费甚至是经费损失。因此，项目方案评价环节必不可少。

二、教师培训项目方案评价的内涵与特点

（一）教师培训项目方案评价的内涵

教师培训项目方案评价，也称为"事前评审"，通常是"教育行政部门（或教师培训管理单位）为确保培训效果，组织专家依据相关标准对教师培训方案的合理性、可操作性

作出价值判断并据此对方案选用作出专业认定"[①]。按照教师培训工作的实践逻辑，培训项目方案评价或评审之前，应该先完成培训项目方案设计。培训项目方案设计就是在培训需求分析的基础上，以系统思维对培训项目的各个核心元素进行整体分析、计划、安排和部署[②]。因此，教师培训项目方案评价是教师培训机构对教师培训项目方案的全面判断，应包含核心元素及各元素之间内在逻辑一致性、操作实施可行性和培训目标可达成度等。一个教师培训项目方案的核心元素应包含培训对象、培训主题、培训目标、培训预期成果、培训课程、培训方式、培训师资、培训时间、培训设施、培训效果评估方法以及经费预算等。培训主题、目标和课程等确定要满足培训对象的基本需求，培训方式和培训师资都要与培训课程内容一致，培训课程要有可操作性，能够形成实际的教学课表，考核方式能够为培训目标的实现提供证据。项目方案评价重在衡量语言表达的准确性、要素之间的逻辑性和各个实施环节的可操作性。

（二）教师培训项目方案评价的特点

教师培训项目方案评价具有基础性、预见性和引领性等特点。

1. 基础性

对教师培训项目方案进行评价评审，是教师培训管理的一项基础性工作，为实施项目奠定良好的基础。无论是项目负责人，还是项目管理者，都要重视项目方案的前期评价，树立"无评价，不培训"的理念。通过对项目方案的前期评价，开展对项目各要素、各环节的充分论证，确保方案的合理性、科学性，把好项目计划的质量关。

2. 预见性

开展项目方案评价，也体现在对培训绩效有预判。项目方案中对预期成果的设计应该实事求是，有充分的依据。评价专家也要对项目的预期成果进行判断，看培训目标能否如期达成。如果看不到应有的培训效果或认为预期成果无法实现，则提出修改完善建议，或不支持该项目实施。

3. 引领性

对培训项目方案提出相应的优化建议，引领培训项目提高质量。在肯定项目方案已有设计优点的基础上，针对可提升空间提出优化建议，发挥好评价的导向作用。培训目标和课程内容既要满足培训对象的需求，还要结合基础教育课程改革方向、学生发展和教师发展引领需求，添加合理的创新元素，达到更高质量的培训效果。

---

① 陈聪：《教师培训方案事前评审的实践意蕴及实现策略——兼论如何提高教师培训实效性》，载《中国教育学刊》，2021（10）。
② 余新：《教师培训师专业修炼（第2版）》，北京，教育科学出版社，2022。

三、不同教师培训项目类型方案评价的共性与差异

在"精准培训"理念引领下，教师培训工作一般按分层分类分岗的不同培训项目类型开展。从培训项目设计的角度看，不同类型项目的设计存在共性，又因培训对象不同等因素存在差异。同样，对项目实施方案的评价也存在共性与差异。

（一）不同项目类型方案评价的共性

针对分层分类分岗的各类教师培训方案，评价的共性包括评价内容维度相近、评价指标具体可测量、评价程序方法可操作等。

1. 评价内容维度相近

一般来说，项目方案评价内容维度应包括培训需求、培训主题、培训目标、培训课程、培训方式、培训师资和考核评价等方面。无论是针对哪一类培训对象设计的培训方案，都要包含这些核心要素，它们也自然成为方案评价的主要内容。

2. 评价指标具体可测量

评价要考察每个内容维度的具体方面。比如"培训需求"要看前期的需求调研报告中"调研设计、调研实施、调研分析、调研结果及结果应用"等具体指标；针对"培训主题"要看"确立依据、主题表述、与目标及课程的一致性"等具体指标；针对"培训目标"，要看"体现培训需求、与培训主题的匹配度、表述明确具体可检测"等具体指标；等等。而且这些具体内容也应该是可观察、可测量的，需要设计者在方案中表述清楚。

3. 评价程序方法可操作

方案评价工作要有规范的程序和方法：公布评审安排、准备并提交项目方案、组建评审专家团队、陈述项目方案、组织查看材料、进行质询答辩、形成评审结论、反馈评审结果、修改完善方案。这一步步的环节都是可操作的。

（二）不同项目类型方案评价差异

因为培训对象不同，培训目标各异，课程为各自目标服务，预期成果要求有所不同，对不同项目类型（设计）方案的评价也存在差异，所以应该研制不同项目各自的方案评价标准。

第二节　教师培训项目方案评价标准

"专业化的教师培训项目设计应以系统需求分析为起点，培训主题聚焦，培训目标精准；遵循'主题—目标—内容'一致性原则，保证课程体系的逻辑性与递进性；将'形式

为内容服务'作为培训模式设计的主旨；关注目标达成的过程与结果，提升考核评价的实践价值"①。这为项目设计方案评价标准及内容维度的确定提供了重要参考，项目方案评价也要遵循项目设计的规律。

一、教师培训方案三级评价体系

对项目方案的评价可以采用三级评价指标体系，即评价维度、评价内容和具体指标，如表3-1所示：

表3-1　教师培训方案三级评价体系

一级指标：评价维度	二级指标：评价内容	三级指标：具体指标
项目方案的评价维度可包括培训需求、培训主题、培训目标、培训课程、培训师资、培训方式及进度安排、培训效果考评、条件保障及经费使用等	每个评价维度包括各自的评价内容，如培训需求，一般会涉及调研设计、调研实施、调研分析、调研结果及结果应用等	评价内容的具体指标要明确，如培训需求涉及设计调查问卷、访谈提纲等工具调研新教师的学习需求、向一定数量的培训对象发放问卷、进行访谈，收集数据信息；对数据进行量化及质性分析处理；得到调研结果，为确定培训主题、明确培训目标、设置培训课程等提供依据

对教师培训方案进行评价，首先根据教师培训项目方案的核心元素确定一级指标或评价维度，可包括培训需求、培训主题、培训目标、培训课程、培训师资、培训方式及进度安排、培训效果考评、条件保障及经费使用等。

之所以确定以上八个为一级指标，是因为培训需求是激发学员内在学习动力的基础，培训方案如果不针对需求调研结果，就谈不上相应的培训实效性。培训主题是对培训主要内容所做的概括表述，涵盖培训要解决的主要问题和活动要点。培训目标是研制实施方案的"指南针"，衔接立项设计的预期目标，指引培训课程的设计设置。培训课程是培训教学的内容，是组织开展培训活动的基础，也是落实培训目标、满足学员需求的关键，理应将其作为培训管理的重心。培训课程要通过培训师资开发、实施与管理。培训方式是培训

---

① 邹天鸿，陈睿：《教师培训项目的专业化设计策略》，载《现代中小学教育》，2021，37（10）。

项目实施中所采取的方法和形式，与培训进度安排相结合，设计好时间节点，为培训目标和内容服务。培训效果考评是检验培训课程目标和培训教学任务完成状态的关键步骤，也是督促学员认真参训并达成预期成果的必要手段。条件保障及经费使用是培训有效实施的重要基础，有合适的教学及学习条件和合理的经费支持，才能保证预期的培训效果。

构建培训项目方案评价标准，需要我们合理设置各级各项评审内容，即研究培训需求、培训主题、培训目标、培训课程、培训师资、培训方式及进度安排、培训效果考评、条件保障及经费使用八项一级指标下如何设计二级指标。

培训需求，一般会涉及调研设计、调研实施、调研分析、调研结果及结果应用。

培训主题，一般会包括确立依据、主题表述、与目标及课程的一致性等方面。

培训目标，一般要体现培训需求、与培训主题的匹配度、表述明确具体可检测。

培训课程，要体现培训需求，要有课程结构、课时分配。

培训师资，涉及师资结构、教师的培训胜任力和对教师的培训效果预期。

培训方式及进度安排，设计多种方式方法的优化组合、进度安排合理。

培训效果考评，相关评价内容要体现培训目标达成，要有具体的评价考核办法。

条件保障及经费使用，包括教学及生活保障措施和经费的使用合理。

二级评价指标要涵盖必备的要点或三级具体指标，评价标准中要有简要的解释。

二、重点类型教师培训项目设计方案评价标准

如前所述，项目方案评价存在共性特征，主要体现在各类项目方案评价标准的一级指标基本一致，包括培训需求、培训主题、培训目标、培训课程、培训师资、培训方式及进度安排、培训效果考评、条件保障及经费使用。再根据培训对象等不同分别研制具体类别项目的二级指标，描述二级指标的评价要点。

表 3-2 教师培训项目设计方案评价标准框架

一级指标	二级指标	三级指标
培训需求	调研设计	设计调查问卷、访谈提纲等工具调研新教师的学习需求
	调研实施	向一定数量的培训对象发放问卷、进行访谈，收集数据信息
	调研分析	对数据进行量化及质性分析处理
	调研结果及结果应用	得到调研结果，为确定培训主题、明确培训目标、设置培训课程等提供依据

一级指标	二级指标	三级指标
培训主题	确立依据	依据培训需求调研结果和文献研究结果确立培训主题
	主题表述	主题表述聚焦、简洁,体现"针对性""实用性""科学性""前沿性""可操作性"
	与目标及课程的一致性	培训主题与培训目标、培训课程有内在一致性
培训目标	体现培训需求	集中体现培训对象的学习需求
	与培训主题的匹配度	与培训主题高度一致
	表述明确具体可检测	用行为动词描述学员行为变化,可检测、可实现、切合实际
培训课程	体现培训需求	培训课程内容符合学员需求,与培训主题、目标高度一致
	课程结构	培训课程有师德师风、教学技能、班级管理、教学研究、专业发展等模块划分,符合一定逻辑结构比例
	课时分配	课时符合政策要求,按比例划分各个模块课时,突出教学技能训练
培训师资	师资结构	由高校专家、教研员和一线有经验骨干教师组成
	培训胜任力	培训师资能够胜任该类培训,对学员能力提升有切实指导
	培训效果预期	帮助学员夯实教学技能、教研能力,为专业发展奠定基础

续表

一级指标	二级指标	三级指标
培训方式及进度安排	多种方式优化组合	专家讲座、工作坊、课堂观摩等多种线上线下方式组合
	进度安排合理	有明确的培训教学计划，学习进度安排合理
培训效果考评	体现培训目标达成	学员培训学习的成果能够体现培训目标的达成
	具体评价考核办法	有具体的学习成果要求及评价考核方法
条件保障及经费使用	教学及生活保障	教学设施及后勤服务能为学员学习提供保障
	经费使用合理	经费使用合理，符合财务支出标准及审计要求

依据上面的框架，我们针对不同的培训对象设计不同项目类型的评价标准建议。

（一）新教师培训项目方案评价标准

1. 培训需求

＊调研设计：设计调查问卷、访谈提纲等工具调研新教师的学习需求。

＊调研实施：向一定数量的新入职教师发放问卷、进行访谈，收集数据信息。

＊调研分析：对数据进行量化及质性分析处理。

＊调研结果及结果应用：得到调研结果，为确定培训主题、明确培训目标、设置培训课程等提供依据。

2. 培训主题

＊确立依据：依据培训需求调研结果和文献研究结果确立培训主题。

＊主题表述：主题表述聚焦、简洁，体现"针对性""实用性""科学性""前沿性""可操作性"。

＊与目标及课程的一致性：培训主题与培训目标、培训课程有内在一致性。

3. 培训目标

*体现培训需求：集中体现新教师的学习需求。

*与培训主题的匹配度：与培训主题高度一致。

*表述明确具体可检测：用行为动词描述新教师行为变化，可检测、可实现、切合实际。

4. 培训课程

*体现培训需求：培训课程内容符合新教师学习需求，与培训主题、目标高度一致。

*课程结构：培训课程有师德师风、教学技能、班级管理、专业发展等模块划分、符合一定逻辑结构比例。

*课时分配：课时符合政策要求，按比例划分各个模块课时，突出教学技能训练。

5. 培训师资

*师资结构：由高校专家、教研员和一线有经验骨干教师组成。

*培训胜任力：培训师资能够胜任新教师培训，对新教师教学技能形成有切实指导。

*培训效果预期：帮助新教师夯实教学技能，为专业发展奠定基础。

6. 培训方式及进度安排

*多种方式优化组合：专家讲座、工作坊、课堂观摩等多种线上线下方式组合。

*进度安排合理：有明确的培训教学计划，学习进度安排合理。

7. 培训效果考评

*体现培训目标达成：学员培训学习的成果能够体现培训目标的达成。

*具体评价考核办法：有具体的学习成果要求及评价考核方法。

8. 条件保障及经费使用

*教学及生活保障：教学设施及后勤服务能为新教师学习提供保障。

*经费使用合理：经费使用合理，符合财务支出标准及审计要求。

（二）优秀青年教师培训项目方案评价标准

1. 培训需求

*调研设计：设计调查问卷、访谈提纲等工具调研优秀青年教师的学习需求。

*调研实施：向一定数量的优秀青年教师发放问卷、进行访谈，收集数据信息。

*调研分析：对数据进行量化及质性分析处理。

*调研结果及结果应用：得到调研结果，为确定培训主题、明确培训目标、设置培训课程等提供依据。

2. 培训主题

*确立依据：依据培训需求调研结果和文献研究结果确立培训主题。

* 主题表述：主题表述聚焦、简洁，体现"针对性""实用性""科学性""前沿性""可操作性"。

* 与目标及课程的一致性：培训主题与培训目标、培训课程有内在一致性。

3. 培训目标

* 体现培训需求：集中体现优秀青年教师的学习需求。

* 与培训主题的匹配度：与培训主题高度一致。

* 表述明确具体可检测：用行为动词描述优秀青年教师行为变化，可检测、可实现、切合实际。

4. 培训课程

* 体现培训需求：培训课程内容符合优秀青年教师学习需求，与培训主题、目标高度一致。

* 课程结构：培训课程有教育理论、教学技能、教学研究、专业发展等模块划分，符合一定逻辑结构比例。

* 课时分配：课时符合政策要求，按比例划分各个模块课时，突出教学技能提升与教学研究训练。

5. 培训师资

* 师资结构：由高校专家、教研员和特级教师组成。

* 培训胜任力：培训师资能够胜任优秀青年教师培训，对优秀青年教师教学技能提升及教学研究能力形成有切实指导。

* 培训效果预期：帮助优秀青年教师提升教学技能，为开展教学研究奠定基础。

6. 培训方式及进度安排

* 多种方式优化组合：专家理论讲座、工作坊、课例研究等多种线上线下方式组合。

* 进度安排合理：有明确的培训教学计划，学习进度安排合理。

7. 培训效果考评

* 体现培训目标达成：学员学习的成果能够体现培训目标的达成。

* 具体评价考核办法：有具体的学习成果要求及评价考核方法。

8. 条件保障及经费使用

* 教学及生活保障：教学设施及后勤服务能为优秀青年教师学习提供保障。

* 经费使用合理：经费使用合理，符合财务支出标准及审计要求。

（三）市级骨干教师培训项目方案评价标准

1. 培训需求

* 调研设计：设计调查问卷、访谈提纲等工具调研市级骨干教师的学习需求。

* 调研实施：向一定数量的市级骨干教师发放问卷、进行访谈，收集数据信息。

* 调研分析：对数据进行量化及质性分析处理。

* 调研结果及结果应用：得到调研结果，为确定培训主题、明确培训目标、设置培训课程等提供依据。

2. 培训主题

* 确立依据：依据培训需求调研结果和文献研究结果确立培训主题。

* 主题表述：主题表述聚焦、简洁，体现"针对性""实用性""科学性""前沿性""可操作性"。

* 与目标及课程的一致性：培训主题与培训目标、培训课程有内在一致性。

3. 培训目标

* 体现培训需求：集中体现市级骨干教师的学习需求。

* 与培训主题的匹配度：与培训主题高度一致。

* 表述明确具体可检测：用行为动词描述市级骨干教师行为变化，可检测、可实现、切合实际。

4. 培训课程

* 体现培训需求：培训课程内容符合市级骨干教师学习需求，与培训主题、目标高度一致。

* 课程结构：培训课程有教育理论、教学示范、教学研究、专业发展等模块划分，符合一定逻辑结构比例。

* 课时分配：课时符合政策要求，按比例划分各个模块课时，突出课堂教学示范与教学实验研究训练。

5. 培训师资

* 师资结构：由高校专家、市级教研员和中小学正高级教师组成。

* 培训胜任力：培训师资能够胜任市级骨干教师培训，对市级骨干教师教学示范能力提升及教学实验研究能力形成有切实指导。

* 培训效果预期：帮助市级骨干教师提升教学示范能力，为开展教学实验研究奠定基础。

6. 培训方式及进度安排

* 多种方式优化组合：专家理论讲座、工作坊、教学研究等多种线上线下方式组合。

＊进度安排合理：有明确的培训教学计划，学习进度安排合理。

7. 培训效果考评

＊体现培训目标达成：学员学习的成果能够体现培训目标的达成。

＊具体评价考核办法：有具体的学习成果要求及评价考核方法。

8. 条件保障及经费使用

＊教学及生活保障：教学设施及后勤服务能为市级骨干教师学习提供保障。

＊经费使用合理：经费使用合理，符合财务支出标准及审计要求。

（四）教育改革专题培训项目方案评价标准

1. 培训需求

＊调研设计：设计调查问卷、访谈提纲等工具调研培训对象的学习需求。

＊调研实施：向一定数量的培训对象发放问卷、进行访谈，收集数据信息。

＊调研分析：对数据进行量化及质性分析处理。

＊调研结果及结果应用：得到调研结果，为确定培训主题、明确培训目标、设置培训课程等提供依据。

2. 培训主题

＊确立依据：依据培训需求调研结果和文献研究结果确立培训主题。

＊主题表述：主题表述聚焦、简洁，体现"针对性""实用性""科学性""前沿性""可操作性"。

＊与目标及课程的一致性：培训主题与培训目标、培训课程有内在一致性。

3. 培训目标

＊体现培训需求：集中体现培训对象的学习需求。

＊与培训主题的匹配度：与培训主题高度一致。

＊表述明确具体可检测：用行为动词描述培训对象行为变化，可检测、可实现、切合实际。

4. 培训课程

＊体现培训需求：培训课程内容符合培训对象学习需求，与培训主题、目标高度一致。

＊课程结构：培训课程有教育理论、热点问题、教学观摩等模块划分，符合一定逻辑结构比例。

＊课时分配：课时符合政策要求，按比例划分各个模块课时，突出问题解决能力或新理念新策略应用。

5. 培训师资

＊师资结构：由高校专家、教研员和一线特级教师或有经验骨干教师组成。

＊培训胜任力：培训师资能够胜任教育改革专题培训，对学员问题解决能力提升有切实指导。

＊培训效果预期：帮助学员提高问题解决能力或教育新理念新策略应用能力。

6. 培训方式及进度安排

＊多种方式优化组合：专家理论讲座、工作坊、课堂观摩等多种线上线下方式组合。

＊进度安排合理：有明确的培训教学计划，学习进度安排合理。

7. 培训效果考评

＊体现培训目标达成：学员培训学习的成果能够体现培训目标的达成。

＊具体评价考核办法：有具体的学习成果要求及评价考核方法。

8. 条件保障及经费使用

＊教学及生活保障：教学设施及后勤服务能为学员学习提供保障。

＊经费使用合理：经费使用合理，符合财务支出标准及审计要求。

（五）协同创新学校计划项目方案评价标准

1. 培训需求

＊调研设计：设计调查问卷、访谈提纲等工具调研项目学校及教师的学习需求。

＊调研实施：向一定数量的培训对象发放问卷、进行访谈，收集数据信息。

＊调研分析：对数据进行量化及质性分析处理。

＊调研结果及结果应用：得到调研结果，为确定培训主题、明确培训目标、设置培训课程等提供依据。

2. 培训主题

＊确立依据：依据培训需求调研结果和文献研究结果确立培训主题。

＊主题表述：主题表述聚焦、简洁，体现"针对性""实用性""科学性""前沿性""可操作性"。

＊与目标及课程的一致性：培训主题与培训目标、培训课程有内在一致性。

3. 培训目标

＊体现培训需求：集中体现项目学校改革发展及教师的学习需求。

＊与培训主题的匹配度：与培训主题高度一致。

＊表述明确具体可检测：用行为动词描述学校变化及教师行为变化，可检测、可实现、切合实际。

4. 培训课程

*体现培训需求：培训课程内容符合项目学校及教师学习需求，与培训主题、目标高度一致。

*课程结构：培训课程有学校改进、课堂教学、校本教研、课例研究等模块划分，符合一定逻辑结构比例。

*课时分配：课时符合政策要求，按比例划分各个模块课时，突出学校改进及问题解决能力提升。

5. 培训师资

*师资结构：由高校专家、教研员和一线正高级教师和有经验骨干教师组成。

*培训胜任力：培训师资能够胜任校本培训，对学校教学改进及教师问题解决能力提升有切实指导。

*培训效果预期：帮助学校整体改进和教师问题解决及研究能力提升。

6. 培训方式及进度安排

*多种方式优化组合：专家讲座、工作坊、课堂观摩、行动研究、课例研究等多种线上线下方式组合。

*进度安排合理：有明确的培训教学计划，学习进度安排合理。

7. 培训效果考评

*体现培训目标达成：学校校本教研及学员学习的成果能够体现培训目标的达成。

*具体评价考核办法：有具体的学习成果要求及评价考核方法。

8. 条件保障及经费使用

*教学及生活保障：教学设施及后勤服务能为学员学习提供保障。

*经费使用合理：经费使用合理，符合财务支出标准及审计要求。

上述各种类型的项目评价标准，相同之处包括相近的评价内容维度，可测量的评价指标和可操作评价程序方法等。无论何种类型的项目方案评价，都涉及培训需求、培训主题、培训目标、培训课程、培训师资、培训方式及进度安排、培训效果考评、条件保障及经费使用等维度。每个维度都包含可测量的评价指标，都遵循相近的评价呈现方法。

上述各种类型的项目评价标准，不同之处在于培训对象不同，培训目标各异，课程为各自目标服务，预期成果要求有所不同，所以不同项目类型的评价标准也存在差异，特别要求各自方案的培训主题、培训目标、培训课程、预期成果表述更加具体、可辨识，更有针对性，如表3-3所示。

表 3-3 各种类型教师培训项目设计方案相关要素的差异

项目类型	培训主题	培训对象	培训目标	培训课程	预期成果
新教师培训项目	教师职业适应、教学设计与实施的基本技能	入职第一年新任教师	提高思想政治素质与师德修养；提升学科教学能力；提升班级管理能力；建立专业发展规划的意识	培训课程分为三类，包括思想政治与师德修养、教育教学知识转化与技能训练、教育教学实践指导	完成"教学风采展示"课程任务，提交一份完整的课例（含教学设计、课堂实录、教学反思）
优秀青年教师培训项目	指向学科育人能力提升的青年教师素质提升	教龄3~10年的优秀青年教师	培育并提高思想政治素质和师德修养；了解并形成学科育人的专业理念；拓展并深化学科育人的专业知识；锻造并提升学科育人的专业能力	学科及学科教育前沿、通识拓展课程、学科专业知识深化、学科教学与实践、案例论文撰写、微课题研究等	单元整体教学课例设计方案，与课例反思；承担至少1次区级及以上学科育人研究课，形成研修课例；结合课例或所学课程内容进行1次专题发言
市级骨干教师培训项目	核心素养背景下骨干教师教科研能力提升	市级骨干教师、市级学科带头人	提高骨干教师思想政治素质与师德修养；提高骨干教师教育理论素养，拓展教育教学视野；提升骨干教师教育科研能力；增强学科育人改革创新能力	思想政治、教育哲学、教育科研方法、英语学科前沿理论、教育名著阅读、教师领导力、英语教学理论及教学实践创新、教学实践创新及课题研究的推进、课题研究结题、成果提炼及展示交流	1篇课题研究报告；至少2节与课题研究相关的课例；至少1篇研究论文

续表

项目类型	培训主题	培训对象	培训目标	培训课程	预期成果
教育改革专题培训项目	主题鲜明，契合教育改革热点、难点问题，如"双减"背景下初中语文单元教学设计与实施	各学科教师	理解初中语文单元教学的价值和特点；掌握初中语文单元教学的设计与实施方法；形成初中语文单元教学设计案例集	单元教学理论与实践、单元教学设计方法、教学设计与研讨、课堂观摩与研讨、教学实践与研讨	一个单元的教学设计与教学反思；实施单元教学中一节课的教学，并提供录课光盘和教学反思
协同创新学校计划项目	学科教学改进类项目主题为：育人导向下的学科教学改进	各学科教师	通过课例研究与小课题研究，提升项目校教师学科育人能力及育人效果；在市–区–校协同的基础上，形成稳定可持续的校本学科教研机制及教研文化；充分发挥项目校的区域辐射作用，提升区域学科教学的质量	采用聚焦项目主题的合作式课例研究与自主行动导向的小课题研究相结合的"帮–扶–放"模式开展研修，包括理论学习、课例研究与小课题研究指导、成果提炼等内容	项目学校学科教师教学改进优秀课例集、课例研究报告集；项目校教师优秀教学录像

第三节 教师培训项目方案评价方法

教师培训项目方案评价一般由培训管理机构组织实施，遵循一定的流程，依据评价标准组织专家利用相应的工具表格对项目方案的核心要素进行可行性评审，做出明确的是否能够实施的判断。一般采用会议评审和文本评价两种方式。

一、会议评审

对教师培训项目方案多采用会议评审的方法。项目方案的会议评审工作要有规范的程序和方法：公布评审安排、准备并提交项目方案、组建评审专家团队、举行评审会议（陈述项目方案、组织查看材料、进行质询答辩、形成评审结论）、反馈评审结果、修改完善方案。

1. 公布评审安排

由教师培训管理单位公布项目方案评审安排，通知项目负责人设计并提交项目方案，告知会议流程、方案模板及评价标准。

2. 准备并提交项目方案

项目负责人及团队设计培训项目，提交规范的项目方案文本。

3. 组建评审专家团队

教师培训管理单位组建方案评审专家团队，一般由来自高校教师、教育或培训专家、区县级以上教研员及一线优秀教师（特级教师、省市级骨干教师）组成。

4. 举行评审会议

一般按同类项目分组进行评审，会议流程包括陈述项目方案、组织查看材料、进行质询答辩、形成评审结论。陈述项目方案要突出重点，对方案的核心元素做适当解释；组织专家查看项目前期需求调研报告及项目方案文本；专家就关心的要素进行质疑提问，项目负责人做解答；评审专家打分，形成评审结论，可分为通过（优、良）、修改后通过（中）、不通过（差）。

5. 反馈评审结果

有教师培训管理单位向项目负责人反馈评审结果。

6. 修改完善方案

项目负责人及团队安排评审结果或准备项目实施，或修改完善方案再提交审核。

附：某培训部门项目方案会议评审工作方案

2023 年专题培训项目实施方案评审工作方案

一、时间：2023 年 2 月 22 日（周三）上午 8:30—12:00

二、地点：北京教育学院黄寺校区南楼 503

三、参加人员：评审专家、学院领导、教务处领导、二级学院全体教师

四、主持人：二级学院教学副院长

五、专家信息

姓名	学科	专业技术职务	单位	研究专长
杨教授	教育学	副研究员	中国教育科学研究院课程教学研究所	教育学
姚老师	中学语文	中学高级	北京市朝阳区教师发展学院	文本阅读与写作教学
朱教授	语文	副教授	北京教育学院	语言学

六、论证评审安排

中文系项目实施方案评审安排

时间	内容				
8:30—8:40	会前说明				
时间	项目名称	汇报人	评审专家	地点	工作人员
8:40—9:10	2023 年北京市高中语文专题班（延庆）	常老师	杨教授 姚老师 朱教授	503	曹老师
9:10—9:40	2023 年北京市初中语文教育戏剧专题班（全市）	王老师			
9:40—10:10	2023 年北京市中学语文专题班（朝阳）	张老师			
10:10—10:40	2023 年北京市小学语文单元教学专题班（延庆）	王老师			
10:40—11:10	2023 年北京市初中语文专题班（大兴）	高老师			
11:10—11:40	2023 年北京市高中语文专题班（怀柔）	高老师			
11:40—12:00	每位专家按照评审标准各自打分并签字，由工作人员汇总算出平均分；专家集体讨论后为每个项目填写一份专家评审意见，并给出评审结论，最后由全体专家在评审意见上签字				

七、论证评审要求

1. 各项目负责人依据教务处的实施方案评审标准（见附件 1）进行方案研制，撰写项目实施方案（方案模板见附件 2）和调研报告，请于 2 月 20 日（周一）前将项目实施方案和调研报告的电子版发送到综合办公邮。

2. 2 月 21 日中午 12 点前，将汇报 PPT 发送到综合办公邮。

3. 评审专家现场听取汇报和查阅材料，进行提问和答辩，然后再对汇报内容和学科实施方案进行讨论（每个项目的评审时间为 30 分钟。其中，学科负责人汇报 10 分钟；专家提问、答辩 20 分钟）。每位专家按照评审标准各自打分并签字，由工作人员汇总算出平均分；专家集体讨论后为每个项目填写一份专家评审意见，并给出评审结论，最后由全体专家在评审意见表（见附件3）上签字。

4.评审完毕后，请项目负责人根据专家意见和建议修改项目实施方案和调研报告，并于2月24日（周五）上午10：00前将修改后的项目实施方案和调研报告电子版发到综合办公邮。二级学院汇总后将专家评审结果、专家意见表、项目自评报告等材料报教务处审核、备案。

八、工作人员及职责

工作人员：张老师、宋老师、曹老师

1.张老师负责整体统筹，协调评审工作。

2.宋老师负责拟制评审方案、准备专家评审材料、收集并按时上报项目实施方案评审资料。

3.曹老师负责分会场记录专家评审过程，协助专家完成评审分数计算工作，负责计时。

附件：

    附件1：教育改革特色专题培训项目实施方案评审标准

    附件2：北京教育学院"教育改革特色专题培训"项目实施方案

    附件3：教育改革特色专题培训项目实施方案评审会专家评审意见表

    联系人：宋老师 8208××××　综合办公邮：××××@163.com

二级学院

2023年2月15日

二、文本评价

文本评价是指培训管理机构组织专家，依照评审标准对项目实施方案文本内容，从科学性、合理性及可行性角度进行判定。与会议评审相比，文本评价的程序和方法相对简便：公布评审安排、准备并提交项目方案、组建评审专家团队、进行文本评价、形成评审结论、反馈评审结果、修改完善方案。虽然省去了会议环节，但依然有培训管理机构汇总专家评审意见，形成评审结论，并要求项目负责人及团队根据反馈意见修改完善实施方案。

在信息网络环境下，文本评价也可以在线进行。不同的专家在线对项目实施方案文本进行评价，提交评审意见。在线网络系统将专家意见汇总后，项目负责人再次登录网址可获得最终评审意见。

第四节　教师培训项目方案评价工具

教师培训项目方案评价工具一般包括评审标准或评价量表、专家评审意见表等。评审标准是专家对实施方案进行评价的依据，每个专家可利用评价量表对方案直接打分，再由管理方计算平均分。专家评审意见表是专家依据评审标准指出问题和给出具体意见和评审结论，并对改进方向提出建议。为了引导项目负责人做好项目方案，一般也会提供项目方案模板，某种意义上也是评价工具。

一、评价量表

实际培训管理工作中可根据不同项目的要求为各项指标赋值，为方便操作，评审指标的确定与内容表述也有整合与简化，但总体上涵盖了相应的指标及内容。如表3–4、表3–5、表3–6所示。

表3–4　"协同创新学校计划"项目立项评审标准

项目名称：_____　　项目负责人：_____

序号	维度	二级指标	评审指标	分值	评分
1	立项依据 （15分）	项目背景及选题意义	（1）符合新课程新课标方向 （2）体现了明确的问题导向 （3）体现了明确的研修主题 （4）项目团队具备扎实的实践与研究基础 （5）项目校需求分析准确	5	
2		拟解决的问题	（1）对需要解决的问题有深刻认识 （2）突破重点和难点	5	
3		国内外文献与实践综述	（1）核心概念界定清晰 （2）理论依据充分 （3）文献综述能提炼已有优质实践及不足	5	
4	项目实施方法和计划（60分）	研修目标	（1）与研修主题完全匹配 （2）目标明确具体	20	
5		研修方法	（1）与研修目标高度匹配 （2）符合成人学习规律，能体现学员参与的主动性、合作性、建构性与成就感	20	
6		研修计划	（1）整体思路逻辑清晰且可视化 （2）研修内容及计划课表与研修目标、研修方法高度匹配 （3）体现出循环递进	20	

序号	维度	二级指标	评审指标	分值	评分
7	项目团队 （10分）	项目负责人	负责人教学和管理能力强，学术水平高	5	
8		团队师资	（1）师资团队结构合理 （2）体现稳定性与专业性	5	
9	预期成果 及特色 （15分）	成果评价设计	效果评价指标明确	5	
10		成果	（1）预期成果名称及形式明确 （2）与研修目标匹配 （3）具有先进性 （4）预测成果受益面大	5	
11		特色亮点	（1）特色鲜明 （2）亮点突出	5	
合计					

注：总分大于或等于85分者可以立项，70~85分（含70分，不含85分）修改后再次评审，70分以下不予立项。

表3-5　教育改革特色专题培训项目实施方案评审标准

项目名称：＿＿＿＿＿＿

评审项目	评价指标	支撑材料	分值	评分
准备工作 （20分）	1. 开展了充分的文献调研、政策调研、需求调研和专家调研等工作	调研报告	10分	
	2. 撰写出了比较详细且能够支撑项目实施方案的调研报告		10分	
实施方案 （70分）	3. 培训主题鲜明，契合教育改革热点、难点问题，符合学院指南要求	实施方案	8分	
	4. 培训目标明确、具体，表述规范、清楚，且契合培训对象学习能力		12分	
	5. 培训课程结构设计与培训目标相符，且有利于培训目标达成		8分	

评审项目	评价指标	支撑材料	分值	评分
实施方案 （70分）	6. 培训课程课时分配合理，课程内容要点详细，具有可操作性	实施方案	12分	
	7. 培训方式灵活，体现职后教师学习特点，有利于学员主体参与和缓解工学矛盾		10分	
	8. 培训师资配置合理，原则上"指南项目"院内教师学时比例不低于项目总学时的60%，"特色项目"不低于70%		8分	
	9. 结业要求体现学员成果和培训者成长，聚焦培训目标，具有可操作性		12分	
现场陈述 （10分）	10. 能够有逻辑地、有重点地、简洁地陈述和答辩	PPT	10分	
合计				
	注：专家可以参照85~100分（含85分）为通过，70~85分（含70分，不含85分）为修改后通过，70分以下为不通过，给出评审建议结果			

表3-6 教育改革特色专题培训项目实施方案专家评审意见表

项目单位：＿＿＿＿＿＿＿＿

项目负责人		评审得分	
项目名称			
专家评审意见（依据评审标准指出问题，给出具体意见，并对改进方向提出建议）：			

评审建议结果	通过□	修改后通过□	不通过□
专家签字			

二、教师培训项目设计模板举例

北京教育学院"教育改革特色专题培训"项目实施方案模板

一、背景及意义

陈述培训项目主题，说明其背景（基于政策、文献和需求调研依据）与价值意义。

二、培训目标

说明项目主题对学员的培训目标，并列举学员结业应达到的基本要求，包括素质要求、能力要求、知识结构要求等方面。

三、培训对象

说明项目适用的培训对象特点及人数。

四、培训学时

说明为完成本专题学习并获得结业证书需要的时限（总学时），专题培训的起止时间。

五、课程结构与课程内容

1.说明基于培训目标整体设计课程内容框架结构（内容维度）；

2.说明基于总课时合理分配每个培训专题或环节的课程内容，并按照教学进程给出详细的课程内容提纲，撰写明确具体且具有可操作性的内容要点和相应的教学方式方法;

3.实践教学设计要与课程目标相符，与课程内容要点相衔接，要有明确的活动主题和活动目标，活动内容和活动安排要具有可操作性。

六、培训方式

说明培训项目主要采取的培训方式，鼓励采用混合式、多元化的培训方式。

七、培训产出

（一）学员考核与结业

说明培训项目对学员结业要求、考核形式、内容、考核成绩的确定等。

（二）项目团队研究成果

说明在培训过程中拟开展的调研、研究以及所要呈现的成果等。

八、培训师资

说明培训项目院内、院外、高校、一线、企业等各类教师群体的比例。以表格形式列出授课成员的具体信息，包括姓名、性别、年龄、职务职称、工作单位、研究方向、课程任务等。

姓名	性别	年龄	职务职称	工作单位	研究方向	课程任务

第五节 教师培训项目方案评价案例分析

本节提供一个教师培训项目实施方案评价案例及相关分析。通过这个案例介绍方案评价工作的实施方法、经验、突出问题、改进措施，为读者提供可操作的具体方法与改进方案评价工作带来启发借鉴。

一、项目方案案例呈现

这里呈现的案例是北京教育学院 2023 年落实"双减"政策——"小学英语教师教育戏剧教学设计与实施能力提升"专题培训项目方案：

2023 年落实"双减"政策——"小学英语教师教育戏剧教学设计与实施能力提升"

专题培训项目方案

北京教育学院 柯老师

一、背景及意义

2012 年教育部印发《小学教师专业标准（试行)》（以下简称《专业标准》)，以此作为合格教师专业素质的基本要求，教师实施教育教学行为的基本规范，引领教师专业发展的基本准则，教师培养、准入、培训、考核等工作的重要依据，推动教师队伍素质能力的提升和优化。《专业标准》的基本理念之一是"能力为重"，即把学科知识、教育理论与教育实践有机结合，突出教书育人实践能力；研究学生，遵循学生成长规律，提升教育教学专业化水平；坚持实践、反思、再实践、再反思，不断提高专业能力。具体来说，小学教师专业能力包括 5 个领域：教育教学设计能力、组织与实施能力、激励与评价能力、沟通与合作能力、反思与发展能力。

2019 年 6 月 23 日，中共中央、国务院印发的《关于深化教育教学改革全面提高义务教育质量的意见》，具体明确了高素质专业化教师应该具备的关键能力，将"大力提高教育教学能力……强化师德教育和教学基本功训练，不断提高教师育德、课堂教学、作业与考试命题设计、实验操作和家庭教育指导等能力"作为重要一条。

2021 年 7 月 24 日，中共中央办公厅、国务院办公厅印发《关于进一步减轻义务教育阶段学生作业负担和校外培训负担的意见》。

《义务教育英语课程标准（2022 年版）》中关于课程方案的主要变化中指出调整优化课程设置。改革艺术课程设置，1～7 年级以音乐、美术为主线，融入舞蹈、戏剧、

影视等内容，8～9年级分项选择开设。

语言能力学段目标的"表达与交流"专项中的5～6年级/二级指标指出：能围绕相关主题，运用所学语言，与他人进行简单的交流，表演小故事或短剧，语音、语调基本正确。预备级的"学习活动和学习要求"中指出在"玩演"活动中学生能够达到：1. 在教师指导下用英语做游戏，并在游戏中进行简单的交流；2. 在教师指导下进行简单的角色扮演。在（3～4年级）"学业质量标准"中学生愿意参与课堂活动，与同伴一起通过模仿、表演等方式学习英语。

在"教学建议"当中，要引导学生乐学善学。英语教学不仅要重视"学什么"，更要关注学生是否"喜欢学"，以及是否知道"如何学"。教师要根据学生的认知特点，设计多感官参与的语言实践活动，让学生在丰富有趣的情境中，围绕主题意义，通过感知、模仿、观察、思考、交流和展示等活动，感受学习英语的乐趣。引导学生采用多种学习方式，发挥自己的优势和特长，发现自己的兴趣和潜能，增强学习效能感。教师要深入研读课程理念，全面认识英语课程的育人价值和育人途径，把握其内容精髓，不断更新教育教学理念，从英语课程的育人价值层面重新审视和定位课堂教学的功能，将课程标准的理念和要求落实到教学设计与课堂实施中。教学研究和教师培训活动要引导教师改变传统的以孤立记忆和操练语言点为主的知识导向教学，从浅表性、碎片化和应试的教学模式中走出来，转向素养导向的单元整体教学实践。教师要探索和形成以学生发展为中心的教学方式，从传授知识转向培养能力，从讲解道理转向引导发现，从呈现结果转向共筑过程。围绕学生不同阶段核心素养的发展目标，重构课程内容，在英语学习活动观的指导下设计并组织学习活动，鼓励和引导学生在真实、复杂的情境中利用所学知识解决实际问题，走出教材，超越学科，回归生活，实现课程育人方式的改变。

教师要"突破教材的制约，合理开发教材以外的素材性资源""要注意选用具有正确育人导向的，真实、完整、多样的英语材料，如与教材单元主题情境相匹配的英语绘本、短剧、时文等学习材料"。

《义务教育艺术课程标准（2022年版）》中指出戏剧3～7年级学习任务主要依托音乐及语文、外语实施，任务为"课本剧表演"，即选用音乐、语文、外语等教材中的教学素材，进行课本剧编创表演，观看传统戏曲表演，培养学生的舞台表演意识和对表演活动进行评价的能力。

教育戏剧是一种通过提供丰富的情境让学生通过行动来理解的教学方式；教育戏

剧是将戏剧方法与戏剧元素应用在教学或社会文化活动中，让学习对象在戏剧实践中达到学习目标和目的；教育戏剧的重点在于学员参与，从感受中领略知识的意蕴，从相互交流中发现可能性、创造新意义。教育戏剧包括学校戏剧的一切，且多与非演出的活动有关，如：角色扮演、即兴演出、模仿游戏等。其目标在于培养想象力、自我认知与表达、美感与生活技能。教育戏剧可以培养孩子理解他人以及从他人角度观察事物的能力，而这正是人们在社会交往中所必备的技能。在欧美国家，教育戏剧是一种非常重要的培养学生全面素质和能力的教学方法，甚至被认为是最好的一种教学手段。

教育戏剧已经成为学科的学习工具，对学生的学习过程和学习结果都有很大的影响，变被动接受、死记硬背的学习方式为积极主动、生动愉快的学习过程。促进了对学科的深层理解，更有效地发展了语言能力，培养学生的创新精神、创新思维和操作能力等素质，一举多得。面对双减政策带来的机遇与挑战，教师肩负优质教育服务的使命和责任，要向能力教育要成绩，为素质教育搭平台。教育戏剧在为培养学生终身学习能力上发挥作用，在国家教育减负上能够提供有力支撑，也必然会为未来持续推动的素质教育理念发展而贡献自己的力量。

本培训主题为"落实双减政策——小学英语教师教育戏剧教学设计与实施能力提升"，通过前期问卷调查发现，本班学员相对较年轻，来自近郊区县，普通教师居多，都有过相关戏剧活动经验，对于教育戏剧主题的理解已经比较准确。其中有几位教师对本主题有一定的相关经验，但大多数老师对于教育戏剧融入英语课堂抱有很高的期待，希望能够在本次培训中得到专业的培训、丰富的资源，形成体系，并能申请课题，形成论文。但也对于路途遥远，跟工作时间冲突有点儿担忧。针对以上情况，项目组已经做了以下工作：1. 逐一沟通，保证了每位学员能调好课表，准时参加培训；2. 假期里发送了部分资源，便于学员了解培训内容，并开展简单的学习；3. 尽量满足学员的期待，开设课题申报指导，论文指导方面的课程。

培训将从两个方面帮助教师落实双减政策：

一、课内。着重通过教育戏剧的理念和方法的学习、操练、实际使用，提升小学英语教师课堂时效，真正落实"双减"政策。教师可在四种不同类型的英语课堂上融入戏剧元素，提升课堂质量。四种英语课堂包括教育戏剧课、绘本课、对话课、单元复习课。二、课后延时服务。教师可以利用所学的编剧、导演、表演的技能方法，为学生提供开展戏剧社团或戏剧活动的服务，落实"双减"政策。

中国的教育戏剧目前处于起步阶段，不过越来越多的家长和教师认识到教育戏剧的作用以及对孩子全面素质培养的重要性。经过调查，北京众多学校与教师对教育戏剧有很强烈的需求，有的学校已经做了一些尝试，但学校和教师对教育戏剧的概念有些偏差，认为戏剧就是排戏，并且许多学校不知道如何开展戏剧教学工作。北京教育学院人文与外语教育学院在2016—2017年"协同创新"行动计划英语教育戏剧项目及2018—2022年"英语教育戏剧"专题班基础上进一步总结成果经验，与基地校展开教研，优化原有"小学英语教师教育戏剧教学设计与实施能力提升"专题培训课程，以满足学校与教师的实际需求。

二、培训目标

（一）总体目标

通过英语戏剧活动体验、戏剧课堂观摩、戏剧课堂设计与实践等模式的培训，学员能够提高对于教育戏剧的认识，掌握丰富的、创新的教育戏剧游戏及范式，较熟练地进行融入教育戏剧方法的英语教学设计与实施、评价、反思与成果提炼，提高英语课堂的趣味性、参与性、灵活性和情境化，培养学生的英语语言表达能力及创造力和领导力，全面提升学生的综合素养。通过编剧、导演、表演等技能的训练，学员能够提升开展英语戏剧社团的能力及信心，敢于并乐于承担"双减"政策下延时服务的教学工作。

（二）具体目标

1. 全体教师能在活动体验中深刻理解教育戏剧的理念、意义与理论基础。

2. 全体教师能在体验多种英语戏剧课堂活动，经过操练后，在自己的教学实践中运用所学戏剧活动元素，设计并实施至少一节融入教育戏剧元素的英语课堂，提升课堂教学效果。

3. 有条件的教师能运用所学的戏剧游戏及范式，以及编剧、导演的技能，在学校开展英语戏剧社团活动，能组织学生排练和上演英文戏剧。

三、培训对象

本项目培训对象为北京小学英语教师28人。要求：至少有五年教学经验，对英语教育戏剧非常感兴趣，有强烈需求的教师；对新的教学理念乐于接受，能保证按时出勤，积极思考并实践的教师；对所在学校已经或即将开设戏剧课程的教师优先录取。

四、培训学时

2023年3月至12月，总课时为120学时，15天。

五、课程结构与课程内容

课程模块	课程名称	课程类型	内容要点	学时	研修方式	责任主体
开班典礼＋方案解读＋破冰活动	方案解读	集中面授	课程内容，考核标准；团队建设	4	讲座	柯老师 张老师
教育戏剧理论基础＋"双减"政策解读	教育戏剧理论＋"双减"政策下教育戏剧的意义		教育戏剧理念、意义与理论基础，及与"双减"政策下小学英语教学的关系	8	讲座	柯老师 马老师 林老师
英语教育戏剧课程基础	英语教育戏剧活动体验与反思		多种类型的教育戏剧课程体验，及在英语教学中的应用的反思；学习至少20种戏剧游戏＋20种英语课堂常用戏剧范式，包括游戏、范式的名称、操作流程、适用条件，以及如何应用在英语课堂上等	40	工作坊	柯老师 张老师 刘老师 董老师
开展英语戏剧社	"双减"政策下如何开展英语戏剧社		英语戏剧社团组建及开展方法［如何写（或改编）剧本，如何选角色，如何排练，演出注意事项等］	8	工作坊	柯老师 胡老师 李老师
英语教育戏剧课堂观摩与交流	英语教育戏剧课堂观摩		基地校戏剧课观摩及研讨	8	听评课	柯老师 郈老师 张老师

课程模块	课程名称	课程类型	内容要点	学时	研修方式	责任主体
英语教育戏剧课设计与讨论	英语教育戏剧课设计	集中面授	分多次进行（教育戏剧课，故事/绘本课，对话课等），全班共同进行讨论，每2名学员合作完成一节课，进行教学设计与实施，并进行录课，最后每名学员需提交一张光盘	20	教学设计指导	柯老师 郗老师 张老师
英语教育戏剧课堂实施	英语教育戏剧课堂实践研修	课堂实践	学员完成英语教育戏剧课的实践，每节课需经过多轮打磨；每节课进行全班展示（线上），并进行评课研讨	20	课堂实践	柯老师 郗老师 张老师
英语教育戏剧论文写作	英语教育戏剧论文写作指导与课题申报指导	集中面授	梳理已有英语教育戏剧的论文，学习高质量的论文并撰写论文	8	讲座+工作坊	李老师 徐老师
成果展示	英语教育戏剧课成果展示	成果汇集与交流展示	结业式：典型课例展示、点评、发言、发证书等	4	结业式	柯老师 张老师

六、培训方式

本培训采用讲座、工作坊、课堂观摩研讨、课堂设计与实践等混合式的培训模式。本培训具备以下突出特点：

1. 培训主题为当前小学教育教学前沿主题，一线教师有迫切的需求。

2. 培训形式以工作坊为主，学员全体参与，并强调全体学员完成四种类型课型中至少一种的设计，实施与评价反思。

3. 培训结束后注重学员的总结提升，引导形成课例与反思论文。

七、培训产出

（一）学员考核与结业

参加培训的学生，除完成培训规定的学时外，每人还应该依据项目要求完成以下培训作业与成果，方能予以结业。标准如下：

1. 培训过程参与情况：出勤率不低于90%。

2. 每位学员完成一节小学英语教育戏剧课（从四种类型中选一项）的教学设计与实施，并上交一张光盘，内含：课堂实录、教学设计、教学反思。

3. 培训总结3000字左右。

选做成果：（1）相关主题申请课题一个。

（2）相关主题论文写作一篇。

（二）项目团队研究成果

项目团队将基于培训前期调研，培训实施过程中的思考，基于学员的培训结果，结合教育戏剧研究中心的核心任务，加强针对不同学段，通过教育戏剧进行学科育人的研究，以及对本主题教师培训方式创新等进行梳理，完成《教育戏剧在小学英语教学中的应用——英语教育戏剧案例集》一本。

八、培训师资

姓名	性别	年龄	工作单位	职务职称	研究方向	课程任务
柯老师	女	46	北京教育学院	讲师	英语教育，英语教育戏剧	培训项目整体设计，实施监管
郏老师	女	48	北京教育学院	副教授	英语教育	培训项目监管，实践导师
张老师	男	58	北京教育学院	副教授	英语教育	培训项目监管，实践导师
马老师	女	47	北京师范大学教育学部	副教授	教育戏剧	理论导师

姓名	性别	年龄	工作单位	职务职称	研究方向	课程任务
林老师	女	45	中国戏剧文学学会戏剧教育专业委员会	副教授	教育戏剧	理论导师
李老师	女	41	中央戏剧学院	副教授	编剧	理论导师
王老师	女	46	花家地实验小学	副校长	英语教育，英语教育戏剧	实践导师
石老师	女	36	花家地实验小学	教学主任	英语教育，英语教育戏剧	实践导师
董老师	女	40	西城实验小学	教师	英语教育，英语教育戏剧	实践导师

二、方案评审反馈及评价方法案例分析

该教师培训项目实施方案按照所属培训部门的通知安排会前提交了方案，按时参加了会议评审，会上经项目负责人陈述方案要点，由高校专家、培训机构专家和区级教研员组成的专家组在负责人答辩交流基础上进行了评议，三位专家依据评审标准量表分别打分，平均分为89，评审建议结果为"通过"。专家评审意见如下。

"该培训方案有多年的实践基础，关注当前教育教学前沿问题，聚焦真问题，精准定位培训需求，培训目标明确、具体，课程结构设计与培训目标相符，且有利于培训目标的达成。培训方式上体现新课程所倡导的新理念，从关注'教'走向关注'学'，培训预期效果显著。

"建议：方案的'背景及意义'部分补充《义务教育英语课程标准（2022年版）》相关要求，特别是教育戏剧被纳入新课标部分的内容；在落实'双减'政策方面深入

调研老师们的困惑和真问题，体现不同学段特色最好有所侧重，深入开展通过教育戏剧培养学生核心素养目标的相关研究。"

该教师培训项目实施方案经历了会议评审的全过程：所属二级学院公布了项目方案评审安排，项目负责人及其团队准备并提交项目实施方案；二级学院组建了由高校专家、培训机构专家和区级教研员组成的评审专家团队；二级学院如期举行了评审会议。会上项目负责人陈述了项目实施方案，主持人组织专家查看了材料，专家和项目负责人互动交流，进行质询答辩，专家组进行合议，形成评审结论。会后二级学院向项目负责人反馈了评审结果，项目负责人修改完善方案后实施培训。前面呈现的方案是项目负责人根据评审意见优化后的方案。由于北京教育学院从项目方案研制到评审管理工作日趋规范成熟，且有标准及模板可依，本方案核心要素齐全，各部分内容详细具体，既有实践基础，又符合课程标准要求。评审专家组既肯定了方案的优点，也提出了改进建议，为项目实施做好了充分的准备。

三、方案评价工作的经验、突出问题及改进措施

本节所呈现的案例只是我们每年评审的众多教师培训项目方案之一，其他项目都要经历同样的评价审核过程。经过多年的项目方案评价实践，我们得出如下经验。

1. 教师培训项目方案评价工作要制度化

在教师培训项目管理制度中要明确项目方案评审是项目实施前的必要环节，未经评审通过的方案不可实施。这既是督促项目负责人科学严谨设计项目方案，也是培训质量监控的保障。方案评审通过，就是过了质量监控的第一关。

2. 教师培训项目方案评价工作要标准化

为了体现教师培训工作的专业性，要研制项目方案评价标准，提供项目方案设计模板及评价量化表，引领项目负责人及团队按照标准设计项目方案，确保项目方案核心要素齐全、培训内容具体、操作步骤可行，为项目实施提供可遵循的蓝图。

3. 教师培训项目方案评价工作要程序化

教师培训项目方案评价工作本身要有稳定的程序和方法，陈述、答辩、评价、反馈及修改一步步实施，对项目方案的整体评价及核心要素的逐一审核做到认真细致，对其科学性和内在一致性做重点考察。程序不乱，才能做到评价到位。

以往的教师培训方案评价也不可避免存在一些问题，如培训管理方和项目负责人对方案评审都有思想上不够重视的现象，认为是形式主义、走过场。培训管理方不重视，会导致评审工作组织不严谨，不能做到严格把关；项目负责人不重视，导致项目方案设计不到

位，甚至方案文本与模板不符，学员需求调研不细致，以至于培训目标和课程都缺乏针对性。再如评审专家团队难以组建，方案评审专家团队一般由来自高校教师教育或培训专家、区县级以上教研员及一线优秀教师（特级教师、省市级骨干教师）组成。由于专家自身工作繁忙，真正深入参与教师培训工作的专家数量不多，如果会议评审的时间协调不好，难以组建高水平的评审专家团队，就会影响评价工作本身的质量。

面对教师培训方案评价工作遇到的问题，我们提出一些改进措施：首先，就方案评价工作做好组织动员，让培训管理人员和项目团队都要明确方案评价工作的目的和意义，事先公布项目设计模板及方案评价标准，提前发出方案评审会议通知，让各方有时间作出充分准备；其次，建立数量充足、相对稳定的评审专家队伍，提前和专家沟通方案评审的会议时间，保证必要的专家到会议现场，部分专家也可以在线评审。特殊情况下采用文本评价的方式，把项目方案交给专家以自己方便的时间做出评价并反馈书面意见。

第四章　教师培训教学实施评价

　　培训实施阶段的评价作为教师培训质量评价体系的重要环节，其首要工作是对培训教学活动进行质量监测，并做好对影响中小学教师培训实施成效的主要因素的评价，包括培训专家、培训内容、培训方式、培训时间安排等[①]。本章重点探讨在培训实施中如何从培训专家的教学行为及学员学习数据两个视角评价培训教学实施质量。线下培训可通过课堂观察、学员访谈和问卷调研对培训专家的教学活动进行质量评价，在线培训可通过学员学习过程数据对培训实施进行评价。

第一节　教师培训教学实施评价指标

　　教师培训项目教学实施质量评价指标是关于培训教学工作的规范，为教学实施工作和过程监控工作提供指导[②]。中小学教师国家级培训计划从实施伊始，教育部办公厅就颁发了《关于加强国培计划项目绩效考评工作的意见》，重点强调"国培计划"的质量管控，保证"国培计划"的监管更加系统全面，评价指标更加科学有效。对培训计划组织实施工作强调在评价指标上要满足评价的全过程性、及时性与精准性，为培训的绩效评估、效果呈现提供科学的参考依据。

　　培训实施是培训中最重要的环节，也是指标体系中占比最大的一部分。培训实施过程是落实培训方案的过程，也是对方案进行微调的过程。培训实施主要体现在教学活动和对教学活动的过程监控两大方面。因此，在培训实施过程中，应当相隔一定时间或固定在某一个培训环节完成后，及时跟进，了解培训的进展情况，掌握参训教师对于培训项目的感受和评价，根据参训教师的意见和建议，尽早修正后续培训计划，以不断完善培训项目。甘肃省通过征求承训机构、培训专家和参训教师的意见和建议，历时半年，覆盖甘肃省的所有教师承训机构，涉及"国培计划"项目、省级培训项目和县级培训项目五十多个，经过了文献研究、实地调研、实践应用检验、反复研讨，确定了承训机构教师培训质量评价指标体系。指标体系由一级指标、二级指标、观测点、评价指标和评价方式五个部分构成，标准满分为100分。"一级指标"分为组织管理（5分）、方案设计（15分）、师资团队（10

---

① 赵海利：《教师培训项目实施成效及影响因素——基于浙江省"农村中小学教师素质提升工程"的实证分析》，载《教育理论与实践》，2010（29）。
② 陈霞：《教师培训项目质量管理》，上海，上海教育出版社，2018。

分）、资源准备（10分）、培训实施（50分）和评估总结（10分）6个方面，其中，指标体系中"培训实施"的指标体系见表4-1。

表4-1 "培训实施"指标体系表

一级指标	二级指标	观测点	评价指标	评价方式
培训实施（100分）	教学活动（90分）	教学内容与课程设计的一致性；更换、替代课程内容和专家的适切性、质量和比例；教学活动的形式，互动交流情况；集中研修和网络研修结合度，研修内容之间的相关度；课程资源利用情况；实践基地作用发挥情况；跟踪指导情况	教学内容与课程设计一致性程度高（20分） 基于需求，更换、替代课程内容和专家，且适切、质量高，比例不高于20%（10分） 教学活动形式多样，注重师生、学员间的互动交流，注重现场教学（20分） 集中研修和网络研修相结合程度高，研修内容之间相关度高（10分） 课程资源利用充分（10分） 实践基地作用发挥良好（10分） 跟踪指导注重学员反思改进与自主发展，注重学员学以致用，保证时间充足（10分）	查阅资料、课堂观察、学员访谈
	过程监控（10分）	组织管理保障；计划执行情况	组织管理有序顺畅，保障到位（2分） 计划执行良好，并进行适度、合理的调整和完善；培训活动各环节实施到位（8分）	学员访谈、问卷调研

科学的质量评价指标是科学评价项目培训质量的基础。表4-2也是承训机构教师培训质量评价指标体系中培训实施阶段的指标体系，供读者参考借鉴。

表4-2 教师培训项目教学实施质量评价指标

评估点		评价指标
授课教师表现	教学态度	较强的责任心：备课充分，教学认真，严格要求学员
		融洽的师生关系：师生之间语言或情绪的交流自然、流畅
		善于反思：能够以学员在课堂上的表现为课后反思的依据

评估点		评价指标
授课教师表现	课堂上表现出的学识水平	思维深刻性与敏捷性：概念表达准确，条理清晰，有逻辑性；思维深刻，对学员有启发；善于捕捉学员中蕴含的资源，生成教学内容
		深厚的知识储备：对所讲的内容非常熟悉，应用自如；深入浅出，举例说服力较强
	教学能力表现	正确而明确的教学目标：培训目标兼顾岗位要求与培训对象需求；课堂目标表述清楚，使学员清楚地了解学习目标与任务
		丰富的教学内容：课堂教学信息量足；教学内容符合学习者的接受能力和需要；理论联系实际；给学员提供相应的辅助性材料或拓展性资料
		适当的教学方法：活动方法有利于使所讲内容与学员原有的知识经验建立联系；积极与学员互动，调动学员积极思维；善于利用评价，对各层次学员都有指导
	课下指导	有求必应：对学员课下提出的需求能够积极给予帮助或指导
		指导到位：给予学员的帮助或指导能够满足学员的需求
活动内容	活动内容科学合理	互动内容符合培训项目目标要求；活动主题鲜明，内容有吸引力；活动内容丰富完整
活动形式	活动形式有效	活动形式有利于学员主体作用发挥，绝大多数学员在活动中有具体任务
		活动形式灵活，有创新
活动组织	组织到位	活动各环节有明确分工，专人负责；活动组织管理有序，细节考虑周全
	应变有力	组织者对活动中可能生成的问题有预案；能够对学员提出的合理的教学要求作出及时、灵活的反应
学员表现	学习状态	兴趣与学习积极性：学员对学习内容关注，表现出兴趣与需要
		参与程度：专心听讲；合作学习中有同伴之间的质疑与讨论
	学习体验与收获	知识获得：学员能够说出自己哪些方面的知识得到了补充或更新
		思想、方法等方面的启发：学员能够领悟教师讲课及课堂活动中渗透的思想或方法，并在活动中表现或收获中表达
		学员能够具体说明所学内容或方法对自己工作的启发或指导

第二节 教师培训教学质量监控方法

教学质量监控，是指在教学运行过程中，监控组织通过对教学质量系统化的评价和持续监督，定期收集有关教学工作质量、教学成果质量和办学条件质量等方面的信息，在分析整理的基础上发现可能存在的质量问题，及时调整教学行为，以稳定与提高教学质量的过程。它实际上是对教学工作进行全方位、全过程质量管理的一套操作系统[①]。常用的教学

[①] 许晨：《成人高等教育学教学质量监控体系构建研究》，陕西师范大学教育硕士论文，2007。

质量监控措施有课堂观察、学员访谈、问卷调研。为保障培训教学活动顺利开展，培训组织管理工作也十分重要。对培训组织管理工作的评估涉及领导是否重视、人员配备及职责分工是否适切、规章制度是否健全、资源保障是否有力等。

本节主要探讨从授课教师表现及活动设计两个维度，如何通过课堂观察、学员访谈、问卷调研三种方法实施质量监控。

一、课堂观察

课堂观察是指由培训管理方或外部督导人员组成课堂观察小组，为了评估培训教学实施质量，以提前通知或随机的方式进行听课、评课等活动。课堂观察一般有记录工具和教学评价标准。通过对听课记录进行整理、汇总和分析，把结果及时反馈给相关部门或人员，从而改进教学及管理工作[①]。

（一）书面记录

课堂观察主要依靠评估人员丰富的实践经验，以及综合的主观判断和分析能力，推断培训质量。通常培训机构会组织督导专家对培训过程中的组织协调性、流畅性以及授课教师的教学水平等进行观察分析，然后通过座谈讨论得出结论。课堂观察具体可分为个别观察与集体观察。

个别观察的优点是能利用评估个人的创造能力，不受外界影响，简单易行。但是，该方法容易受专家的知识面、知识深度、占有资料的充分性以及对评估对象的兴趣左右，难免带有片面性。

集体观察是在个人观察的基础上，通过会议进行集体的分析判断，将个人的见解综合起来，寻求较为一致结论的方法。这种方法参加的人数多，所拥有的信息量远远大于个人拥有的信息量，因而能凝集众多专家的智慧，避免个人判断法的不足，在培训方案可行性评估方面较为可行可信。但是，集体观察的参与人员也可能受到感情、个性、时间及利益等因素的影响，不能充分或真实地表明自己的判断，甚至有可能受到领域中德高望重专家的左右，随声附和，不能充分表达自己的观点。

北京教育学院为提高培训质量，设立教学委员会，并制定《北京教育学院教学委员会章程》，章程要求教学委员会开展督导工作，包括教学管理督导、专业与课程建设督导、教学实施督导和专项督导等工作。各二级学院设立教学委员会分会，负责本部门的教学指导、督导和咨询等工作。各二级学院根据培训项目特点制定了教学督导记录表（如表4-3所示）。

---

① 陈霞：《教师培训项目质量管理》上海，上海教育出版社，2018。

表4-3 ××学院教学督导记录表（2023版）

督导日期		具体时间	
授课教师		地点或平台	
项目名称		（填项目名称及负责人）	
教学类型			
教学主题			
学员应到人数		学员实到人数	

序号	关键领域	参考标准	很好	好	待改进
1	项目准备	充分的教学准备。培训资料、辅材已准备，培训设备已调试			
2	项目管理	规范的考勤制度。项目团队对学员考勤，做好请假登记			
3		融洽的师生关系。师生之间语言或情绪的交流自然、流畅			
4	教师教学表现	认真的教学态度。教师准备充分，对所讲的内容熟悉，深入浅出，举例说服力较强			
5		明确的教学目标。培训目标兼顾岗位要求与培训对象需求，课堂目标表述清楚，使学员清楚知晓学习目标与任务			
6		丰富的教学资源。教学信息足，教学内容符合学员接受能力和需要，给学员提供相应的辅助性材料或拓展性资料			
7		适当的教学方法。活动方法有利于使所讲内容与学员原有的知识经验建立联系；积极与学员互动，调动学员积极思维；善于利用评价，对各层次学员都有指导			
8		专业的教学水平。概念准确，条理清晰，有逻辑性，对学员有启发。善于捕捉学员中蕴含的资源，生成教学内容			
9	教学活动	科学的活动安排。活动主题鲜明，互动内容符合项目目标要求，活动安排合理，活动内容科学有吸引力，活动内容丰富完整			
10		有效的活动形式。活动形式有利于学员主体作用发挥，绝大多数学员在活动中有具体任务；活动形式灵活，有创新			
11		有序的活动组织。活动各环节有明确分工，专人负责；活动组织管理有序，细节考虑周全。组织者对活动中可能生成的问题有预案，能够对参训教师提出的合理的教学要求做出及时、灵活的反应			

序号	关键领域	参考标准	很好	好	待改进
12	学员状态	积极的学习状态。学员对学习内容关注，表现出兴趣；互动环节，学员参与程度较高；合作环节，有同伴之间的质疑与讨论			
13	培训内容	内容针对性和适切性强，内容引领性、操作性强，专题内容可推广度高			
特色及改进建议					
签名：					

（二）电子记录

当前数字化、智能化已经渗透在社会生活的每个方面，课堂观察也出现了一些听评课的软件工具，如"听课本"APP、希沃信鸽等手机应用小工具。此类应用软件是集课堂记录、量化分析、协同评课、精准教研于一身的听课教学应用。它可以及时记录课堂重点，随时查看课堂记录，进行量化评价，将听课、评课、教研融为一体。如希沃信鸽的移动直播听评课功能还可以实现PC/移动端多端直播观课、5分钟智能字幕出稿和AI课堂行为数据分析。如图4-1所示是希沃信鸽评课界面及AI课堂行为数据报告。

图 4-1　希沃信鸽的评课界面

　　"听课本"APP能完整留存听评课的文本记录,自动生成诊断报告,有利于培训者直观、精准地发现教学之不足,从而及时调整教学方案,加以改进。"听课本"支持多人同时记录,如图 4-2 所示,可同时记录三人的评价,按照听课人员和记录时间顺序将相关信息呈现在图表中。如图箭头显示,点到杨老师的第一个记录点,立即显示他在第 8 分钟前后完成的一次课堂听课记录[①]。

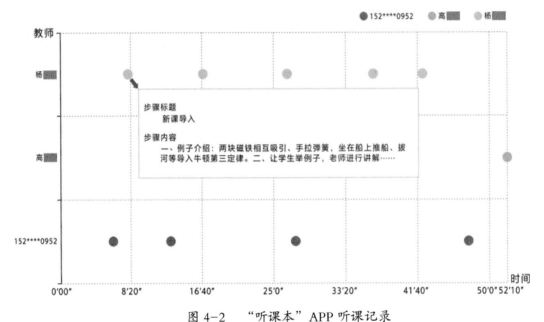

图 4-2　　"听课本"APP 听课记录

　　听课人员还可基于软件提供的 TPACK 量表从 7 个维度(共 23 个项目)对授课教师的教学能力进行评价。这些评价标准在 APP 上都是统一的,评分数据可以长久保存,并且可以与其他群体教师进行关联比较(如图 4-3)。

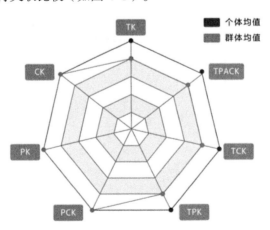

图 4-3　　"听课本"APP 中的 TPACK 量表雷达图(个体与群体的关联比较)

① 易杰,陈兴玲:《基于听评课 APP 分析数据改进教学的研究》,载《中小学数字化教学》,2023(6)。

　　人工智能技术的发展推动了教学行为的智能评价，包括学生注意力分析、表情识别和情感识别，利用计算机视觉技术可进行课堂教学自动评价（如图4-4）。未来利用智能技术突破传统评价手段进行多元的智能评价，可使评价更高效准确。

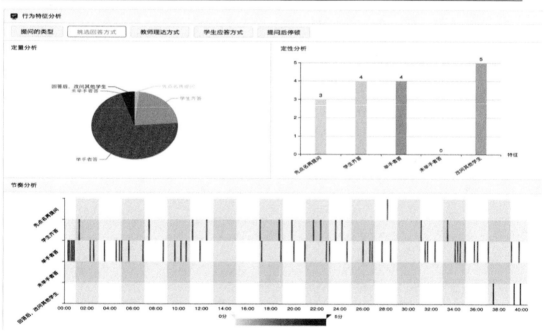

图4-4　教师教学行为分析服务平台（KetangX）截图

二、学员访谈

　　访谈是通过和学员面对面地交谈来了解学员对培训质量满意或不满意的方法。因访谈的目的或对象的不同，访谈具有不同的形式。根据访谈进程的标准化程度，访谈法可分为结构型访谈和非结构型访谈。访谈有正式的，也有非正式的；有逐一采访询问的，即通过个人访谈和团体访谈。在访谈过程中，尽管管理者和学员的角色经常在交换，但归根到底培训师是访谈者，学员是谈话者。访谈以一人对一人为主，也可以在集体中进行。学员访谈的优点如下：可以对学员的学习态度与培训状况进行深层次了解；由学员亲口所述，内容具体准确；有利于管理者了解到短期内课堂观察不容易发现的问题。不足之处如下：技巧性强，需要较强的沟通能力，需进行专门的训练；耗费时间成本高；学员容易夸大或弱化某些培训问题，带有个人感情色彩；访谈双方往往是陌生人，容易使学员产生不信任感，从而影响访谈结果；分析处理比较复杂，不同被访者的答案是多种多样的，没有统一的答案[①]。

表 4-4 是一份访谈提纲，用于了解学员对培训活动内容、过程或场景的满意度。实际应用时可以根据需要调整内容。

表 4-4 访谈提纲

调研点	参考问题
培训内容	（1）本次培训内容是否符合您的实际需要？ （2）本次培训中，您觉得有用的内容是什么？为什么？ （3）本次培训中，您觉得不需要的内容是什么？为什么？ （4）本次培训中，您觉得需要但实际却没有安排的内容是什么？ （5）截至目前，您具体的收获有哪些？
培训形式	（1）您认为，本次培训时间长短的安排如何？ （2）您认为，本次培训各种培训形式之间的结构安排如何？ （3）您认为，本次培训形式上有哪些闪光点？ （4）您认为，本次培训形式上有哪些不足？应如何改进？
培训讲师	（1）您喜欢的培训讲师有哪些？为什么？ （2）您对培训讲师还有哪些建议？ （3）您心目中理想的培训讲师是什么样的？
培训后的行动	（1）您认为，本次培训中能够运用到实际工作中去的知识有哪些？ （2）请尽可能多地谈谈，您回到工作岗位后希望尝试的行动设想。

[①] 肖建彬：《基础教育教师培训课程与培训质量评估研究》，北京，北京师范大学出版社，2019。

调研点	参考问题
培训组织	（1）本次培训在研制方案时，是否咨询过您的意见？ （2）本次培训在开展之前，您是否收到过有关本次培训安排的详细信息？ （3）您对本次培训后勤工作（就餐、住宿、交通）的感觉如何？ （4）您对本次培训场地、设施的感觉如何？ （5）您认为，本次培训的组织工作，值得赞扬的地方有哪些？ （6）您认为，本次培训的组织工作，有哪些地方需要调整？如何调整？
培训的整体感觉	您认为本次培训投入的时间和费用相对于培训收获来说值得吗？为什么？

项目实施中期，按照中期评价的目的进行访谈，也可从如下五个方面进行访谈：

（1）能说一说在前一阶段的培训中，您印象最深的活动或事情吗？

（2）能说一说在前一阶段的培训中，您有哪些收获或提高吗？

（3）能说一说您对后期培训有哪些具体的期望与要求吗？

（4）区教研员、学校对您培训的关注程度如何？

（5）您有在实际工作中运用过培训所学内容吗？

访谈者可以根据自己的专业判断，自主决定访谈问题的顺序。为了留下原始资料，以备进一步整理、分析、评价之用，每位访谈者可对访谈过程进行录音。

访谈后可利用质性研究法对访谈进行分析，一般要经历四个步骤。第一步，访谈者对原始录音进行初步整理，把声音转化为文字，并尽量呈现访谈对象的原话。第二步，评价项目组以某一学科的录音整理文字资料为例，协商研制数据整理表格，并对整理方法达成基本共识，然后评价者对所负责学科的文字资料进行整理。第三步，评价项目组仍以某一学科为例，协商研制数据分析框架，并对数据分析方法达成基本共识，然后评价者根据原始材料及整理后的表格完成所负责学科的数据分析。第四步，评价项目组主持人汇总、分析并完成中期评价报告。

评价报告可从以下七个方面进行归纳总结。

（1）学员参训情绪的类型及其影响因素

（2）学员的培训期望或动机

（3）学员倾向的培训形式

（4）学员与导师的沟通交流

（5）学员的培训收获

（6）学员后续培训期望

（7）问题与建议

三、问卷调研

为了更好地发挥学员评教及时反馈与调整的功能，项目实施过程中可开展问卷调研，从教学效果的角度出发，由学员直接对培训讲师教学状况和质量进行评价打分，让学员对培训讲师的教育理念、教学态度、专业水平、教学方法、教学效果等进行评价。

项目实施过程中的问卷是以培训课程的某个模块或一定的时间周期为单位，及时收集学员对培训的意见与建议的一种问卷。问卷可以是通用性的，也可以是针对特定内容的。通用性学员评价表如表4-5所示。

表4-5　通用性学员评价表

评价指标	评价要点		得 分				
			5	4	3	2	1
授课教师表现	教学态度	备课充分，教学认真					
	课堂上表现出的学识水平	对所讲内容非常熟悉，深入浅出，举例说服力较强					
		概念表达准确，条理清晰，思维深刻，对学员有启发					
	教学能力表现	课堂目标表述清楚，课堂教学信息量足，理论联系实际，给我们提供相应的辅助性材料或拓展性资料					
		活动方法有利于使所讲内容与我们原有的知识经验建立联系；积极与我们互动，调动我们的积极性					
	课下指导	课下对我们所提出的需求能够积极给予指导或回应					

评价指标	评价要点		得 分				
			5	4	3	2	1
活动内容	内容的趣味性	活动主题鲜明，内容有吸引力					
	内容的新颖性	活动内容丰富完整，材料新颖					
	内容的实用性	内容富有启发性，且能够对实际工作提供指导与帮助					
活动形式	活动形式的有效性	活动形式有利于发挥我们的主体作用，绝大多数学员在活动中有具体任务					
		活动形式灵活多样，有助于对内容的理解与掌握					
活动组织	组织到位	培训课程材料和通知下发及时					
		活动组织管理有序，细节考虑周全					
	时间安排合理	培训活动时间安排合理					
	应变有力	组织者能够及时、灵活地完成我们提出的合理的教学要求					
	设施设备齐全	设施设备齐全，符合培训需求					
	食宿安排	食宿安排周到、贴心					
培训收获	我开阔了视野，获得了需要的知识						
	我更新了教育教学理念						
	我的教育教学思路得到了启发						
	我获得了能够在教学实践中应用的知识						
	我缓解了职业倦怠						
	我加强了对工作的认同感						
	我结识了更多优秀的同行						

第三节　教师培训在线教学实施评价

随着时代的发展，在线教育的应用越来越普及，培训也正逐步由"应急式"直播转变为"常态化"混合式培训。教师培训在线教学实施在培训形式、培训管理等方面存在诸多新特点，因此，仅采用课堂观察、学员访谈等主观性较强的评价不能全面反映教师培训实施阶段的整体情况，本节将从培训实施中在线学习过程的评价及在线学习平台中的教师画像两个视角研讨教师培训在线教学实施的评价。

一、培训实施中在线学习过程的评价

（一）在线学习过程的评价模型

对 2016—2022 年主题为"在线学习行为特征""在线学习过程评价"的论文进行分析，选取其中引用率最高的 8 篇国内外核心文献作为样本文献，梳理其涉及学习行为的过程评价指标。在线学习过程共性指标主要包括视频学习、课件资源学习、学习时间分布、课程作业、课堂测验、学习顺序、论坛讨论七个。而对于个性指标，国内外研究者主要针对研究主题来设计，如清华大学针对校内学生的自主能力，提出了价值观提升、能力提升等指标；北京大学针对课外学习，提出了学习积极性、参与主动性等指标；国外文献多数为特定主题类的学习评价，如游戏化学习、SRL 学习等[1]。

参考七个共性指标，结合培训中成人学习行为的特性，将培训中在线学习过程评价指标分为参与类、交互类、自律类三种。参与类指标涵盖整个在线学习活动周期的参与情况，即包括视频学习（直播和录播）、资源学习、课程作业、课堂测试、学习出勤。交互类指标包含师生交互、生生交互和课外学员与平台、学习资源的交互，即包括论坛讨论、视频交互（重复观看）和资源交互。自律类指标主要反映学员的学习周期和学习规律，即包括学习频率、学习时间和学习顺序。三类共 11 个在线学习过程评价指标的具体内容如表 4-6 所示。

表 4-6　在线学习过程评价指标及其具体行为

类别	指标	具体行为
学习参与	视频学习	单次观看课程视频的时长
	资源学习	下载课件和学习资料等资源的次数
	课程作业	完成并提交作业总次数

---

① 周宇，应鑫迪，陈文智：《在线学习过程评价模型研究——以"学在浙大"在线教学平台为例》，载《现代教育技术》，2023（7）。

续表

类别	指标	具体行为
学习参与	课堂测试	完成并提交在线测试的次数
	学习出勤	参与直播课程的次数
学习交互	论坛讨论	论坛发帖、回帖次数
	视频交互	观看在线视频的次数
	资源交互	课件和学习资料的浏览次数
学习自律	学习频率	访问平台中各类学习活动的时间
	学习时间	回看学习活动的总次数、总时间
	学习顺序	按照学习要求进行课程的学习

依托上述三类共11个在线学习过程评价指标，设计了在线学习过程评价模型（如图4-5所示），分为四大模块：

（1）数据生成模块，包括在在线学习平台上进行操作生成的学习过程行为数据；

（2）数据存储模块，负责将生成的数据存储至日志与数据库，用作模型的输入数据；

（3）数据分析模块，通过数据拟合分析学习行为与学习成绩的关系，筛选出具有显著性影响的学习行为，之后生成评价标签并计算权重，给出评价得分；

（4）结果反馈模块，基于数据分析得出的结果制订过程评价方案，给师生提出具体的评价意见，并引导师生改进，形成整体闭环[①]。

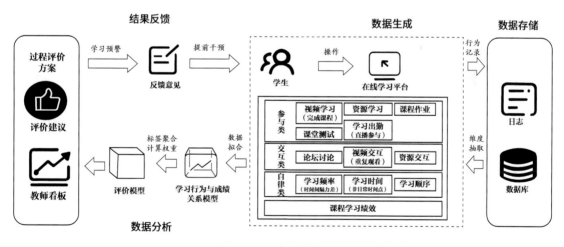

图 4-5　在线学习过程评价模型

---

① 周宇，应鑫迪，陈文智：《在线学习过程评价模型研究——以"学在浙大"在线教学平台为例》，载《现代教育技术》，2023（7）。

（二）在线学习平台的数据分析

在线学习平台提供的学习过程数据不仅能破解学习过程中教师无法量化学生在线学习过程行为的难题，也可作为教师教学质量评价的参考，如图 4-6 所示是基于 UMU 学习平台开展混合式培训教师端关于学员管理的界面，界面清晰地呈现了学员各项任务的完成情况。

图 4-6　UMU 学员管理界面

"学在浙大"在线教学平台的教师端看板如图 4-7 所示，可以直观掌握课程中学员的学习情况，教学管理者也可快速了解整体的学习行为，其相关数据还可为教学质量的评估提供辅助性依据。例如，图 4-7 显示，深度互动（1%）、深度参与（3%）、高度自律（2%）的学员占比极少；大部分学生参与线上学习活动较多（48%），但在互动性、自律性方面的表现一般。基于此，在线学习可以增加不同形式的互动设计，加强教学的针对性；同时，可以安排一些打卡任务、定期签到等，以促进学员养成良好的学习习惯[①]。

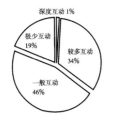
（a）学生线上学习讨论互动情况

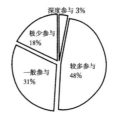
（b）学生线上学习活动参与情况

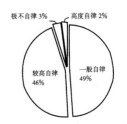
（c）学生线上学习自律情况

图 4-7　在线学习平台教师端界面

---

① 刘冬萍：《基于教师专业画像的学习路径研究》，东北师范大学博士论文，2022。

二、在线学习平台中的教师专业画像

教师专业画像是指通过采集与分析教师工作情境中与教学紧密相关的数据，采用数据挖掘方法刻画教师专业学习模型，该模型能够将教师整体发展特征进行可视化呈现。目前，对于教师画像的研究多停留在理论模型构建环节，多数从构建流程与标签体系的确定两方面进行论述，对于研究结果、画像输出研究较少。例如，胡小勇等人根据教师教研中产生的数据，从教师特征、教研心理、社会交互、教研行为和教研成果五个维度构建教师教研画像，共经历数据预处理、教师画像模型构建、教师个体标签体系的建立和教师画像质量评估四个步骤，并提出了教师画像的应用：第一，教师个体画像可以促进教师个人的专业发展；第二，教师群体画像，为教育决策者的管理提供参考；第三，实现教研资源的精准推荐[①]。黄建国等人从知识特征、行为特征、资源偏好特征和态度特征角度构建在线学习环境下的教师培训画像，模型构建包括数据保存、数据采集、数据分析、画像生成和模型推荐五个步骤。

数据挖掘方法在教师画像中的应用以多模态数据为基础，并且采用图谱等形式更加直观、准确地呈现。如王永固等人基于"浙江名师网"的数据，构建了教师网络研修社区数字画像，画像构成要素包括基本信息、研修资源、研修活动和研修成效四个维度，实现流程分为：数据采集、数据预处理、画像模型构建、画像模型应用和精准决策与干预。最后，基于技术接受模型（TAM）对教师画像的应用效果进行评价。程晓恩等人从师生交流、资源建设、题库设计、考试分析、系统使用和作业批阅六个维度构建基于网络教学的教师画像，实现流程包括：数据采集、数据清洗和预处理，教师教学特征标签的建立和教师模型构建。该研究采用数据挖掘的方法最终形成评审报告，对教师个体的教学状况进行精准刻画，为教师评价提供参考。　重庆大学陈尧使用数据挖掘的方法对学生评教的文本信息进行数据挖掘与分析，生成了基于课程教学设计与内容、教学方法、课程管理、课程考核、教学态度及学习收获六个维度的教师画像，并对现有的教学评分模式进行了改进。

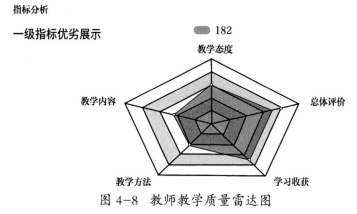

图 4-8　教师教学质量雷达图

---

① 胡小勇，林梓柔：《精准教研视域下的教师画像研究》，载《电化教育研究》，2019，（7）。

对评价数据采用雷达图（如图 4-8 所示）进行可视化呈现直观清晰，但是学员在线提交的评教调研问卷还包含学员对教师教学质量的主观认识。通过对学员评教文本进行关键词提取，并结合评教指标设计了一套融合评教文本的评教标签体系。在教师画像的模型构建中，评教标签描述了教师在评教文本中体现出来的教学能力方面的特征。在教师画像中加入教师的评教标签，可以使描绘出来的画像更加逼真，并体现了学员对教师教学能力的主观想法。

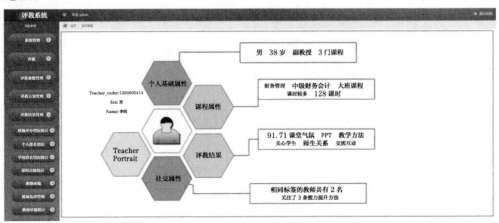

图 4-9 教师画像

图 4-9 展示的是一位教师画像，该模块主要根据个人基础属性、课程属性分别生成个人基础属性特征与课程属性特征，通过学员评教问卷采集的数据属性生成评教结果特征，通过教师评教标签属性、社会关系属性生成教师的教学能力提升方法偏好特征。图 4-10 展示的是教师群体画像，例如，在教学能力提升方面，关注最多的是课堂气氛方面的提升，其次是教学方法和教学态度方面的提升[①]。整体情况图主要是对教师的数据进行整合，教师和教学评估工作者能够根据此模块清晰地观察教师的各项特征，进而能够更全面地评价教师的培训教学质量。

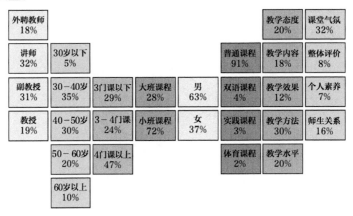

图 4-10 教师群体画像

---

① 张荣：《基于教师画像的教学能力诊断辅助系统研究》，江西财经大学硕士论文，2021。

第五章　教师培训效果评估

科学构建中小学干部教师培训效果评估体系是提高教师培训质量的重要措施和专业保障。本章在分析国内外培训效果评估理论的基础上，基于北京教育学院的培训工作实践，从培训效果评估概述、评估模型、评估方法、评估指标、评估工具等方面，为中小学干部教师培训效果评估工作提供借鉴与参考。

第一节　教师培训效果评估概述

一、教师培训效果评估内涵

（一）培训效果

培训效果是指培训活动给培训对象、派送单位、培训委托方[①]、培训机构、培训投资方等相关培训利益方带来的正面效应。

对于培训对象，即中小学幼儿园教师来说，通过教师培训，学员掌握了新的知识或提高了工作技能，促进了工作态度、能力和行为的积极变化与发展，在其专业化素质得到提升的同时，自身价值也得到了提高。

对于派送单位，即学员所在学校来说，通过教师培训，学校可持续性发展需要的智力资源潜能获得了开发，工作效率和教育教学质量的提高得到了人力资源的保障，学校组织目标、岗位工作标准和学校组织文化也将会受到进一步认同。

对于培训委托方来说，通过教师培训，各级政府在教育资源公平配置和优质资源开发方面的宏观调控和指导作用得到体现，教育为社会政治、经济、科技、文化发展服务的功能得到强化，教育改革和发展计划的实施所需要的人力资源得到补给和充实。

对于培训机构（院校）来说，每期培训项目、每次培训活动，都是一次培训经验积累的过程，可以提高组织地位，带来部门利益，提升培训者和培训管理者的专业化水平。

对于培训投资方来说[②]，通过教师培训，培训投资方得到利益回报，包括社会利益和经

[①] 培训委托方通常包括各级教育行政机构，例如，国家教育部、直辖市教育委员会、省教育厅、地方教育局，分别是国家级、省级和地方教师培训项目的委托方，中小学校也有可能既是学员派送单位，也是教师培训直接委托方。

[②] 教师培训投资方通常包括代表各级政府管理公共资金的财政管理部门（国家财政和地方财政）、社会私营财团、学习者个人。

济利益两个方面。政府投资者既希望培训产生近期效果，又希望获得远期边际效益——培训对教育、政治、经济、文化等社会发展带来的持久影响力。至于教师培训的经济利益，主要是通过社会利益间接实现的，而不同于企业培训那样直接关注培训投入带来的生产效率提高和利润明显增长。社会私营财团对教师培训的投资回报同样应该把社会利益的实现置于首位，因为这种投资行为多数为公益性质，而不是营利性的。如果教师作为独立培训投资方，愿意通过本人支付全部培训成本而选择培训项目，那么，他们更加看重的是培训带来的远期工资回报，这类培训投资与回报在通过实现个人经济利益的同时也体现出培训的社会效益。

绝大多数教师培训是有效果的。有的效果明显，有的效果平平；有的对教师本人素质提高效果明显，有的对学校工作和组织发展发挥作用；有的培训项目影响力大，有的项目影响力小。

然而，并不是所有教师培训必然产生正面效果，有些培训没有效果甚至产生负面效果。例如，有的培训项目由于培训方法和培训内容不适合学员学习需求，学员收获较少，同时学员对培训投入了时间、精力，却没有得到回报，往往容易产生不良情绪。有的培训项目帮助学员获得了新的知识和技能，但是由于在学校工作中没有机会实践，久而久之这些知识和技能就会衰竭和荒废。有的培训项目只是学员个体被独立派出，由于学校组织对培训成果转化缺少有效支持，要么是学校管理人员的培训成果转化得不到没有接受培训的教师的配合，要么是教师的培训成果转化得不到没有接受培训的管理人员的理解。此外，还有的培训项目可能会导致教师干部队伍的不稳定。

一个培训项目是否有效果，有哪些效果，效果有多大，如何强化正面效应、减少或消除反面效应，如何在评价基础上改进培训，这就需要评估培训效果。

（二）培训效果评估

关于培训效果评估的内涵，不同时期的学者有不同的定义。泰勒（Tyler）1953年认为，培训效果评估的过程就是将学员培训后的行为表现与培训目标所要求的行为规范进行比较，以判断目标实现的程度。海布林（Hamblin）1974年认为培训效果评估就是对教育方案评估资料收集的过程，并分析和归纳影响培训的各种因素，将有关结论反馈到有关部门。戈尔斯坦（Goldstein）1986年提出，培训效果评估是针对特定的培训计划，系统地收集资料，并给予恰当的评价，作为甄选、采用或修改教育培训计划等决策判断的基础。克里格（Clegg）1987年认为，培训效果评估可以确定培训是否值得，指出需要改进的地方，审核目标达成的情况，决定培训项目是否继续保留，找出更好的训练方法并建立未来的培训指导方针。菲利普斯（Philips）1991 年提出，培训效果评估是一种系统性的过程，用以决定培训方案的意义和价值，并对该培训方案的未来使用情况作出决策[①]。

综合学者们的观点，培训效果评估的概念可以理解为针对一个具体的培训项目，培训投资方、委托方或组织方等通过系统地收集和分析资料，对培训的投入情况、培训产出的效果、培训效果的价值及其价值的程度等作出判断，其目的在于指导今后的培训决策和培训活动。

无论培训效果及其评估有什么样的定义，我们怎样理解其内涵，都需要通过培训效果评估来找到以下问题的答案。

◆ 培训满足了学员的学习需要吗？

◆ 培训达到了既定的目标吗？

◆ 培训结束后，学员的行为有所改变吗？

◆ 学员的行为的改变是否是培训的结果？

◆ 学员将培训中所学的东西运用于实际工作中了吗？

◆ 学员在培训中所学到的东西使他的工作更加有效吗？

◆ 培训对学员的学校组织和学校同事产生了积极影响吗？

二、教师培训效果评估意义与功能

（一）从培训投资方角度

培训效果评估如果能够进一步阐明培训对国民素质提高、国家经济发展、社会政治稳定等方面产生的直接或间接作用与影响，那么，它往往能使得政府的教育和财政主管部门——作为公立教师培训的投资方代表提高对教师培训的积极性和重视程度。另外，培训评估所反映的教师培训后业务水平提高、工作绩效改进、学校组织发展等情况，能充分体现教师培训是学校教育的有益投资，是为了促进社会进步与人的发展而进行的人力资源开发。

（二）从学员角度

培训效果评估是对学员学习的激励方式，也是培训活动的控制措施。有些评估活动是在培训过程中穿插进行的，内容涉及学员出勤、参与度、学习成果等情况。这些过程性评估一方面鼓励表现好的学员，另一方面也是对表现不理想学员的约束。如果组织方能调动

[①] 许丽娟：《员工培训与发展》，上海，华东理工大学出版社，2008。

学员参与评估活动，发挥学员对培训质量的监督作用，那么，培训效果评估也能激发学员的学习积极性和培训参与度，使学员收获更多、更好的学习成果。

（三）从培训项目角度

培训效果评估可以帮助培训组织者获得如何改进培训项目的信息，这也是培训效果评估最直接、最普遍的意义。评估提供的信息是多方面的，如培训需求分析与项目定位是否准确，培训内容是否满足学员的要求，培训师甄选是否恰当，培训组织实施是否存在问题，培训目标是否得到有效实现，培训管理是否还需要改善，等等，都将对今后项目的改进提供建设性意见。

（四）从培训组织机构角度

培训效果评估虽然是投资方或委托方对培训组织机构的激励与控制手段，但是培训机构可以借助培训效果评估结果向上级主管部门、投资方或委托方展示培训工作绩效，以便获得更多的支持。另外，培训组织方也可以借助外部评估机制建立与完善组织内部机构培训质量监测制度。

（五）从培训师角度

培训效果评估可以比较客观地评价培训师的工作。一般来说，培训效果反映了培训师的水平和对待工作的态度。对培训效果的检测评估，有助于培训师对自我工作的反思和检查，进一步提高自己的培训专业化水平。

教师培训师在开展培训效果评估工作的过程中，要理解培训效果评估的以上五点意义，坚信培训效果评估对培训活动的所有相关利益方都是有益的，同时需要在整个教师培训系统中，认识到培训效果评估的以下三大功能[①]。

一是激励功能。无论是对参训者还是培训师，培训效果评估都能够使他们更加明确培训的目标和努力方向，更能激发他们凝神聚力，朝着既定目标努力的意愿。培训效果评估在给参训双方带来压力的同时，更能使他们把外在压力变为自觉动力，进而保证培训的效果。

二是诊断功能。通过培训效果评估，可以掌握培训对象是否满意，检测和评定培训方案是否科学，培训目标是否实现，培训方法是否恰当，培训内容是否适宜，等等。如果没有科学严谨、操作便捷的培训效果评估体系，培训工作的效果就很难得到保证。

三是导向功能。通过培训效果评估，培训组织机构可以发现培训系统各个环节中存在的问题，为后续培训工作的改进提供依据，以便不断提高培训专业化水平。

---

① 王冬凌：《建构教师培训效果评估模式：内涵与策略》，载《大连教育学院学报》，2011（4）。

三、教师培训效果评估类型

对培训效果评估类型进行分析，可以帮助我们进一步理解其内涵与意义。我们可以从不同角度划分培训效果评估类型。例如，根据评估主体不同，可以划分为内部绩效评估与外部绩效评估；根据评估方法不同，可以划分为定量化评估和定性化评估；根据评估目的不同，可以划分为激励性评估、控制性评估、审定性评估、改进性评估和决策性评估等。这里从教师培训实施过程角度重点介绍根据活动时段所划分的五个时段培训效果评估。

（一）培训开始时评估

培训一启动时就对学员的知识、技能、态度、能力、行为等方面进行评估，类似培训的前测活动。可以采用试卷测试、学员作品分析、工作访谈等方法，以获得学员培训时的起点与基础。其主要目的不是评估培训本身，而是为今后的培训效果评估提供参照物，便于在培训结束时开展培训前后的对比分析。

（二）培训过程中评估

对于较长期的培训项目来说，培训进行期间对学员的学习情况和培训师教学情况通常要安排几次评估活动，采用的方法包括项目组测试学员对课程的满意度、组织质量自评研讨会、督学专家督导培训活动、撰写阶段性质量分析报告等。培训过程中评估的目的是掌握学员阶段性学习效果和对培训师的满意度，以便调整和改进培训安排，如更换培训师、调整培训内容、完善教学方法、加强培训管理和学员思想工作等。

（三）培训结束时评估

培训结束时评估是最普遍的。其内容一是由培训机构或培训师提出和实施的对学员学习效果的考核，对学员开展培训后测，收集学员结业设计或结业论文，等等；二是了解学员对整个培训项目的评价和建议，如测试学员对项目的满意度；三是对项目业务和财务的绩效情况进行综合评估，分为内部绩效评估与外部绩效评估。

（四）培训结束一段时间后评估

如果说培训过程中的评估和培训结束时的评估，主要评估学员的学习参与情况与学习成果，那么培训结束一段时间后评估主要是为了检验培训时的学习成果在教师教育教学工作岗位上的应用和迁移情况。其主要评估方法通常采用360度访谈，即访谈学员工作所在学校的校长、同事、学生甚至家长，考察其培训后一段时间的工作行为变化，分析哪些变化主要是培训引起的；也可以采用与学员合作研究形式，以学员的课例或其他工作任务为研究对象，共同开展工作分析，发现之前的培训对其产生的意义与价值。

（五）培训结束较长时间后评估

教师培训效果在时间上具有长期的滞后性。知识和观念的内化不是一蹴而就的，是在学习和工作的过程中反复消化的，其外化更是在工作中逐渐实现的。教师培训对学员产生的专业发展影响力可能会持续很久，甚至终身；教师培训对学校组织发展、学生发展和教育发展更是隐性的、复杂的。这就决定了在培训的周期内，无论是过程评估还是终结性评估都很难把教师培训的效果完整体现出来。培训结束较长时间后评估与培训结束一段时间后评估相比，前者更加困难，成本也更高。

后两种评估目前处于冰点时期，还没有得到普遍关注，今后随着对教师培训组织绩效和社会影响力的关注以及教师培训专业化程度的深入推进，教师培训效果的长期评估将被提到培训工作的重要议程中，至少在每一个五年计划结束后，一个培训项目需要在此方面做点儿尝试。

概括来看，每个阶段评估目标和内容都有着不同侧重点，究竟选择评估哪个阶段的效果还需要根据培训项目的周期长短，有的培训效果评估还要考虑测评培训前的情况作为各阶段的评估参照。

四、教师培训效果评估主体

谁来进行培训效果评估，是影响评估质量的重要因素。一般来说，培训效果评估活动是由评估者和参与者共同完成的。

根据评估者与培训组织之间的关系，可以把评估者分为内部评估者和外部评估者两类人员。内部评估者是隶属于实施培训项目的组织本身，可能是专门从事教师培训效果评估的部门，如教学督导室、项目办公室、教师培训中心、教务处等教学管理或培训管理机构，也可能是临时从几个部门抽调部分人员组成临时项目评估工作小组。外部评估者是来自项目组织以外的评估人员，如大学、研究机构、其他培训机构和中小学实践一线专家，或专门的教育评估咨询机构的专业人员。

通常选择评估者要考虑内、外部评估者各自的优势与劣势（见表5-1），取长补短、相互补充，而不是非此即彼。

表 5-1 内部评估者和外部评估者的特征比较[①]

序号	比较项目	内部评估者	外部评估者
1	有关培训项目的知识	了解透彻	相对模糊
2	评估的技术知识	相对薄弱	比较丰富
3	项目人员的信任和合作	容易	困难
4	评估结果的利用	实际可行	易被接受
5	评估结果的客观性	相对主观	相对客观
6	适用范围	易引起抗拒心理，流于形式	建设性评估

培训效果评估不仅仅是评估者的事，在培训评估过程中还需要涉及培训师、培训管理者、学员和培训组织的上级主管部门领导等效果的参与。就教师培训项目的评估来说，项目负责人、培训师、学员、培训机构职能部门业务管理层、培训机构高级管理层、培训机构外的领导等评估参与者发挥着各自不同的作用（见表 5-2）。

表 5-2 评估参与者利弊比较

评估参与者	作用与意义	弊端	对策建议
项目负责人	组织团队成员及时提供评估材料；参与项目答辩，介绍项目有关情况；理解评估过程，获得评估反馈后改进今后培训管理工作	提供的信息不完整或不真实，容易干扰评估专家判断，影响评估的信度	完善项目管理制度，加强评估方面的培训
任课老师（培训师）	补充提供有关评估需要的信息；有利于深入了解项目，提供大量研究素材；理解评估目标、过程和结果，获得评估反馈后改进今后培训教学工作	缺乏对培训管理的积极性，不愿意参加评估活动	加强培训，提高认识
学员	直接提供评估需要的信息；增强项目团队提供信息的信度	学员信息的信度控制成本较大；学员参与的评估内容受到限制	改进评估技术与手段，利用远程评估平台，及时获得学员对培训效果的反馈信息

① 汪群，王全蓉：《培训管理》，上海，上海交通大学出版社，2006。

续表

评估参与者	作用与意义	弊端	对策建议
培训机构业务职能部门管理层	承担评估组织工作，为培训评估提供支持保障；可能更了解项目管理过程，增强评估的效果；及时获得评估反馈，有利于改进管理工作	如无其他人员参与，培训信度无法得到保证	培训机构建立规范的评估制度，健全评估机制，避免业务职能部门管理层独立评估
培训机构高级管理层	获得组织高层支持，增强评估效果；帮助开展评估方案的顶层设计，有效指导工作；使得评估结论更易被利用，推动培训转化工作；培训管理成绩与问题得到决策层及时了解，为培训机制和组织变革创造基础	可能没有时间；缺乏培训专业知识，可能干扰评估；容易主导培训专家的评估意见	评估组织部门提前做好培训评估的计划、协调和沟通工作；高层领导班子把培训评估列入工作任务之中
培训机构外上级领导	获得组织外领导支持，增强评估效果；主动建立外部监督机制，有利于提高评估信度；能及时让上级领导部门和培训委托方获得培训效果方面的信息，有利于培训机构今后获得更多政策支持	可能没有时间；缺乏培训专业知识，可能干扰评估；容易束缚培训专家的广泛评估意见	评估组织部门提前做好培训评估的计划、协调和沟通工作；必要时在相关评估环节实施领导回避制度

调动培训利益相关者积极参与培训效果评估活动，其意义不仅仅在于发挥他们在评估中的积极作用，更重要的是通过他们参与评估活动，培训机构和项目将得到更多的政策支持、管理保障、民主参与、需求信息、工作理解和实践智慧，同时也有利于培训参与者更好地学习反思和改进各自工作。

有人提出最好把教师培训评估交给培训机构外的第三方来做。坚持这种观点的人主要从评估效果信度控制角度出发，希望借此提高培训评估专业化水平。如果能够寻找到具有专业化水平的教师培训评估机构，且比较经济，那么这的确是一项正确选择。然而，就我国目前教师培训评估来说，实现第三方评估可能需要历经一段时间和创造一些有效条件，包括建立专业化第三方评估机构，加大培训评估经费投入，完善培训机构的机制体制以增强其对第三方评估的适应与配合，防止第三方评估机构功利性与不适当行为，等等，以改善教师培训绩效评估机构本身之"绩效"。

第二节　教师培训效果评估模型

模型是对某个实际问题或客观事物、客观规律的抽象后的一种形式化表达方式，以揭示影响某个目标的存在的变量及其之间关系。培训评估模型是对评估内容的基本结构和基本程序的反映。由于不同研究者的研究背景和角度不同，其培训评估观存在区别，至少有三个不同观点：其一是"整体评估"观，认为培训评估模型不仅仅是对培训产出和效果进行评估，而且对于整个培训项目的各个方面和环节进行评估，至少包括培训投入、过程和产出三个方面的评估。其二是"层次评估"观，认为培训评估模型就是对不同层次的培训产出和效果进行归纳、整理。其三是"成果评估"观，认为培训评估模型是建立在对认知成果、技能成果、情感成果、绩效成果及投资回报率等五类培训成果衡量的基础之上，而不主张分层开展。本节在阐述三类培训评估模型的基础上，试图构建教师培训效果评估模型。

一、整体评估模型[①]

"整体评估"观认为，由于培训项目要素和培训过程的主要环节得到质量保障使得培训结果有效，故培训整体评估模型的特点在于对整个培训项目的各个方面和环节进行评估，而不是仅仅对培训项目产出或效果进行评估。此类模型最有代表性的是 CIPP 评估模型。

美国学者斯塔弗尔比姆（Stufflebeam,D.L.）1967 年在对泰勒行为目标模式进行反思的基础上提出了 CIPP 评估模型。CIPP 评估模型包括四项评估活动，即背景评估（Context evaluation）、输入评估（Input evaluation）、过程评估（Process evaluation）和成果评估（Product evaluation），简称 CIPP 评估模型。该模型认为培训评估涉及的基本内容包括以下四个方面。

◆背景评估。CIPP 模型对背景评估的内容界定为：了解相关环境，诊断特殊问题，分析培训需求，确定培训需求，鉴别培训机会，制定培训目标等。其中确定培训需求和设定培训目标是主要任务。

◆输入评估。输入评估包含的事项有：收集培训资源信息，评估培训资源，确定如何有效使用现有资源才能达到培训目标，确定项目规划和设计的总体策略是否需要外部资源的协助。

◆过程评估。过程评估的目的是为那些负责实施培训项目的人们提供信息反馈，以便及时、不断地修正或改进培训项目的执行过程。

---

① 许丽娟：《员工培训与发展》，上海，华东理工大学出版社，2008。

◆成果评估。成果评估的主要任务是对培训活动所达到的目标进行衡量和解释。特别需要认定的是，成果评估并不限于培训结束以后，它既可以在培训结束以后的一段时间内进行，也可以在培训之中进行。

CIPP 评估模型有着显著的特点，尤其重要的是它的全程性、过程性和反馈性特点。

所谓全程性特点，就是它真正将评估活动贯穿于整个培训过程的每个环节。或者说，它与培训活动的任何一个步骤都发生连接：背景评估对应确定培训需求和确定培训目标环节；输入评估对应决定培训战略和设计与计划培训步骤；过程评估对应执行培训的步骤。

所谓过程性特点，其集中表现是提出了对培训项目的执行过程进行监控。这使得培训项目实施过程中可能导致失败的潜在原因、不利因素以及培训目标之间尚存的距离等情况变得清晰明朗，也更使培训项目在执行过程中能够不断据此作出适时适当的战略、策略调整或方式、方法的改进。

所谓反馈性特点，即 CIPP 模型明确提出了成果评估既可以在培训以后进行，也可以在培训之中进行。也就是说，CIPP 模型不仅希望培训以后进行成果评估，使其反馈意义更多地作用于后续的培训项目，同样还希望在培训之中进行成果评估，使其反馈意义更多地作用于正在实施着的培训活动。实践表明，培训执行中的成果评估一方面将再次为改善和促进培训进程提供更多有益的依据和动力，另一方面将有助于充分挖掘学员的学习潜能和强化学员的学习动机。

整体培训评估模型从培训投入到培训产出的整个过程角度关注评估培训效果，使得评估结果上能体现出既知其然，又知其所以然，这无疑对培训前期准备、过程调整和今后培训工作改进都有帮助。虽然整体评估模型主要应用在企业培训领域，其中一些评价内容，如利润、生产率、服务质量等不适宜教师培训项目的评估，但是，他们提出的培训评估的基本概念和若干内容维度，如需求评估、方案评估、实施评估、资源评估、效果评估等，对教师培训项目的承训机构资质、质量监测和周期性绩效评估都有重要启发，非常值得方兴未艾的教师培训项目评估工作来借鉴。

二、层级评估模型

柯克帕特里克（Kirkpatirck）于 1967 年提出培训效果四层级评估模型，简称"柯氏评估模型"，属于培训评估领域最有影响的理论，其培训评估内容限定在四个层级的产出，即"学员反应""学习成果""行为改变"和"业务结果"，每个评估层级都侧重不同的评估内容（见表 5-3）。在这四个级别的评估中，每个级别都是极为重要的，都会对下一级别具有一定影响。当我们从一个级别进入另一个级别时，评估程序会变得相对复杂一些，所需的时间也相对多些，但与此同时，我们可以从中得到更为重要的信息[①]。

表 5-3　柯氏评估模型

评估顺序	评估层级	评估重点内容
1	学员反应	学员满意度、意见、建议
2	学习成果	学员在知识扩充、技能提升、态度转变等方面的可视化、可测性的学习结果
3	行为改变	工作行为改进的表现，与培训的相关性
4	业务结果	学员的工作业绩、组织效率和绩效变化

（一）学员反应

"学员反应"简称"反应"，是指学员对培训项目的主观感受，如对培训材料、培训师、培训方式、培训设备和培训场所等的看法和满意度。多数培训师和培训管理者对学员反应评估时会借助反应评估表作出判断。我们应用反应评估表时可以关注以下原则。

◆ 确定自己需要了解的事项。

◆ 设计一份能够量化学员反应的表格。

◆ 鼓励学员提交书面的意见和建议。

◆ 即时得到学员 100% 的意见反馈。

◆ 得到学员真诚的回答。

◆ 确定大家认可的评估标准。

◆ 根据标准衡量培训反应，并采取相应措施。

◆ 对培训反应进行恰当的沟通。

做好学员反应评估之所以重要，是因为上级领导和高层管理人员可能会根据他们听到的关于培训项目的只言片语作出决策。因此，拿出实实在在的数据，说明学员对培训有良好反应，确实非常必要。同时，由于参训学员的兴趣、侧重点和动机与其学习过程有着密

---

① 唐纳德·L·柯克帕特里克，詹姆斯·L·柯克帕特里克：《如何做好培训评估：柯氏四级评估法》，北京，电子工业出版社，2015。

切关系，作出反应评估无论是对其他几级的培训效果分析还是对持续赢得"顾客"积极支持，都有重要意义。

（二）学习结果

"学习结果"简称"学习"，是测量学员对培训所涉及的原理、事实、技能、技术的掌握程度和态度转变情况。学习结果评估要回应和确定三个基本问题：学员学到了哪些知识？学员掌握或提升了哪些技能？学员在哪些态度上发生了转变？相对于培训反应的评估来说，学习结果评估要更加复杂一些，需要投入更多的时间。下面列出的学习结果评估指导原则可供参考。

◆ 如果可能，借助对照组进行分析。

◆ 在培训项目前后对学员的知识、技能或态度进行评估。

◆ 通过笔试对学员学习的知识和技能做出测试。

◆ 通过学员作品分析和工作绩效测评衡量学员学习的技能。

◆ 尽可能让学员全部参加测试，以获得足够数量的分析样本。

◆ 培训师要做好反思和自评。

学习结果评估介于一级反应评估与三级行为评估之间。虽然学员反应积极或满意度高为学习结果创造了有利条件，但是并不是所有反应良好的培训项目都能产生相应的良好学习结果。比如，有的项目可能哗众取宠地"讨好"学员，使其满意，但是实际上学员根本没有达到预期的学习结果。因此，学习结果评估是在一级评估基础上进一步"问效"。另一方面，学习结果评估是三级行为评估的效果"溯源"。有时，学员培训后不能在行为方面发生转变，可能是由于知识、技能或态度差距阻碍了行为转变，也可能是工作环境和条件差距导致的。不经过学习结果这一环节的评估，学员行为转变与培训项目中知识、技能或态度等学习成果的关系就难以衡量和判断。

（三）行为改变

"行为改变"简称"行为"，是测量学员所学知识、技能和态度转化为工作行为的程度。学员参加完培训离开培训教室后，当他们回到工作岗位时，结果会怎样呢？他们是否运用了所学的知识和技能？有多少应用到具体的工作中？是否愿意学以致用？是否有机会用？对于这些问题的回答，要比前两个层级的评估面临的挑战更为复杂与艰巨。学员培训后的行为改变与获得的两类培训回报紧密相关。一种是培训内在回报，是指学员培训后根据培训课程内容或学习结果采取新的行为时，内心体验到满意、自豪、自我实现和幸福的感觉；另一种是外部回报，是指学员在自身行为发生改变后，随之而来的肯定和赞扬、更大的自由度、更多的授权、更多的奖金以及其他形式的外部认可。

与第一、第二级评估相比，行为改变评估不能够在培训后立即进行，需要评估人员付出更多的时间和努力。以下七个关于行为改变评估的指导原则可供参考。

◆ 如果可能，借助对照组进行分析。

◆ 留出充足时间，促使行为改变。

◆ 如果可能，在培训项目前后都要进行评估。

◆ 对下列一类或多类人员进行调查或访谈：参训学员及其直接主管和下属，经常观察参训人员行为的其他人员。

◆ 对所有参训人员进行评估或选择部分人员作为调查样本进行评估。

◆ 在适当的时间范围内进行多次评估。

◆ 比较评估成本和成本收益。

做好行为改变评估并非一件容易的事情。除了遵循以上原则外，进行评估时需要对以下问题作出决策和判断：确定应该与哪些人取得联系？何时进行评估？多长时间评估一次？是否需要借助面谈或调查问卷方式？是否需要借助对照组？这些问题叠加起来，让多数培训人员望而生畏，甚至根本不想进行第三级评估。

但是，毕竟培训就是改变人的行为的教育活动，行为改变评估有助于我们认清培训中所学到的知识、技能和态度是否能够转化或者能够多大程度地转化到实际工作中。否则，我们就不能确定培训项目对学员工作中行为改进究竟有何关系，培训的实效性得不到进一步验证。越是复杂的问题越需要以研究的态度和方法去解决。开展行为改变评估与其说是一项复杂的评估工作，不如说是一个针对培训项目效果的行动研究活动。如果我们长期从事培训工作，或者一个培训项目在今后还要举办多次，那么，将行为改变评估与培训研究结合起来会引导我们步入培训专业化轨道，并能逐渐揭开培训实效性的神秘面纱。

（四）业务结果

"业务结果"简称"结果"，是评估培训带来的组织绩效。对于企业来说，组织绩效目标通常指向节约了多少成本，减少了多少事故，提高了多大效率，增加了多少利润，获得了哪些回报等。教师培训项目绩效目标大多设定在课堂教学质量、学校管理改进、教师发展和学生发展表现等方面。（见表5-4）

表 5-4 教师培训项目业务结果评估指标举例

课堂教学质量	学校管理改进	教师发展	学生发展
（1）省级优质课增长数量 （2）市级优质课增长数量 （3）县级课堂优秀率 （4）县级课堂合格率 ……	（1）减少家长投诉量 （2）降低教师离职率 （3）提高教职工的工作积极性 ……	（1）骨干教师晋升数量 （2）新教师基本功大赛优秀率、合格率 （3）优秀班主任队伍增长量 ……	（1）学生违纪行为下降率 （2）学生学业成绩增值率 （3）学生发展关键指标达成度 ……

结果评估需要测量这些绩效指标与培训项目的相关程度，比较培训取得的结果与培训项目经费的成本，以及找到充足证据证明培训项目所取得的结果。有关资料显示，结果评估在培训评估中被使用得最少，除了有些项目不适于结果评估外，主要的原因在于其可行性较差。结果评估的困难在于影响组织绩效的变量复杂而多变，其信息收集也相对困难，评估方案设计和资料分析在技术上有较高要求。下面是关于结果评估的指导原则。

◆ 如果可能，借助对照组进行分析，并考虑到"多因一果"的实际现状。

◆ 留出充足时间，促成培训业务结果的实现，并对影响结果的相关因素进行分析。

◆ 如果可能，在培训项目前后都要进行评估。

◆ 在合理的时间范围内进行多次评估。

◆ 比较评估成本和评估收益。

◆ 为培训结果提供"优势证据"和实实在在的事例。

如果培训项目旨在实现一些有形的结果，而不是传授一些管理概念、理论和原则，那么最好能够从培训结果方面对培训进行评估。一般来说，比较容易进行结果评估的培训项目是新教师的岗位入职培训、骨干教师能力提升的专题类培训、学校改进的管理类培训和校本培训。这些项目比较容易设计出结果评估的具体指标。

柯克帕特里克认为，四个层级之间既有明确的区别，又有内在的联系，主要体现以下几个特征[1]。

---

[1] 许丽娟：《员工培训与发展》，上海，华东理工大学出版社，2008。

第一，评估顺序依次为"反应""学习""行为"和"结果"。一般来说，不了解学员"学习成果"和"工作行为"的改善，是很难进行"结果"层面的评估的。

第二，各层次评估表现为前者是后者的基础。一个各方面都让学员感到不满意的培训项目，不可能带来理想的学习收获和行为改善。

第三，评估难度逐渐加大。较后的评估建立在较前的评估基础之上，需要在原有的信息基础上收集进一步的信息和资料，数据越来越多，变量间关系越来越复杂，评估结果的可靠性越来越难以把握。

第四，评估的普遍性是递减的。"反应"评估使用得最为广泛，而"结果"评估由于可行性问题，在实践中就很少使用了。

第五，评估的价值是递增的。如果说评估"学员反应""学习结果""行为改变"是手段的话，那么，"业务结果"层面的评估是培训评估的终极目的。

"柯氏评估模型"启发我们如何对教师培训效果进行分层评估。

第一，在"学员反应"方面，通过考勤方式，可以记录学员的出勤状况，作为培训评价的基点；利用课堂观察，把握学员的学习状态和学习心理，评价学员的外在表现；开展问卷调查与访谈活动，测评学员满意度，收集学员对于培训的意见与建议，深入了解学员对培训的态度与反应。

第二，在"学习结果"方面，通过纸笔测试来了解学员知识掌握情况；还可以通过分析学员培训后提交的培训结业作品，进一步评估学员的知识应用能力。

第三，在"行为转变"方面，教师培训经常组织的课堂观摩、课例研修、同课异构等实践研修活动，既是一种有效的学习研修方式，也是问效于学员行动或行为之中的评估方法。学习结果能否迁移到工作行为中以及迁移程度大小，是对培训效果评估的重要层面。

第四，在"业务结果"方面，通过360度访谈、学校组织发展因素分析、重要事件分析等方式，以评估教师培训对学校组织发展、学生发展、教师团队建设等方面的影响力，从而在深层次上评估教师培训的有效性。

三、结果评估模型

柯氏评估理论尽管在培训界产生很大影响，但是，它也受到人们的一些质疑，主要体现在以下三个方面：第一，研究并没有发现框架中每一个层次成果都是由前一个层次成果所引起的，也没有证据表明各个层级的重要性是不同的。第二，这个模型没有考虑培训效果评估的目的。培训评估所用的成果必须与培训需求、项目学习目标和培训战略出发点相联系。第三，运用这种方法意味着成果必须以一种有序的方式来收集，也就是说，必须先对"反应"衡量才能接着对"学习""行为"和"结果"衡量。事实上，学习成果和学习反应的收集大致在同一时间段进行。

由于这些质疑的存在，无论培训实践人员还是理论研究人员都认为他们需要一个更全面的培训标准模型，诺伊（Noe）的关于培训成果评估模型即是一项新的探索。

诺伊 1999 年提出五类培训成果，即认知成果、技能成果、情感成果、绩效成果及投资回报率。他认为培训评估模型是建立在对五类培训成果的衡量基础上的（见表5–5）[1]。

表 5–5　评估培训项目使用的成果

成果	举例	测量方式	测量内容
认知成果	●安全规则 ●电子学原理 ●评估面谈的步骤	●笔试 ●工作样本测试	●获取的知识
技能成果	●使用拼图 ●倾听技能 ●指导技能	●观察 ●工作样本测试 ●等级评定	●行为方式 ●技能
情感成果	●对培训的满意度 ●对其他文化的信仰	●访谈 ●焦点小组 ●态度调查	●动机 ●对培训项目反应 ●态度
绩效成果	●缺勤率 ●事故发生率 ●专利	●观察 ●从信息系统或绩效记录中收集数据	●公司收益
投资回报率	●收益值	●确认并比较项目的成本和收益	●培训的经济价值

---

[1]　雷蒙德·A·诺伊：《雇员培训与开发》（徐芳译），北京，中国人民大学出版社，2001。

认知成果用来衡量学员对培训项目中强调的原理、事实、技术、程序或流程的熟悉程度，包括柯氏评估模型的第二层次"学习"的标准——衡量的是学员从项目中学到了什么。一般情况下，使用笔试来评价认知成果。例如，在"以学生为本的教学设计与行动"为主题的教师培训中[①]，培训师可以用一份试卷来监测学员们关于"义务教育课程应遵循的五项原则""以学生为本的教师专业理念内涵""以学生为本教学设计模板的主要元素"等培训中要求掌握的知识点。

技能成果用于评价技术性或运动性技能和行为的水平，包括技能的获得与学习及技能在工作中的应用两个方面，与柯氏评估模型的第二层次"学习"和第三层次"行为"有关。技能成果主要通过观察法来判断。例如，培训师通常采用面批审阅方式来检核学员关于"以学生为本的教学方案设计技能"的掌握程度；再如，通过课堂观摩形式来评估学员应用培训后所设计新方案的"教学活动工具"[②]的设计与应用技能。

情感成果包括态度和动机，是学员对培训项目的反应或感性认识，包括对培训内容、培训方式、培训环境、培训师等方面的满意度。这些感觉可能从一开始参加培训就会产生，持续存在很久，甚至项目结束后很长一段时间都不会消失。因此，情感成果可能体现在柯氏评估模型的每个层次结果中。人们一般通过问卷调查、访谈的方式评价学员对培训项目若干方面的满意度。例如，学员对"教学活动工具"的学习兴趣、行动愿望、价值认定等。在教师培训实践中，学员的满意度通常不与学习和培训成果转化完全成正比，甚至两者关系不大，也就是大家通常说所的现象——"培训前激动，培训中感动，培训后不动"。之所以出现这种现象，并不是说情感成果在培训中没有价值，而是表明培训评估要关注和评估培训后的行为转化条件及其成果。

绩效成果对于企业来说就是培训所带来的收益情况，包括雇员的流动率和事故率的下降引起的成本降低、产量的提高、产品质量提高和服务水平提高等。对于教师培训来说，绩效成果主要体现在教学方法改进、学生学习质量提高、学术研究氛围加强、学校学习型组织获得新的发展等。然而，由于学校教育工作的成效具有滞后性、间接性、隐藏性和复杂性的特征，所以，教师培训绩效成果不易在培训结束后很快地被全面测量出来。如何有效评估教师培训的绩效成果，是今天教师培训面临的一个重要课题。

---

① "以学生为本的教学设计与行动"培训项目是北京教育学院余新教授针对中小学教师和校长开发的院校协同式校本研修项目，相关培训内容和研修成果参考：余新，李宝荣，《以学生为本的教学设计（初中卷）》；余新，李春艳，《以学生为本的教学设计（高中卷）》。
② 王文利，余新：《少讲多学，让课堂动起来——以学生为本的30个小学教学活动工具》，北京，化学工业出版社，2023。

投资回报率是指培训的货币收益与培训成本的比较,这对企业经营来说非常重要。然而,教师培训是属于非营利性公共事业,一般不考虑投资回报率问题,从评估角度来说更多关注的是培训经费投入后的活动行为和活动结果产出,以及培训对学校组织发展、教育发展和社会发展的影响力等因素。

成果评估模型为我们建立基于培训目标的教师培训项目评估带来启发。如果我们从认知、技能、情感、绩效等维度来确定教师培训目标,那么,我们需要在培训结果或培训方面关注这些维度的目标达成情况,体现出培训目标与培训效果的前后内在逻辑关系。

四、教师培训效果评估模型

以上企业培训评估模型为构建教师培训效果评估模型提供了三种不同维度的参考和启发。但是,我们特别需要关注教师培训效果的特殊性。教师培训不同于物质生产,也不同于企业中基于技能形成的培训,它的培训效果特殊性主要体现在以下五个方面。

第一,教师培训效果呈现阶段性波动特征。由于教师培训周期长短不一和培训项目类型多样,其培训效果在培训初、培训中和培训后的不同阶段呈现波动性特征,在四个层次的培训效果上都可能产生"增值线"和"衰减线"。最有效的培训是能逐层生成培训效果,特别是将培训迁移到学员工作实践中的效果,而不是仅仅停留在课堂学习状态上,更不是只关注培训师的输出。最理想的培训结果应该是培训师的一份输出能唤起和催生学员的两份参与、三份生成、五份行动和无限持续的变化与发展,如图5-1中的培训效果四条连续增值线所示。最糟糕的培训结果是出现相反情况:培训师的过多无效输出导致学员缺少参与和练习机会,学习反应差,体验满意度低,学习成果生成困难,容易出现后面图5-3中的效果衰减线1;由于组织环境和工作氛围等因素,培训成果迁移缺乏执行条件,学习成果对学员工作行为和工作结果很难产生明显作用,如后面图5-3中的培训效果衰减线2~4所示。

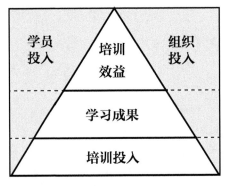

图5-1　影响培训效果的培训内、外投入

第二，教师培训效果具有长期滞后性。知识和观念的内化不是一蹴而就的，而是在学习和工作的过程中反复消化的，其外化更是在工作中逐渐实现的。教师培训对学员产生的专业发展影响力可能会持续很久，甚至终身。这就决定了在培训的周期内，无论是过程性评估还是终结性评估都很难把教师培训效果完整体现出来，我们不仅要关注培训中和培训后的效果，而且应该关注培训较长一段时间后培训对教师专业发展和学校组织效益增长产生的影响力，特别是对于周期性的重大培训项目来说，非常有必要在四个一级维度基础上增加一个一级维度，即培训影响力。

第三，教师培训效果在内容上具有多样复杂性。教师培训的效果体现为教师情感、态度、价值观、知识、技能、能力等许多方面的变化与发展。知识、技能、能力能够在一定程度上开展量化测量和评估，而情感、态度、价值观等非智力的因素则很难量化评估。这就决定了对教师培训效果的评估需要把定量分析和定性分析结合起来，特别要关注可视化培训成果测评，借助和开发科学的评价标准和工具，运用询证的方法为培训效果评估提供更科学有力的证据支持。培训效果评估过程是对效果"溯源"的过程，要带着研究的思维与方法评估培训效果，评估才能发现培训的更多价值。避免仅仅带着行政管理和项目验收目的与需要所引起的培训效果评估流于表面、形式主义、资源浪费等问题。

第四，教师培训效果在表现形式上具有多方主体性。教师因得到有效培训而发生教育教学行为方式的变化与发展，其行为对多重对象产生积极影响，主要包括学生、同事、校长、家长，乃至培训师。同时受其积极影响的还包括他的教研室、年级组和学校等不同层级的组织机构。因此，对教师培训效果的评估可以参考 360 度评价法，通过对教师培训对象相关利益方进行深度访谈和追踪研究，发现培训的边际效果。

第五，教师培训效果受多重因素影响。指向教师专业发展的培训效果的影响变量应该在考虑培训内部投入同时也要关注到学员个体投入和学员所在组织投入两大外部要素，特别是在学习成果和培训效益的获得上，这两个外部要素日趋重要。从培训外部因素来看，培训投入对教师个体的学习成果和学校组织发展效益固然重要，但是专业发展的成功需要系统的方法，需要个人因素与组织因素的协同作用[1]。"除非同时强调个人学习和组织变化以及强调他们互相支持，否则一方取得的成绩会被另一方不断出现的问题所掩盖"[2]。在

---

[1] 陈霞，教师专业发展效果评价模型评析——以 Guskey 教师专业发展评价模型为例，大连教育学院学报，2010（1）。

[2] 托马斯·R·古斯基：《教师专业发展评价》（方乐，张英等译），北京：中国轻工业出版社，2005。

此假设下进一步甄别哪些学习成果和组织效益是这项培训投入的直接结果，哪些是间接结果，哪些与这项培训的投入之间不存在明显相关。参见图5-1。

从培训项目内部要素来看，在培训评估中一方面要考虑到"多因一果"中培训各内部要素的价值贡献，立体地评估效果的"源"和"流"，既要评价"其然"又要评价其"所以然"，避免简单地评估效果的"点"。这里借鉴微笑曲线[①]，其绘制了教师培训项目的价值产生核心要素及其流程特征。"培训价值微笑曲线"表示缺少前期研发和后期成果转化应用及其评估，教师培训专业价值将受到极大限制。相反，做好前期研发与后期成果评估将为培训带来很高的附加值。培训效果评估是对教师培训价值产生过程的诊断、识别和研究发现。见图5-2。

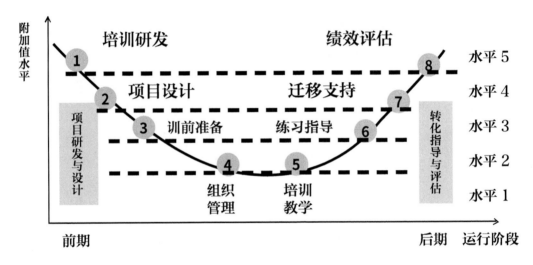

图5-2　培训价值产生的微笑曲线

基于以上五点认识，这里以培训阶段与培训效果层次为纵横维度构建教师培训效果评估的"三五矩阵模型"。纵向维度是指培训前测期、培训进行期、培训结束后的三个不同阶段，横向维度包括学员反应、学习成果、行为改变、业务结果和培训影响力等五个培训效果层次。对于培训周期长短和培训目标定位不同的项目，其每个阶段所评估内容各有侧重，比如，多数短期集中培训项目侧重于评估培训进行期间的"学员反应"和"学习成果"；中长期培训项目则需要评估培训后的"行为改变"和"业务结果"层面效果；大型长期培训项目需要关注其"培训影响力"层面效果。培训后三个层级效果评估要复杂得多，一方面需要提前测评培训前的学员学习基点作为培训后参照对比，另一方面要充分考虑"研究"的因素，

---

① 微笑曲线是企业界分析产业价值链增长特征的可视化表述，其强调价值最丰厚的区域集中在价值链的两端：前期核心技术研发和后期市场服务。

在评估中充分考虑到影响培训效果的主要因素及增值和减损方法，根据询证方法关注到培训后追踪指导和实践转化中培训效果的表现及证据分析与研究，全程评估培训效果。如图5-3所示。

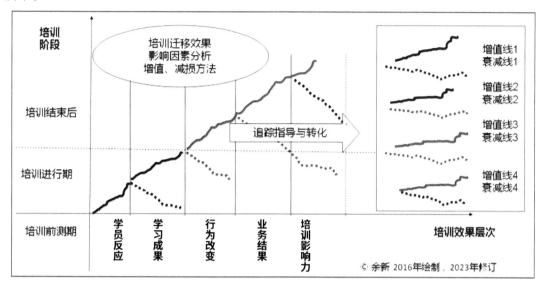

图 5-3　教师培训效果三五矩阵评估模型

第三节　教师培训效果评估标准

近几年，我国教育培训界对中小学干部教师培训效果评估体系的研究兴趣日渐增长，研究内容大多借鉴国内外企业培训评估理论和学习理论，对特定培训项目评估开展有价值的研究①②③，研究方法主要为文献分析、案例研究、问卷调查和专家访谈，关于评价效果指标体系的维度见仁见智。可贵的是这些把"培训评估"作为一项培训专业化工作进行探索，超越了过去评估只是培训行政管理部门组织的简单"打分"行为。教育界对培训评估研究远远不及企业培训效果评估研究的广度和深度，亟待更多教师培训专业者基于教师学习特征和教师培训项目的差异性特征，建构培训效果评估评价标准，并将此标准应用到培训项目评估实践中加以验证和完善。

这里基于前文阐述的"教师培训效果三五矩阵评估模型"，在文献研究分析和培训项目试验基础上尝试构建教师培训效果三级评估指标体系，参见表5-6。

该指标体系从训前、中、后三个阶段设计了6个一级评估指标、16个二级评估指标和40个三级评估指标。一级评估指标指向培训效果的层级，体现出从培训准备到培训实施过程，

---

① 王冬凌：《建构教师培训效果评估模式：内涵与策略》，载《大连教育学院学报》，2011（4）。
② 武丽志，吴甜甜：《教师远程培训效果评估指标体系构建——基于德尔菲法的研究》，载《开放教育研究》，2014（5）。
③ 殷蕾，许放：《高职教师培训实效评估指标体系构建研究》，载《中国高教研究》，2018（10）。

再到培训后不同时段不同程度的培训效果。二级评估指标是一级指标的细化，界定了一级指标的具体内容要点，进一步明确培训效果的评估范围和重点。三级评估指标指向培训结果表现领域，判定40个"核心成果"，评估出培训效果中的"结果表现情况"及其程度或质量。

表 5-6　教师培训效果的评估指标体系

一级指标 （层级）	二级指标 （内容要点）	三级指标 （结果表现领域）	数据收集方法	评估实施阶段
前测	1. 基础数据	1. 学习动机；2. 学习能力；3. 学习准备	作品分析、访谈、问卷等	训前
	2. 对比作业	4. 工作作品（与培训目标和预期成果相关）		
学员反应	3. 出勤率	5. 旷课；6. 迟到；7. 早退	问卷调查、现场考察、访谈等	训中
	4. 参与度	8. 活跃程度；9. 班级贡献；10. 作业完成		
	5. 满意度	11. 整体满意度；12. 分项满意度		
学习结果	6. 概念性知识	13. 概念识别与回忆；14. 态度反应	测试、访谈、问卷调查、作品分析等	
	7. 程序性知识	15. 新旧知识经验关联；16. 口头呈现表达		
	8. 策略性知识	17. 学习成果；18. 迁移计划		
行为改变	9. 短期效仿	19. 活动频次；20. 受众反应；21. 反思结果	问卷调查、现场考察、360度访谈、成果分析、案例追踪与研究等	训后
	10. 实施	22. 使用范围；23. 经验措施；24. 可视化成果		
	11. 创造	25. 理念生成；26. 行动计划；27. 新成果		
业务结果	12. 工作效果	28. 岗位成果；29. 同伴帮助；30. 组织贡献	360度访谈、成果分析、案例追踪与研究、问卷、答辩、专家调研座谈等	
	13. 相关度分析	31. 培训要素与绩效相关度		
培训影响力	14. 个体发展影响	32. 教学能力；33. 科研能力；34. 组织管理		
	15. 学校发展影响	35. 学生发展；36. 团队建设；37. 其他贡献		
	16. 教育行业影响	38. 媒体报导；39. 公开出版物；40. 其他影响		

该评估指标体系侧重培训评估实施的三个不同阶段及其关键指标构建，体现出培训效果评估的全过程、多主体、关键行为、核心内容、可视化结果等特征，说明如下。

说明1：本着培训效果是多因素共同影响下价值产出理念，三级指标体系下的评估对象包括培训团队、讲师、学员、承训组织、学员派送组织等多方对象，对于具体的二级评估指标而言，评估对象有差异性和选择性。

说明2：对于具体三级培训指标而言，存在着多种可选择的评估方法，其中包括问卷、访谈、成果分析、案例追踪与研究、答辩、专家调研座谈等，但不局限于这些方法。选择何种评估方法与评估目的和评估设计直接相关。为了培训评估方法具有可操作性，评估机构和团队可开发具体的培训评估工具，这里不再列出。

说明3：就评估效果的"颗粒"而言，评价单元可大可小，可多可少，这些取决于培训方的需要。例如，评估主题可评估承训单位的培训工作整体效果、具体培训项目效果、具体培训课程效果、具体培训活动效果。

说明4：评估对象可为学员或讲师个体，也可为承训机构、派送机构和培训团队，他们对培训效果都可能作出贡献，即都可能作为培训效果的评估对象。

说明5：评估项目类型可为短期项目也可为中期或长期项目，比如短期项目在训后评估分量可适当减少。

说明6：评估目标任务可根据评估资源条件在五个一级指标中有所取舍，比如在评估资源不足的条件下不妨重点评估"训中"的"学员反应"和"学习结果"，而对于评估资源条件充裕的情况下不妨把评估重心后移，增加对"训后"的相关效果评估，不一定面面俱到。

说明7：在评估时机上，培训前可开展培训效果预判性评估，为培训申报、学员招收、组织实施、迁移设计等做好准备；培训一开始开展前测性评估，为后期培训效果的前后测准备；培训过程中开展阶段性效果评估，为调整培训和改进效果提供参考；培训结束时、培训结束后一段时间和培训结束后较长时间都可开展培训效果评估，只是每个阶段评估的目标任务有所区别。

说明8：该指标体系在研究中经过多次讨论、修改、完善，但是仍然需要不断通过实证检验以补充完善。特别是需要选择不同类型的培训项目不断寻找体现各项目效果的"关键指标"。

第四节　教师培训效果评估流程、方法、工具及应用案例

一、培训效果的评估流程

（一）界定评估目的

在培训评估实施前，培训师必须界定好评估目的。这不仅影响到数据收集方法和所要

收集数据的类型，而且有利于统一培训效果评估相关利益方的意见，使得评估有个良好开端。教师培训效果评估的目的包括：

◆评估培训项目的可行性，即对培训项目是否实施的决策提供参考的评估，涉及培训方案中培训目标与组织需求的一致程度、培训内容适合学习者需求程度、各种成本结构和资源分配情况等内容，主要以评估培训方案的合理性为主要评估目的。

◆评估培训项目的针对性，即对正在进行的项目进行修正的评估，涉及培训实施中学员的培训课程实施进度、学员学习状态与反馈、项目管理与服务质量等内容，主要以监测实施质量和改进培训活动为目的。

◆评估培训项目的有效性，即对完成项目效果的评估，涉及学员的学习成果及其在工作中转化情况、培训对学员所在组织的影响等内容，这是最常见的评估目的。

（二）明确评估标准

评估标准是进行培训评估的依据。一般的评估标准制定要经过以下几个阶段。

◆目标分解。制定评估标准前要对评价的事项进行恰当的分解，要求分解出的事项内涵明确，外延清晰，便于操作。

◆拟定具体标准。对评价事项进行具体分解后，对各子项广泛调研，收集和明确评价要素，然后进行比较分析，筛选合理要素，应用通俗易懂和量化的可操作标准。

◆标准讨论。评估标准制定后，不应急于实施，而要组织相关人员进行讨论、审议，充分听取大家的意见与建议，尽量让使用者理解和接受标准的内容。

◆试验调整。为稳妥起见，可先在小范围内试行，根据出现的问题，对标准进行修正和完善。

（三）设计评估方案

评估方案是围绕评估目标制定的评估工作的详细计划。一般从回答以下几个问题着手，即为什么要评估、评估什么、谁来评估、哪里评估、何时评估、如何评估等问题。在制定评估方案时最好由培训项目的实施人员、培训管理人员、培训评估人员和应用人员共同研制，如有可能最好邀请外部专业评估顾问参与指导，以确保培训评估方案的科学性和可操作性。

评估方案内容设计要服务于评估目的。如果为了获知培训绩效，证明学习者通过该培训项目在知识、技能、态度、能力、行为等方面的变化、改善或提高，那么，可以应用行为分析方法，通过前测、后测、设立参照组等方式，设计培训评估方案（见表5-7）。

表 5-7　培训效果评估方案设计类型

	方案设计类型	评估对象	培训前是否评估	培训后是否评估
1	仅有后测，无对照组	受训组	否	是
2	既有前测，又有后测	受训组	是	是
3	有对照组的后测	受训组 对照组	否	是
4	有对照组的前后测	受训组 对照组	是	是
5	所罗门四小组设计	受训组 A	是	是
		对照组 A	是	是
		受训组 B	否	是
		对照组 B	否	是
6	时间序列设计	受训组	是	是，多次

1. 仅有后测，无对照组的设计

这种评估只收集培训后的学员成果，即仅在受训者参加培训后对其进行测量。它可以了解学员的学习成果，但由于不知道培训前学员的学业水平如何，很难判断出学员的学习成果多大程度上是这次培训的效果。

2. 既有前测，又有后测的设计

这种设计是通过前测与后测的对比分析，发现培训前后变化程度来说明培训的效果。前后测的方式可以为作品分析、问题访谈面试、工作观察、水平考试等多种形式。这种评估不足之处在于很难排除培训外其他因素对学员变化的影响。

3. 有对照组的后测设计

这种设计仅在后测设计基础上增加对照组，目的在于通过比较来恒定一些培训外的干扰因素，但与第一种设计存在同样问题，对学员以往水平没有测定，很难评估到真正的学习效果。

4. 有对照组的前后测设计

这种设计采用对照组和受训组进行比较，并且对这两个组都进行培训前和培训后的测量，这样可以排除一些其他因素对变化的影响，更加明确地看出培训的效果。

5. 所罗门四小组设计

这种设计综合运用前三种设计，分别对一个受训组和一个对照组进行培训前后的成果对比分析，然后再对另一个受训组和一个对照组只进行培训后测定，由此可以把干扰培训效果的其他因素的影响减小到最低程度。

6. 时间序列设计

时间序列设计是指在培训前后每隔一段时间就检测一次培训成果。它的假设前提是如果受训者在培训后持续地表现出某种变化，则认为这种变化就是培训引起的。

以上六种培训效果评估设计都存在一定局限，一般根据需要来选择培训评估的设计方案。培训师需要充分考虑到培训项目的培训目标、学员规模、评估人员专业技术状况、评估费用、评估时间等因素，根据评估目的和条件选择评估方案。以下情况通常需要或可以考虑采纳正式的、规范的、高成本的评估。

◆需要利用评估结果进一步改进培训项目。

◆需要利用评估结果比较不同的培训项目。

◆需要证实培训的实效性。

◆培训项目规模较大、投入较大、需要延续开展、进行必要的研究。

◆评估有足够的技术、时间和资金的保证。

（四）准备评估信息资料

培训评估要依据一定的资料信息，既包括需求分析报告、培训项目申报书和实施方案、在项目实施过程中经费使用的支撑材料、学员对培训课程满意度、学员培训成果等培训历史资料，又包括评估期间收集的现场信息。这些资料信息根据不同的评估目的、评估标准和具体内容要求，可以采用不同的信息收集方法，这里归纳为资料收集、观察收集、访谈收集、问卷调查收集四种（见表5-8）。

表5-8　教师培训评估的信息收集方法举例

方法	内容	渠道
资料收集	上级部门立项批示 培训机构相关管理文件 培训需求分析报告 培训项目申报书和实施方案 在项目实施过程中经费使用的支撑材料（会议记录、现场记录、录像资料、照片等） 学员对培训课程满意度 学员培训后提交的培训成果 ……	培训管理机构、项目管理团队
观察收集	培训组织中准备工作观察 培训实施现场观察 学员出勤情况观察 学员培训现场反应情况观察 培训后一段时间学员变化的观察 学员将培训成果应用在工作中的观察 ……	培训管理部门、培训评估组
访谈收集	访谈学员 访谈培训讲师 访谈培训管理者 访谈学员单位的校长、其他同事和学生 ……	培训管理部门、培训评估组
问卷调查收集	培训需求调查 培训组织调查 培训内容和形式调查 培训教师水平与能力调查 培训效果综合调查 ……	培训项目组、培训管理部门、培训评估组

信息收集完毕后，需要对照培训评估要求对信息资料整理分析以及对分析结果进行解释。特别需要关注到这些信息资料对培训效果评估质量的以下影响：相关度、信度、效度和可行性。

1. 相关度。相关度是指培训评估收集的信息资料所反映的培训成果与培训项目所强调的培训预期目标或成果之间的相关程度。培训成果是学员学习或培训效果的有效衡量尺度，因此，我们需要根据培训实施方案设定的培训目标和学员学习目标来收集相关资料和信息。例如，我们的培训目标设定的是"帮助学员掌握以学生为本的教学方案设计技能"，我们如果要为培训评估收集学员培训后学习成果的资料，那么，该资料就要符合本次培训与学习目标的要求，体现"以学生为本"和"教学方案设计"的内容。如果这里提交的不是"以学生为本的教学方案设计"或与本项目的培训目标和学习目标不紧密相关的学员论文，那么，信息资料就与培训成果评估缺少相关度。

2. 信度。信度指用于收集评估资料和信息的衡量工具的准确性和精确性，即在不同时间点重复衡量相同的事物和个人，两次或多次的评估结果的相同程度。例如，如果对同一项目的全体学员运用同一项目满意度评价工具在两次不同时间和场合进行相同的满意度调查统计，满意度评价结果却大相径庭，说明这种评估方式缺乏信度。

3. 效度。效度是指评估手段能否将所要评估的对象的属性和特征反映出来以及反映的准确程度。例如，如果学员培训后对"以学生为本的教学方案设计"方面的知识理解、工作技能和工作态度都有了很大提高和改善，但收集的资料信息不能反映出来，或反映的指数与实际变化差距很大，这样就会影响评估的效度。

4. 可行性。可行性是指收集评估资料信息的难易程度。一些教师培训项目绩效评估中没有包括学员培训后的工作行为和组织成效方面的培训成果，就是因为收集这些信息资料需要消耗太多时间、精力和财力。

（五）组织专家评估

培训项目一旦结束，就要执行评估方案，包括确定评估时机、告知评估对象、组织评估专家团队、决定评估方法等。

1. 确定评估时机。最好的评估时机既要考虑到便于项目的及时评估，又要考虑到评估对象的准备时间与条件。一般来说，在项目结束后一段时间因项目周期长短不同而选择不同评估时机。项目周期在一个月以内的短期集中培训项目，宜于项目结束后1~2周内开展；1年以上的长期项目宜于项目结束后1~2月内开展评估。如果一个项目既要进行内部评估，又要进行外部评估，那么，内部评估时间需要提前开展，以便于内部评估后反馈结果帮助项目组完善评估信息，更好地接受外部评估。

2. 告知评估对象。评估对象的积极参与和配合是做好评估工作的必要条件。项目评估管理部门需要提前告知评估对象，明确评估要求、配合准备事项、具体时间地点、评估当天活动流程等情况。评估对象在评估活动中通常承担着提供必要评估材料、简要汇报培训成效、接受评估专家问询等任务。

3. 组织评估专家团队。如本节前文所述，通常选择评估者时要考虑内、外部评估者各自的优势与劣势，取长补短、相互补充。此外，还需要考虑到评估专家团队的以下四个特征：

◆专业结构搭配相对合理，包括教师教育、学科教育、培训管理三个领域。

◆具有教师培训评估经验，理解教师培训评估目的、评估标准、评估方法。

◆比较了解培训评估项目，最好前期参加过该项目的申报方案和实施方案评审、质量监测、教学督导与咨询等活动。

◆能客观公正地评价每个项目。

4. 决定评估方法。教师培训效果评估方法一般包括培训档案材料审核分析、项目接受专家质询、实地现场审核等。在内部评估中，评估对象甚至可以参与评估专家的讨论活动，通过与评估专家的深入对话和交流，共同总结和反思培训效果，这样会有利于双方工作的开展与改进。

（六）撰写评估报告

培训评估报告是对整个评估过程的反映，也是向评估对象反馈评估结果的重要内容与形式。教师培训效果评估报告可以包括导言、评估实施过程与方法、评估结果、项目改进意见、评估结论、附录等内容要素。

1. 导言。导言要求简明扼要，内容不宜过长，一般包括被评估项目概况、评估目的与预期目标、评估类型、评估内容重点、预期评估结果等。

2. 评估实施过程与方法。该部分主要说明制定和实施评估方案的主要过程。它主要包括以下几点内容：

◆培训评估工作方案的依据。

◆评估工具的使用来源，自编还是统一编制。

◆数据收集和信息调查的内容及其范围。

◆调查测试方法，对问卷质量进行信度、效度、难度、区分度的评估说明，以表明本次测试结果的可靠性；简要说明评估者的情况。

3. 阐明评估结果。阐明评估结果是培训评估报告的主要部分，包括以下内容：

◆简要说明评估调查结果与期待目标之间关系，并将有关客观数据作为客观事实列出。例如，针对实施方案中若干培训目标，可以逐项指出结果达成程度，并注明评定依据。又如，针对培训经费使用合理性的期待目标，可以列出经费使用非常合理、比较合理、不合理的主要事项，并附上相关数据分析表。

◆定量分析与定性分析相结合，严格核实有关数据资料，注意图表的正确格式，采用统计分析技术，从数量变化中说明结论。例如，对培训项目的实效性评估结果，可以从学员学习效果的前后测对比分析结果和学员满意度测评结果中开展定量分析，同时把深入学员所在单位访谈反馈情况做质性分析，两者分析结合起来更有说服力。

◆以陈述事实为主，突出强调评估结果的客观性和准确性。

4.分析评估结果。这个部分是评估报告最关键的内容。报告撰写者既要解释评估得出的结果，又要回应导言中提出的问题。一份高质量的评估分析就是一项有价值的研究，一份好的评估报告，就是一项较好的科研成果。分析评估结果一般包括以下内容：

◆解释评估结果。针对上述评估结果，逐条解释其含义，以便评估委托方和被评估方都能理解这些结果的意义，并认识到其对改进培训项目的价值。

◆依据结果进行综合分析，多重比较，特别注意评估结果与预期目标不符或相差很大，甚至出现相反结果的情况，并尽可能找出导致这种差异的原因。

◆提出本次培训评估的意义及价值。通过讨论分析指出其应用价值，以作为评估委托方和上级决策层的决策依据。

◆客观地分析培训项目中存在的问题和局限，明确指出不足，并提出项目改进的建议、对策、方法等方面的参考意见。

5.评估结论。这是培训评估报告正文的最后一个部分。主要是概括全部评估的结果，使得报告阅读者对本项目评估的结果有一个简明而全面的认识。一般定性评估结论要求语言准确、客观、精练，切忌夸大事实和模糊不清。有的培训项目评估要求按评定等级给出明确结论。评定等级可以根据评估方案要求设定为"优秀""良好""合格"和"不合格"四个等级，也可以设定为"合格"和"不合格"两个等级，还有的项目评估方案设定了分值，并根据分值设定不同评定等级。

6.附录。这是评估报告的结尾，主要是将评估所使用的资料附在报告正文后以备查，包括"调查问卷""访谈提纲""参考文献""评估工具""补充说明"等。

（七）反馈评估结果

培训评估不是为了"通过验收"，也不是将评估结果提交给培训管理部门或领导决策机构就算完成了任务，而是要为培训计划的有效执行和今后的培训改进提供相关信息。因此，建立培训评估结果反馈机制非常重要。

1.评估结果反馈到所有利益相关方。在教师培训项目管理系统中，培训项目的所有利益相关方都兼任着评估方和被评估方的双重角色。学员有权评价培训师的课程与管理，由培训组织部门将满意度及时反馈给培训师，同时学员也要接受培训师和培训组织部门的评价，及时获得学习结果的评估信息；培训组织部门既是评估的参与者，也是被评估者，其培训管理情况也是评估的重要内容，需要得到评估结果反馈以进一步改进工作；学员所在单位将学员的工作表现和组织绩效反馈给培训机构，指出培训工作优点和不足，以帮助培训机构改进工作；培训政策决策者可以从学员、学员所在单位、培训机构那里获得培训效果的信息，也可以从评估报告中直接获得情况，作为今后决策的参考。因此，培训评估报告应该传递到学员、培训师、培训项目负责人、培训决策人手里。

2. 评估结果反馈贯穿培训全过程。培训前的需求评估结果反馈给项目具体实施者和培训讲师，便于把握学习者需求，以完善培训方案和为即将开展的培训活动做好充分准备；在项目中的评估反馈是把学员阶段性学习效果和对培训师的满意度告知培训管理者和培训师本人，有利于及时调整和改进培训安排，如调整培训内容、完善教学方法、更换培训师、加强培训管理和学员思想工作等；培训后的反馈更加重要，是为了帮助项目管理与实施的所有相关者改进今后的培训工作。

3. 评估结果反馈方式要畅通、及时、便捷、高效。培训机构要建立畅通的评估结果反馈渠道，以便相关人员及时发布和获得培训评估反馈的信息。同时，只有便捷和高效地寻找和提取评估反馈信息，培训评估的结果才能得到最充分的应用。目前，很多教师培训机构和管理部门都建立了教师培训远程管理平台，从技术上改进了培训评估结果反馈方式，但是，人们对教师培训评估及其结果反馈在意识上重视不够，这也是教师培训专业化道路上亟待解决的问题。

（八）改进今后培训工作

培训效果评估的终极目的是改进今后培训工作。从培训效果评估目的确定到评估结果反馈构成了一个完整的培训评估循环系统，每个循环系统按螺旋形式把培训质量向前推进。因此，持续开展评估，并将评估结果及时应用在下一个培训周期项目的改进中，这便是培训评估的真正意义和价值所在。

二、培训效果的评估方法

培训领域中有很多关于培训效果的评估方法，可以从评估方法的宏观和微观层面去理解。宏观层面的培训效果评估方法是指如何把培训效果评估出来的一系列做法，包括如何开展培训背景分析、评估目标界定、培训内容标准制定、评估方案制定和评估报告撰写等评估活动的一系列方法。从微观层面而言的评估方法主要是指评估数据收集与分析的方法，其中包括问卷调查法、访谈法、实地观察法、测试对照法和案例分析法等。各种评估方法多需要相配套的可视化评估工具，如问卷、表格、量表、试题、流程图、软件等。评估工具的设计、开发和应用需要考虑其效度和信度验证，以保证评估效果的效度与信度。

表5-9 评估工具与评估方法匹配矩阵表

评估方法	培训评估工具						
	问卷	表格	量表	试题	流程图	问题清单	软件
问卷调查法	√						√
访谈法		√				√	
测试对照法			√	√			√
实地观察法			√			√	
行为分析			√		√	√	
作品分析			√		√		
行动研究			√		√		
案例研究	√	√	√			√	

问卷调查法就是用事先拟好的列表、调查表、调查问卷等工具收集资料，从而对教师培训现状及项目效果进行分析评估的方法。问卷调查法易于快速大范围获得关于事实（存在性事实、行为性事实）、态度倾向（评价性意见、情感性意见、认同意见或认知性意见）等方面的数据。以收集事实性信息为主要内容的表单常常称为调查表，以收集态度倾向类信息为主要内容的表单常常被称为调查问卷。调查问卷法是教师培训项目评估中经常用到的数据收集方法，常用于获取参加培训教师的基本信息、参加培训事实等方面的情况，以及了解教师对培训设计、组织实施、整体效果等方面的反应和态度。问卷调查法的优点在于便于收集大量样本信息资料；实施过程简单易操作，节省时间，成本低，便于归类整理和统计分析。其局限性在于收集的资料是表面的，调查对象容易隐瞒真实想法。

访谈法是通过访问人与受访人面对面地交谈来收集信息资料和评估数据的一种方法。利用这种方法，可以深入挖掘相关问题或现象，获得真实有效的数据。访谈过程常常要借助预先准备好的访谈提纲。访谈法看似简单易行，但实际上对访谈者的设计与研究能力要求较高，并且大部分研究需要后期对访谈数据做深入分析或归纳概括。访谈法的优点在于通过深入交谈可以获得可靠有效的资料，在访谈过程中有可能发现意外的有用信息。缺点在于样本量小，需要较多的人力和时间。

实地观察法是指评估者带着明确的目的，凭借自身的感官以及相关辅助工具，直接或间接从培训情境中收集资料，并依据资料作出相应价值判断的评估方法。具体而言，就是对培训中发生的行为进行描述，并对其作出解释的活动。观察法具有目的性、系统性、理论性、选择性、情境性等特征。在教师培训效果绩效评估中，观察法主要应用在两个方面：一是对培训课堂进行观察，旨在收集教师集中培训的效果、方法、组织、主讲教师能力等方面信息；二是对教师培训绩效转换方面的评价，即通过观察教师接受培训后的实际课堂教学行为变化来评价培训项目对教师行为层面的影响。

测试对照法是指用各种测量工具对学员的知识技能等方面的发展变化情况进行测量对照和分析的评估方法，即我们常说的各种形式的考试和心理测试。在教师培训中，我们经常用前后对照分析法。这种方法优点在于可以直接测评评价对象智能方面的发展情况，测量结果容易量化比较等。其主要缺点在于仅适用于基本知识和简单技能方面的测量，难以测量综合能力；编制测量题和工具费时费力，对评估对象也造成一定的心理压力。

成功案例研究法是通过对部分成功受训人员的知识、行为、态度等方面的评估，确定影响成功培训的因素、影响学员接受培训的因素、学员学习效果的表现及其原因等。主要做法包括跟踪问卷、深度访谈、实施情况分析报告、学员重聚反馈交流、实施日志、关键事件分析、查看相关记录和材料。它的一个最重要的特点在于，它在改进培训项目和培训计划的同时，还宣传成功受训者的成功经验。另外一个显著特点在于，它认为组织内部存在的文化和系统的因素（比如工作习惯、报酬系统、学习者的准备情况、评估方式和整个过程的反馈）都会影响培训效果转化为组织绩效的改善。它的不足之处在于：在确定成功受训人员的人选时，可能带有一定的主观性，从而使整个评估的过程不够客观；采用抽样评估的方法，不够全面客观。

通过对以上几种培训效果评估方法的介绍，我们发现这几种培训效果的评估方法有以下几个特点：

首先，这几种培训效果评估已逐步从单纯的定性分析到定量分析再到定性定量相结合的分析，并且越来越重视对培训效果定量的分析。

其次，对培训效果的评估逐步由单一的受训者个人能力和素质提高的评估到对整个组织的业绩提高的评估。

再次，对培训效果评估的方法更加注重对各个项目的实用性和操作性。随着研究的深入和实践的检验，我们发现一些培训效果评估方法在运用到不同的培训效果的评估上时，都需要整合起来以改善适应性和操作性。

最后，要进一步关注培训效果转化的测评方法的研究与应用。对教师培训效果的转化程度进行测评是一个十分具有挑战性的工作。由于影响学员教师行为及其学生学习的因素相当复杂，只有采取严格的因素控制，才能区分出干部教师培训经历对教师行为、组织和学生学习的确切影响，这是极具挑战性的任务，需要研究者和实践者持续不断地努力。

另外，培训评估方法与评估目标要匹配。基于不同培训评估意图与目标层次而选择评估数据的收集方法，如表 5-10 所示。

表 5-10　评估方法与评估层次匹配矩阵表

评估方法	评估层级			
	学员反应	学习成果	行为变化	工作结果
问卷调研法	√	√	√	√
访谈法	√	√	√	√
测验法		√		
实地观察法		√	√	
作品分析		√	√	√
行动研究			√	√
案例研究		√	√	√

三、培训效果的评估工具及其应用案例

工欲善其事，必先利其器。培训效果评估工具是在实施培训效果评估过程中收集数据的重要手段，包括调查问卷、考试测验、访谈、观察、绩效报告等几种类型。下面以北京教育学院协同创新学校计划"2016—2018 年以学生为本的教学设计与行动学习项目"为例，介绍该项目应用的培训效果评估模型、方法、工具。

　　"以学生为本"是教师应具备的核心专业理念，它最早是在 2012 年教育部颁发的《中学教师专业标准（试行）》和《小学教师专业标准（试行）》中提出的。近年来，该理念在"双减"政策和"义务教育课程标准"中不断得到强调。但是将此理念有效落地课堂教学绝非易事，特别是对于习惯于"灌输""控制""应试"的老师来说，超越自我、跨越经验鸿乃是专业发展中的巨大挑战。为此，北京教育学院余新教授带领团队成员长期研究教师学习、培训与有效转化问题，于 2023 年以后，通过开发与实施一些系列化、组合式、协同性的教师培训项目，为学校创建"学生为本"的课堂成功搭建了"教育政策""教育理念"与"课堂实践"的融通桥梁。这些项目包括北京教育学院与英国大学合作举办的"2013—2014 年北京教育学院 SCL[①]院本培训项目"、北京教育学院委托承办的"2014—2015 年北京市高家园中学 SCL 校本研修项目"、北京教育学院协同创新学校计划"2016—2018 年以学生为本的教学设计与行动学习项目"，以及 2019 年以后项目团队协助北京市东城区、西城区、朝阳区、海淀区、丰台区、密云区、大兴区、怀柔区若干小学实施的"以学生为本的教学设计与课堂创新的小学校本研修项目"。

　　通过实行培训项目内部质量监测与培训效果自评，项目团队与项目校及其学员们合作出版了 4 本著作：《以学生为本的教学设计（高中卷）》《以学生为本的教学设计（初中卷）》《以学生为本的小学教学设计》和《少讲多学让课堂动起来——以学生为本的 30 个小学教学活动工具》，指导中小学教师完成 300 余份"以学生为本"的教学设计与实施课例，其中公开发表了 53 节教学案例，合计萃取出 200 余个基于教学活动工具的最佳教学活动经验。这些研修成果不仅直接影响到中小学学生的学习质量，促进了学员个体的专业成长与发展，而且推动了学员所在学校的课堂教学改革，持续受到了市、区、校等不同组织层面的认可，充分体现出教师培训所产生的专业价值和影响力。

　　为了获得这些成果，项目团队以可视化目标与关键成果为导向，基于柯氏四级评估模型，构建培训效果评估体系，从"学员反应""学习成果""行为改变"和"业务结果"四个层级开发和运用了一系列培训效果评估工具，监测和评估培训项目每个阶段的效果，全过程监控培训质量。

（一）"学员反应"评估的应用工具

　　"学员反应"的评估应用工具主要包括项目负责人和教学督导专家实用的培训课程观

---

① SCL 英文意思"Student-centered learning"，直译为"以学生为中心的学习"，本项目团队将其与我国中小学教师专业标准中"以学生为本"理念结合起来，提出教学要指向"以学生为中心的学习"，通过培训教师推进"以学生为本"的教学实验。

察表（见表 5-11）、学员填写的满意度问卷（见表 5-12）以及讲师填写的自评问卷（见表 5-13）。

表 5-11　培训课程观察表

说明：本观察表供项目负责人和教学督导专家使用，主要是对培训过程学员反应和讲师表现进行评估使用。
第一部分：培训课程基本信息

培训项目名称	
授课时间与地点	
讲师姓名	
学员概况	

第二部分：学员学习表现
1. 哪些内容吸引了学员的注意力？ 2. 哪些内容对学员而言没有吸引力？ 3. 学员是否积极配合讲师的工作？ 4. 哪些学员表现比较突出，大约比例？ 5. 哪些学员表现比较沉默，大约比例？ 6. 学员对培训进度和吸收的反应如何？ 7. 学员总体表现如何？最佳和最差表现在哪里？
第三部分：讲师表现
1. 讲师在开场时是否抓住了学员的注意力？他是怎么影响他们的？ 2. 讲师是否清晰解释了培训的内容？ 3. 讲师的内容是否适合？有无增加学员认知负荷或容量过少？ 4. 讲师是否使用了恰当的培训方法以增强培训效果？ 5. 讲师是否充分调动了学员的积极性，使其充分参与其中？ 6. 讲师在收尾时是否得当？采取何种结课方式？ 7. 讲师全程授课状态如何？最佳和最差表现在哪里？
第四部分：培训环境条件支持情况
1. 培训场地是否有足够空间？环境是否适宜成人学习？ 2. 培训设备设施是否有效支持讲师与学员学习？ 3. 讲师和学员对培训环境和设施的整体态度如何？ 4. 教具学具等辅料准备与应用效果如何？ 5. 本次翻译对学员与讲师沟通的支持作用如何？
第五部分：课堂观察报告（观察者用 500~800 字总结学员和讲师的培训反应情况）

表 5-12　　学员填写的满意度问卷

再次感谢您的支持与帮助!

	第一部分：学员基本信息		
学员姓名		工作单位和部门	
培训时间		培训地点	
讲师姓名		项目名称	

第二部分：培训课程

1. 您对本次培训的整体印象

有兴趣	1	2	3	4	5	无兴趣
进度太快	1	2	3	4	5	进度太慢
太简单	1	2	3	4	5	太难了
与工作相关	1	2	3	4	5	与工作不相关
结构清晰	1	2	3	4	5	结构不清晰
组织良好	1	2	3	4	5	组织不好
轻松	1	2	3	4	5	紧张

2. 您认为本次培训课程设计的系统性
   □ 非常系统
   □ 系统
   □ 一般
   □ 不太系统
   □ 十分零乱

3. 您认为本次培训内容与您工作的关系
   □ 非常密切，可以迁移，立刻应用到工作中
   □ 密切，需要自己转化和单位支持
   □ 一般，有一定用处，可以考虑在工作中应用或尝试
   □ 不密切
   □ 根本无用

4. 您认为本次培训内容的新颖性
   □ 非常新颖，之前未系统了解过
   □ 新颖，且具有学习挑战性
   □ 一般，学习过其大部分内容
   □ 不新颖，老生常谈
   □ 陈旧、空洞、无价值

5. 您认为培训课程满足教育改革政策要求程度
　　☐ 针对性非常明显、具体
　　☐ 一般，针对性不明显
　　☐ 没有针对性，一点儿看不出

6. 您认为培训课程满足教育实践问题需求程度
　　☐ 针对性非常明显、具体
　　☐ 一般，针对性不明显
　　☐ 没有针对性，一点儿看不出

7. 您认为培训教材与辅助材料是否有帮助？
　　☐ 非常有参考价值，明显、具体
　　☐ 有一定参考价值
　　☐ 一般，内容不具体、不充分
　　☐ 缺乏培训教材与辅助材料

8. 您认为本次培训课程安排时机是否合适？
　　☐ 非常适合
　　☐ 太迟
　　☐ 太早

9. 您认为本次培训课程最大优点和缺点是什么？
　　优点：

　　缺点：

第三部分：培训讲师

您对本次培训讲师授课效果给予五级综合评价（非常好１２３４５非常差）

讲师姓名	亲和力	专业水平	授课方法	授课内容	整体水平
1					
2					
3					
…					

第四部分：培训风格

1. 您认为本次培训过程中现场氛围
   - ☐ 非常好
   - ☐ 好
   - ☐ 一般
   - ☐ 较差
   - ☐ 很差

2. 您对本次培训风格和方式特征的评价（非常好 1 2 3 4 5 非常差）

集中讲授	1	2	3	4	5
参与式研讨	1	2	3	4	5
教练式指导	1	2	3	4	5
作业练习	1	2	3	4	5
校本研修支持	1	2	3	4	5
成果研磨	1	2	3	4	5

第五部分：培训项目管理（非常好 1 2 3 4 5 非常差）

1. 整体项目管理	1	2	3	4	5
2. 培训前联络	1	2	3	4	5
3. 培训中沟通	1	2	3	4	5
4. 培训场地与设施	1	2	3	4	5
5. 班主任	1	2	3	4	5
6. 班委作用	1	2	3	4	5
7. 自己单位领导支持	1	2	3	4	5

第六部分：个人感受

1. 请您列举最感兴趣的 3 次培训课程／活动，为什么？

2. 请您列举最不感兴趣的 3 次培训课程／活动，为什么？

3. 请列举本次培训给您工作带来最明显帮助的内容，举出 3 个例子。

4. 您认为本次培训还需要在哪些方面加以改善？有何具体意见与建议？列举 3~5 条。

表 5-13 讲师填写的自评问卷

讲师自评问卷			
（由讲师在培训结束后填写）			
第一部分：基本信息			
讲师姓名		工作单位	
培训时间		培训地点	
培训对象		课程名称	
学员数量		项目名称	
第二部分：培训项目			

1. 对授课项目实施方案和对象需求的训前了解程度：

2. 训前沟通及执行过程中发现的主要问题：

3. 对培训后跟进和衔接工作的建议：

4. 对自己培训课程的复盘、改进、反思（内容、方式、进度、物料准备等）：

（二）"学习成果"评估的应用工具

"学习成果"的评估是对该项目培训内容相关的事实性知识、概念性知识、程序性知识、反省性知识的测试检查及观察分析，评估工具主要包括《"以学生为本"教学设计的训后知识测试》（见表 5-14 样题）和《"以学生为本"教学设计的学习任务单》（见表 5-15）。

表 5-14 "以学生为本"教学设计的训后知识测试（样题）

满分：100 分 及格分：60 分	
题数：19 道题 考试时长：60 分钟	
单选题：9 道题，共 45 分	
多选题：1 道题，共 10 分	
开放式问题：9 道题，共 45 分	

一、开放题

Q1. 充分利用学生已有的知识和（　　）(5分)

Q2. 考虑到学生的（　　）和学习爱好 (5分)

Q3. 应用形成性评价、同学评估和（　　）评价帮助学生学习 (5分)

Q4. 培养学生核心（　　）技能 (5分)

Q5. 鼓励学生（　　）学习 (5分)

Q6. 组织学生积极参与学习（　　）(5分)

Q7. 鼓励学生提出自己的想法，培养（　　）的能力 (5分)

Q8. 使用活动或资料来激励、帮助或（　　）学生 (5分)

Q9. 教师充当学习的（　　）者，而不是知识的呈现者 (5分)

二、单选题

Q10. "以学生为本"教育理念是在以下哪个文件中首先明文提出的 (5分)

（　　）

A. 《基础教育课程改革纲要（试行）》2001年

B. 《小学教师专业标准》《中学教师专业标准（试行）》2012年

C. 《关于全面深化新时代教师队伍建设改革的意见》2018年

D. 《关于深化教育教学改革全面提高义务教育质量的意见》2019年

Q11. 建立在真实事件或真实问题基础上的教学方法是 (5分)

（　　）

A. 问题教学法

B. 事件教学法

C. 抛锚式教学法

D. 支架式教学法

Q12. 按照加涅的观点，教学设计环节的第一步是 (5分)

（　　）

A. 教学导入

B. 引起注意

C. 复习旧知

D. 提出教学目标

Q13. 表述教学目标的 ABCD 格式中，其中"B"表示以下哪个意思 (5 分)
(　　　)
A. 第一
B. 第二
C. 学习行为
D. 学习对象
E. 学习内容

Q14. 以学生为本与充分发挥教师的主导作用是矛盾的 (5 分)
(　　　)
A. 对
B. 错

Q15. 教材所提供的知识就是教师用来传授的内容，不能删减和扩充 (5 分)
(　　　)
A. 对
B. 错

Q16. 学情分析不只发生在课前，而是贯穿课前、课中和课后的连续全程 (5 分)
(　　　)
A. 对
B. 错

Q17. 以学生为本的教学就是让学生多活动、教师少教点儿 (5 分)
(　　　)
A. 对
B. 错

Q18. 以学生为本的课堂提倡为学生提供多样化学习体验，促进深度学习 (5 分)
(　　　)
A. 对
B. 错

三、多选题

Q19.以学生为本的教育理念包含以下内容(10分)

(　　　　)

A.把学生发展作为教育最终目的

B.让学生得到全面和谐发展

C.让绝大多数学生得到发展

D.让学生主动发展

E.让学生能力得到充分发展

F.让学生实现可持续发展

表 5-15　"以学生为本"教学设计的学习任务单

第一部分：学员基本信息

学员姓名		工作单位和部门	
培训时间		培训地点	
项目负责人姓名		项目名称	

第二部分：任务清单

任务 1：整理汇编"以学生为本"的教学活动工具箱

说明：全班分组轮流领取每天的工具整理任务，任务小组成员对讲师在培训过程中用到的活动工具进行课后整理，编辑出"***工具的应用说明"。根据项目要求，每个工具按照"工具名称、样例图表、教学功能、操作流程、应用注意事项"等要素编辑。项目团队负责布置任务、指导整理过程、反馈编辑结果。项目组根据各小组活动工具编写情况评估学员对知识的理解与掌握程度。

今日任务小组组长及成员姓名：

任务名称：整理编辑　月　日的讲师活动工具，3~5 个

任务流程：组长召集分配任务（课前）→每人观察记录→小组会商决议→完成初稿（课后）→班级展示（下一节课前）→讲师点评（下一节课前）→修改完善后存储（2 天内）

任务 2："以学生为本"的教学模拟设计

说明：每位学员根据前期培训内容，参照《"以学生为本"教学设计（参考模板）》，修改自己最近的一节教案。一周后提交班主任，供下一阶段培训工作坊研磨。项目组根据每位学员教学设计作业评估学员对知识的初步应用程度。

"以学生为本"教学设计（参考模板）

基本教学信息					
学科		课名		课型	
姓名		学校		年级	

教学背景分析	
课标要求分析	说明：阅读课标与教参的相关要求，理解该课设计背景，回答该课的教学目的、任务、要求及依据各是什么。
教学内容分析	说明：要回答教学材料范围及其知识点、核心要素、内在逻辑等。
学生情况分析	说明：预测到学生对本节课的学习积极性、态度及学习水平；预测到学生原有经验基础和知识水平现状与新课内容之间的距离和差异；充分估计到班内学生之间的差异性。

教学目标	
教与学目标	说明：从教学目的出发，设计出一节课学生能够学会什么、获得什么，以及达到什么程度，并且可以预测出来。用了解、理解、记住、学会、应用等词。
教与学重点	说明：从课标、教材、教学目标、学情等角度考虑教学重点。从学的重点是什么去关注教的内容与方法的重点，作为学习过程和教学策略设计的出发点。
教与学难点	说明：从教学要素如学生、目标、内容、方法、评价、环节、资源等角度研判学习难点有哪些，从学的难点是什么去突破教的难点，以此作为学习活动设计和教学策略的依据。

教学过程设计	

说明："教学环节"是指教学主要环节的名称及时长；"学习目标"是指学生课堂上一节课及其在某个环节要达成的学习结果，参考布鲁姆目标分类学中的行为动词表达；"教学事件"是指为促进和激发学生有效学习，由教师精心安排和组织的一系列外部活动；"教学策略"是指教师在教学事件中针对概念、原理、技能、态度、学习方法等学习采取的方法和手段；"学习活动工具"是指达到、完成促进有效教学的活动形式或手段的名称。

教学环节	学习目标	教学事件	教师教学策略	学习活动工具	时间
导入启动					
呈现展开					
指导练习					
结束收尾					
评估反馈					
板书设计	说明：教学设计结构图。用思维导图、PPT、黑板或白板等图文并茂形式呈现出来，帮助学生学习理解教学内容与活动。				

备注	
（教学设施、场地、教具学具等教学实施条件与要求）	

任务3: 学员培训迁移5.3.1行动计划

说明：由学员在集中培训结束后填写，为下阶段迁移转化做好准备。项目组由此评估学员的整体研修收获和对培训迁移准备状况。

5.3.1 行动计划表

学员姓名		单位		培训时间	
培训主题					
我在集中培训期间收获的5点内容（干货）				我计划今后采用的3点	
1				1.	
2					
3				2.	
4				3.	
5					
我承诺培训后立即执行1项（从上面3项中选择并画"√"）					
实 施 步 骤（按时间顺序）	1步				
	2步				
	3步				
	4步				
	5步				
	……				
	……				
本人宣言	我承诺本次培训后立即学以致用，并乐于与他人分享学习收获！				
我的工作小组主要成员姓名（3~5人）		学员签名：签名时间：			
行动计划执行情况	请将行动计划的执行进度、效果、困难、对策等，在____年____月底填写，反馈至培训班级微信群，分享你行动后获得的成功体验与快乐！				
自我评价（请您根据行动计划的实施情况在右栏中画"√"）	1.非常有效□　2.有效□　3.一般□ 4.未实施□　5.不了解□				

（三）"行为改变"和"业务结果"评估的应用工具

该项目将"行为改变"和"业务结果"评估合并进行，这里以行为、结果层次的评估报告为例。

行为、结果层次的评估报告

说明：评估报告主要用于培训后一段时间，按照学院培训管理部门规定的绩效评估和项目总结工作要求，由项目团队与学员所在项目校合作完成。

第一部分：培训项目基本信息

培训项目名称： 培训时间：

项目负责人姓名： 学员所在项目校：

培训的主要技能与期望达成标准

关键技能	达成标准
"以学生为本"的教学设计（教案）	（略）
"以学生为本"的教学实施（课例）	（略）
"以学生为本"的教学反思（论文）	（略）
"以学生为本"的校本研修成果（著作）	（略）

第二部分：培训前后主要指标对比

项目绩效	数据来源	对比期间			
		培训前	培训结束时	培训结束后 1 个月	培训结束后 6~12 个月
学生发展					
教师发展					
学校发展					

第三部分：培训后一定时期内向学员了解的问题（举例）
1.您认为能否将"以学生为本"的教育理念和教学方法迁移到自己的课堂？对您的教学改进带来何种影响？（培训结束后询问） 2.您认为自己在迁移转化中存在的主要困难是什么？解决这些困难主要期望得到学校教研组、校级管理层、培训项目组等哪方帮助？（培训结束 1 个月后询问） 3.自从您参加培训后，自己教学工作发生了什么变化？这些变化给您的学生们带来哪些积极影响？请举例说明。（培训结束 6 ~ 12 个月后询问） 4.您认为培训项目组在追踪指导阶段给您的哪些支持最重要？还需要如何改进？请举例说明。
第四部分：绩效个案分析（略）
第五部分：绩效总结（略）

第六章　教师培训组织机构评价

第一节　教师培训机构评价的发展

一、中华人民共和国成立后教师培训机构发展历程

通过对中华人民共和国成立以来有关教师培训机构政策的梳理，可以了解我国教师培训机构发展的脉络，大致可以分为四个阶段。

第一阶段是 1949—1976 年，这个时期百废待兴，为了能够使教师尽快适应新形势和国家发展需要，要求创建中小学教师进修院校。

1949 年 12 月 23 日，教育部召开新中国成立后的第一次全国教育工作会议，为解决师资问题，会议明确提出要大力改进师范教育，加强教师轮训和在职学习，培养大批称职的教师。

1952 年 9 月，教育部在《关于中小学教师进修问题的通报》中指出，应加强对中小学教师在职学习的领导和建立系统的教师进修制度，要求各大行政区筹办教师进修学院。

1955 年，教育部发出《关于加强小学在职教师业余文化补习的指示》，要求各省、自治区、直辖市，采用函授师范学校的形式组织在职小学教师补习文化。至此，很快形成了以各级进修院校和函授师范学校为主体的培训机构体系。

到 1960 年，各地小学教师进修学校达 2202 所，中学教师进修学院发展到 95 所[①]。

第二阶段是 1977—1998 年，这个时期为了更好地推进培训，解决教师学历达标和胜任教学的问题，出台了许多对教师培训机构和院校的建设、条件保障建设的政策，逐渐使教师培训机构建立起来，并逐步正规化、规模化。

1977 年 12 月，教育部发布《关于加强中小学在职教师培训工作的意见》，这是我国最早使用"教师培训"概念的文件，明确提出"需要尽快建立和健全省、地、县、社和学校的师资培训网。省（市、自治区）、地（盟、州）可建立教育学院或教师进修学院；县（旗）可建立教师进修学校；公社可建立培训站，不设站的，要有专人负责"。

[①] 吴文胜：《当代中小学教师专业发展政策研究》，北京，中国社会科学出版社，2017。

1980 年，教育部出台《关于进一步加强中小学在职教师培训工作的意见》，强调培训机构建设是开展培训工作的基础，要求改善教师进修院校办学条件等。

1982 年 10 月，国务院批转教育部关于《加强教育学院建设若干问题的暂行规定》，要求加强教育学院的建设，以此搞好中学在职教师及教育行政干部的培训工作。

1985 年 5 月 15 日至 20 日，中共中央、国务院在北京召开了改革开放后的第一次全国教育工作会议。一周后，中央政治局通过《中共中央关于教育体制改革的决定》，由此拉开教育全面改革的序幕。该决定指出"建立一支有足够数量的、合格而稳定的师资队伍，是实行义务教育、提高基础教育水平的根本大计……必须对现有的教师进行认真的培训和考核，把发展师范教育和培训在职教师作为发展教育事业的战略措施"。提出"要切实办好教师进修院校，并且利用现有设施，分期分批轮训教师；还要有计划地动员、挑选和组织高等学校的一部分教员和高年级学生、研究机构的一部分研究人员和党政机关的一部分具备条件的干部，参加帮助培训中小学教师的工作"。

1986 年 2 月 21 日，国家教育委员会印发《关于加强在职中小学教师培训工作的意见》的通知，要求"充分调动各教师进修院校、高等学校、中等专业学校以及广播、电视、电化教育机构和社会各方面力量的积极性，广开渠道，举办多种层次、多种形式的培训"。文件指出"教师进修院校（包括教育学院、教师进修学院和教师进修学校）承担中小学和农职业中学教师职后继续教育的重任，是培训在职中小学和农职业中学教师的一个基本渠道，要按照《中共中央关于教育体制改革的决定》的要求，要认真加强建设，切实办好。教师进修院校的任务是培训在职中小学和农职业中学教师，办学要体现师范、在职、成人教育的特点，不要向全日制师范院校看齐。要坚持多种形式办学，除经过批准举办的本、专科专业及中师班外，当前的主要任务是根据各校的条件和中小学、农职业中学各类教师进修提高的需要，举办各种层次、各种规格、各种形式的短训班、单科培训班、教学研究班；开展教育科学研究，指导中小学和农职业中学教学；提供教学参考资料，交流教学经验等。切实帮助教师提高思想政治觉悟、文化业务水平和教学能力，使他们胜任教育、教学工作。普通高等学校、中等专业学校的专业设置齐全，师资力量较强，办学条件较好，是培训中小学和农职业中学师资的又一个基本渠道。这些学校要在中央和地方的统筹规划下，继续积极承担师资培训任务，通过函授、业余面授、脱产等进修形式，大力举办本科班、专科班和中师班以及各种短训班，并作为办学规模的一部分，纳入学校事业发展规划"。此时，师资培训的办学条件有了一定的改善。但是在师资、经费、校舍、设备等方面还很不适应师资培训工作的需要，亟需大力加强。

1989 年 12 月 19 日，国家教育委员会印发《关于加强全国中小学校长培训工作的意见》，要求"各地现有师范院校、教育学院、教师进修学校和其他培训机构,除了培训中小学师资外,也要培训中小学校长及基础教育管理干部……各省、自治区、直辖市教育行政部门要加强对各地中小学校长培训基地的指导,促进其交流培训工作的信息,开展联合办学和校际合作,努力提高办学的整体效益"。

1991年12月3日,国家教育委员会印发了关于《开展小学教师继续教育的意见》,肯定了党的十一届三中全会以来,特别是《中共中央关于教育体制改革的决定》发布后,中小学教师的培养和培训工作取得了很大的成绩。此时,我国小学教师达到国家规定合格学历的比例,已由1977年的47.1%上升到1990年的73.9%。教师的政治业务素质和教育教学能力有了不同程度的提高,改变了10多年前大量教师不能胜任教学工作的局面。文件提出"要加强各级培训机构的建设,完善小学教师继续教育的网络,逐步形成省、县、乡、校四级培训网,以适应开展继续教育的需要。具体要求:首先,小学教师继续教育的基础在任职学校。要充分发挥教师任职学校在继续教育中的作用。校长要重视继续教育,并结合学校和教师的实际,积极组织和指导教师学习政治和业务,开展多方面的继续教育活动,诸如以老带新、研究备课、观摩教学、教学研究、专题讲座、自学辅导,等等。这是最基本、最经常、最普遍的培训教师的活动。只有抓好这一基础环节,才能把继续教育的任务落到实处。其次,要根据学校的合理布局建立和完善乡(镇)师资培训辅导站(组),与教研机构密切结合,提倡能者为师,就地就近开展继续教育活动。要选聘优秀教师、教研员担任辅导员,对教师的继续教育进行辅导,保证继续教育的质量。第三,教师进修学校和中等师范学校师资培训部是开展教师继续教育的重要基地,要在教育行政部门的指导下,通过调查研究,制定本地区小学教师继续教育的实施计划,积极完成所承担继续教育的任务,保证继续教育的质量和效益。第四,省、自治区、直辖市或地(市)的小学教师培训中心,要在教育行政部门的领导下,在制定继续教育的计划和规划、指导和实施继续教育的具体工作中发挥作用"。

第三个阶段是1999—2017年,这个时期我国教师继续教育的重点由原来的以学历达标为主逐步转向以素质提高为主;由以教师培训机构承担教师职后培训为主转向教师培训机构和高等院校共同参与建设开放的教师培训体系。

1999年3月16日,教育部印发《关于师范院校布局结构调整的几点意见》,指出我国师范教育的发展趋势:职前职后教育贯通,继续教育走上法制化轨道,以现代教育技术和信息传播技术为依托,开放型的中小学教师继续教育网络初步建立。下世纪初,逐步形成具有中国特色,时代特征,体现终身教育思想的中小学教师教育新体系。文件要求"省、市（地）和县都应分别设置中小学教师培训机构。中小学教师培训工作重心从学历补偿教育转向继续教育。大多数省、自治区、直辖市重点建设好1所省级教育学院，主要承担中学教师继续教育和中学校长培训任务，并为本省（区、市）中小学教师继续教育提供政策咨询和业务指导，继续完成高中教师学历补偿教育任务。没有高师院校地区的市（地）教育学院要继续办好，少数市（地）教育学院根据需要可改制为师范专科学校；因地制宜地积极推进同处一地区的市（地）教育学院与师专合并，同时承担教师培养培训任务。要切实加强初中教师的学历补偿教育和继续教育工作。每县要办好1所教师进修学校，经过加强、充实、提高，主要承担小学教师继续教育任务，并作为中学教师继续教育工作辅导站。"同时提出"各级教师培训机构可与当地教研机构、电教机构、教育科研机构通过联合、合作或合并，建成本地区在教学、信息资料、实验、教育技术、教育科学研究等方面具有指导作用的教育中心。大力加强培训基地建设和现代教育技术、信息传播技术应用，形成开放型的中小学教师继续教育网络"。

1999年9月13日，教育部发布第7号令《中小学教师继续教育规定》，规定"各级教师进修院校和普通师范院校在主管教育行政部门领导下，具体实施中小学教师继续教育的教育教学工作……综合性高等学校、非师范类高等学校和其他教育机构，经教育行政部门批准，可参与中小学教师继续教育工作。经主管教育行政部门批准，社会力量可以举办中小学教师继续教育机构，但要符合国家规定的办学标准，保证中小学教师继续教育质量"。

2002年，教育部在《关于"十五"期间教师教育改革与发展的意见》中指出，各地在省级人民政府的统筹规划、宏观指导下，积极稳妥、因地制宜地推进各级各类师范院校的布局、层次和类型等方面的结构调整，实现本省（自治区、直辖市）师范院校和其他承担教师教育机构的合理整合，使教师教育机构的办学层次由"三级"向"二级"适时过渡，明显提高教师教育一体化程度。在各地高等学校布局调整中，不得削弱教师教育；在教师教育结构调整中，不得削弱在职教师培训；在教师教育资源重组中，不得流失优质教师教育资源。《意见》强调要继续加强以各级教育学院和进修学校为主体的培训机构建设。各地必须建立为本省（自治区、直辖市）培训高中教师和中小学骨干教师的基地，并使其成为开展继续教育的业务指导和科研中心。重点建设好以县级教师进修学校为主体的县级教师培训机构。

同年，《教育部关于加强县级教师培训机构建设的指导意见》明确了县级教师培训机构的性质，"县级教师培训机构是由县级人民政府领导、县级教育行政部门主管、以实施本地区中小学教师继续教育工作为主要任务，并具有与教师教育相关的管理、研究、服务和教育信息资源开发与利用等职能，具有独立法人资格的办学实体"。其主要任务之一是"依据《教育法》《教师法》和《中小学教师继续教育规定》《中小学校长培训规定》以及国家、省、市（地）中小学教师继续教育的有关法规、方针和政策，实施对本地区义务教育阶段教师、幼儿园教师和小学校长的继续教育；为本地区中小学校开展教师校本培训提供指导和服务；承担本地区基础教育新课程、教材和教法培训等，成为本地区开展中小学教师继续教育工作的培训、研究和服务中心"。文件提出了机构建设的一系列原则要求，特别是按照"小实体、多功能、大服务"的原则加强建设。

2004年，《教育部关于加快推进全国教师教育网络联盟计划组织开展新一轮中小学教师全员培训的意见》中强调要大力推进县级教师培训机构的改革与建设，构建多功能的区域教师学习与资源中心。县级教师培训机构承担着教师培训的组织、协调、指导、管理和服务等功能，是推进教师网联计划不可或缺的有机组成部分。各地要积极推进县级教师进修学校与县级教科研、电教、电大工作站等相关机构的资源整合和合作，优化资源配置，形成合力，构建"多功能，大服务"，上挂高等教育机构，下联中小学校的县级教师学习与资源中心，形成"教师网联"的校外学习中心（点）和公共服务体系。充分利用电大系统的优势，并进一步加强县级教师培训机构的信息化建设，形成与教师网联远程教师培训与管理平台相互衔接、优质资源共享的卫星电视接收系统和计算机网络系统。

2011年1月4日，《教育部关于大力加强中小学教师培训工作的意见》要求建立健全教师培训支持服务体系，明确了不同主体的作用，如"充分发挥师范院校在教师培训方面的主体作用。鼓励和支持有条件的综合大学特别是高水平大学培训中小学教师。支持建设一批高水平的教师培训基地。鼓励具备资质的社会教育机构参与教师培训"。"充分发挥区县教师培训机构的服务与支撑作用。积极推进区县级教师培训机构改革建设，促进县级教师进修学校与相关机构的整合和联合，加强县级教师培训机构基础能力建设，促进资源整合，形成上联高校、下联中小学的区域性教师学习与资源中心，在集中培训、远程培训和校本研修的组织协调、服务支持等方面发挥重要作用"。

第四阶段是2018年至今。这个时期由教师培训机构逐步向教师发展机构转变，进一步整合资源，让教师发展机构成为用专业方式服务区域教师专业发展的专门机构。

2018年1月20日，中共中央、国务院颁布的《关于全面深化新时代教师队伍建设改革的意见》明确提出"建立健全地方教师发展机构和专业培训者队伍，依托现有资源，结合各地实际，逐步推进县级教师发展机构建设与改革，实现培训、教研、电教、科研部门有机整合"。2月11日，教育部等五部门印发《教师教育振兴行动计划（2018—2022年）》，明确提出 "制定县级教师发展中心建设标准。以优质市县教师发展机构为引领，推动整合教师培训机构、教研室、教科所（室）、电教馆的职能和资源，按照精简、统一、效能原则建设研训一体的市县教师发展机构，更好地为区域教师专业发展服务"。

2022 年 4 月 2 日，教育部等八部门印发《新时代基础教育强师计划》，明确提出"构建师范院校为主体、高水平综合大学参与、教师发展机构为纽带、优质中小学为实践基地的开放、协同、联动的现代教师教育体系"。

总体看来，中小学教师培训机构经过多年的探索和实践，形成了多元立体的培训机构网络，在不同时期都对当时的教师培训发挥了重要的作用，促进了不同时期教师的专业成长。

二、教师培训机构评价发展的历史沿革

教师培训机构评价主要包括教师培训机构准入制度和教师培训机构评估制度，可以追溯至 20 世纪 90 年代培训管理的有关文件。1999 年 12 月 30 日教育部令第 8 号《中小学校长培训规定》的发布，标志着我国中小学校长培训制度已基本建设完成，用政府规章制度的方式确保中小学校长培训工作在制度化、法制化的轨道上持续健康发展。文件中第十二条规定："省、自治区、直辖市政府教育行政部门对申请承担中小学校长培训任务的机构要进行资格认定。普通师范院校、教师进修院校、有条件的综合大学，经国务院教育行政部门或省、自治区、直辖市人民政府教育行政部门批准，可以承担中小学校长培训任务。"（2010 年 12 月 13 日教育部令第 30 号《教育部关于修改和废止部分规章的决定》中，将这一条修改为：省、自治区、直辖市人民政府教育行政部门对承担中小学校长培训任务的机构的资质条件予以规范，加强对中小学校长培训机构的监督检查和质量评估。鼓励有条件的综合大学、普通师范院校、教育学院、教师进修学校等机构发挥各自优势，以不同形式承担中小学校长培训任务。）规定中还要求经评估达不到培训要求的培训机构，主管教育行政机关要令其限期改正，逾期不改者，应责令其停止中小学校长培训工作。对未经批准自行设立、举办中小学校长培训机构或中小学校长培训班的，主管教育行政机关应根据有关法律法规的规定，给予相应的行政处罚。《中小学教师继续教育规定》中也有类似的要求。

进入 21 世纪之后，国家层面更加关注教师培训机构的建设和规范，但当时的教师培训机构总体看还比较薄弱，功能单一，不能适应新时期开展中小学教师继续教育工作的需要，不能适应基础教育发展和改革的需要，亟待进一步加强和发展。

2002 年 3 月 1 日，《教育部关于"十五"期间教师教育改革与发展的意见》明确"教师教育是在终身教育思想指导下，按照教师专业发展的不同阶段，对教师的职前培养、入职教育和在职培训的统称"。提出"十五"期间要建立教师培养机构资格认定和教师教育质量评估等制度。

同年《教育部关于加强县级教师培训机构建设的指导意见》提出"要加强对县级教师

培训机构建设和办学质量的督导和评估。各省（自治区、直辖市）教育行政部门要把县级教师培训机构建设的水平作为评估当地基础教育工作和中小学教师继续教育工作的重要内容之一。督导部门要进行督导检查和评估。我部将制定示范性县级教师培训机构建设的评估标准，并在全国建设一批示范性县级教师培训机构，以促进各地县级教师培训机构建设，提高培训质量"。

2004 年 2 月 10 日，国务院批转教育部《2003—2007 年教育振兴行动计划》提出"全面推动教师教育创新，构建开放灵活的教师教育体系"，要"改革教师教育模式，将教师教育逐步纳入高等教育体系……职前职后教育相互沟通，学历与非学历教育并举，促进教师专业发展和终身学习的现代教师教育体系……制定教师教育机构资质认证标准、课程标准和教师教育质量标准，建立教师教育质量保障制度"。

同年 9 月 7 日，《教育部关于加快推进全国教师教育网络联盟计划组织开展新一轮中小学教师全员培训的意见》提出省级教育行政部门要将县级教师培训机构的改革与建设作为基础教育和教师培训工作评估的重要内容。教育部将制定示范性县级教师培训机构建设标准，促进县级教师培训机构的建设。要加强对中小学教师培训的监管，建立和完善教师培训机构资质认定和质量评估制度。

2005 年，教育部发布《关于开展示范性县级教师培训机构评估认定工作的通知》，按照"以评促建"的原则，在 2005 — 2007 年开展全国示范性县级教师培训机构评估认定工作。通知对示范性教师培训机构评估认定的标准、程序、表彰方式进行了规定。

2010 年 1 月 18 日，《中共教育部党组关于教育系统深入开展大规模培训干部工作的实施意见》中提出，为确保深入开展大规模培训干部工作取得实效，要"规范培训管理，推进制度创新，建立健全干部培训机构的质量评估与资质准入制度，引入竞争择优机制，通过公开投标等方式，委托具有合格资质和相应力量的机构承担国家级培训项目"。

2011 年 1 月 4 日，《教育部关于大力加强中小学教师培训工作的意见》要求"建立教师培训机构资质认证制度。制定教师培训机构资质认证标准。省级教育行政部门组织实施教师培训机构资质认证。经省级以上教育行政部门认定资质的培训机构所实施的教师培训项目，方可记入教师培训学分管理档案"。1 月 14 日，教育部印发《全国教育人才发展中长期规划（2010—2020 年）》，强调"修订中小学教师培训管理规定……建立教师培训机构认证及定期评估制度"。11 月 29 日，教育部办公厅发布《关于开展示范性县级教师培训机构评估认定工作的通知》，决定在首批评估认定工作的基础上，于 2012—2015 年开展新一轮示范性县级教师培训机构评估认定工作。以进一步推进县级教师培训机构改革建设，充分发挥其在新时期中小学教师全员培训和教师专业发展等方面的服务与支撑作用。

2015年10月18日，中共中央印发《干部教育培训工作条例》（以下简称《条例》），要求实行干部教育培训机构准入制度。高等学校、科研院所、社会培训机构等承担干部教育培训任务，必须获得干部教育培训管理部门的资质认可。干部教育培训管理部门应当制定和公布相应的准入标准。不得组织干部到没有资质的教育培训机构培训。《条例》要求建立健全干部教育培训评估制度，加强对干部教育培训机构、项目及课程的评估。干部教育培训管理部门负责对干部教育培训机构进行评估，也可以委托干部教育培训管理部门认可的机构进行评估。干部教育培训机构评估的内容包括办学方针、培训质量、师资队伍、组织管理、学风建设、基础设施、经费管理等。干部教育培训管理部门应当充分运用评估结果，指导干部教育培训机构改进工作。

2022年4月，教育部等八部门印发《新时代基础教育强师计划》进一步要求"通过建立标准、项目拉动、转型改制等举措，推动各地构建完善省域内教师发展机构体系，建强县级教师发展机构及培训者、教研员队伍"。

省级教师培训机构一般属于师范院校，按照师范院校的相关要求进行评价，并对其承担的培训项目进行评估。

2018年1月，《中共中央 国务院关于全面深化新时代教师队伍建设改革的意见》提出，大力振兴教师教育，不断提升教师专业素质能力，要加大对师范院校支持力度，特别提出师范院校评估要体现师范教育特色，确保师范院校坚持以师范教育为主业。

2020年10月，中共中央、国务院印发《深化新时代教育评价改革总体方案》，明确提出改进师范院校评价，把办好师范教育作为第一职责，将培养合格教师作为主要考核指标。

2021年1月，教育部印发《普通高等学校本科教育教学审核评估实施方案（2021—2025年）》，将坚持分类指导作为基本原则之一，提出适应高等教育多样化发展需求，依据不同层次不同类型高校办学定位、培养目标、教育教学水平和质量保障体系建设情况，实施分类评价、精准评价，引导和激励高校各展所长、特色发展。目前，教育部正在研究，在普通高等学校本科教育教学审核评估指标体系（试行）基础上，推动建立师范院校审核评估体系。

通过以上政策的梳理可以看出，我国教师培训机构评价发展具有以下特征：

第一，我国教师培训机构评价是随着教师队伍建设目标的变化和教师培训事业的发展而不断发展的。各个时期教师培训机构评价的侧重有所不同，但总体来看，其目的是促进教师队伍建设，保证教师培训质量，推动教师培训工作的专业化发展和教师培训机构的内涵建设。从教师培训机构评价的相关政策来看也是如此，都是以教师队伍建设和教师培训的相关文件为主要依据，为落实这些文件的精神和要求而制定的。

第二，我国教师培训机构评价的责任主体是政府，即各层级负责教师培训的教育行政部门。《中小学教师继续教育规定》中明确指出国务院教育行政部门承担"建立中小学教师继续教育评估体系"的职责，省、自治区、直辖市人民政府教育行政部门"全面负责本地区中小学教师继续教育的实施、检查和评估工作"。

第三，我国教师培训机构评价日益注重实践性、针对性和规范性。我国教师培训机构的建设，经历了从无到有、从有到优的过程。随着我国教师队伍的不断扩大，教师培训事业逐步常态化、规范化，但也出现了培训机构规模、质量参差不齐，发展不平衡、不充分的现象。为了推进教师培训机构改革建设，发挥其在教师培训和教师专业发展方面的服务和支撑作用，教育部以示范性县级教师培训机构评估认定的方式，通过评估认定标准引导培训机构建设，为机构评估过程可操作、评估标准可量化、评估程序规范化作出了示范。

我国教师培训机构发展成就显著，但是在机构建设和评价过程中依然存在一些问题值得总结和反思，比如政策的更新相对"滞后"，各个时期的政策对培训机构能力建设和机构评估制度建设都是比较重视的，但是离建设专业化教师发展机构的目标还有距离。关于教师培训机构建设，除了1982年《加强教育学院建设若干问题的暂行规定》和2002年《关于加强县级教师培训机构建设的指导意见》外，就再没有出过相关文件。两轮开展示范性县级教师培训机构评估认定工作的文件目前也已失效。进入新时代，特别是我国基础教育进入新发展阶段，教师培训机构向教师发展机构转型，顶层设计政策中还没有相关的指导性文件。当前，虽然强调构建开放、协同、联动的现代教师教育体系，但是对教师职后培养培训、专业发展的专业性强调不足，需要进一步明确省、市、县三级教师发展机构建设与改革的目标和要求，分层建立相应的评价标准和评价方式，评价标准也需要根据新形势和新要求不断更新。因此，构建具有中国特色和世界水平的教师发展机构评价体系是推动教师培训事业发展的关键抓手，对培养高素质专业化的教师队伍具有非常重要的意义。

第二节　教师培训机构评价

一、国外教师培训机构的资质评估

国外发达国家对从事教师职后培训的专业机构进行资质评估已经成为普遍做法。这种评估不仅有助于确保教师培训机构的质量和专业水平，还能够帮助政府和学校选择合适的教师培训机构，以满足不同的教育需求。

在美国，教师教育和培训的资质评估主要由美国师资培养评估委员会（Council for the Accreditation of Educator Preparation，简称 CAEP）进行。CAEP 是美国中小学教师培训机构的主要认证机构，由全美教师教育评估委员会 (National Council for Accreditation of Teacher Education，简称 NCATE) 和教师教育认证委员会 (Teacher Education Accreditation Council，简称 TEAC) 于 2013 年合并成立。NCATE 是 20 世纪 70 年代，被美国教育部确立的专业认证机构，认证对象主要是教师教育机构，即综合大学和普通高等学校里负责培养幼儿园、中小学教师和其他学校教育人员的学校、学院、教育系或其他行政管理部门等。TEAC 于 1997 年成立，旨在促进培养"有能力、责任心强和称职"的教育工作者，确保所有的教师教育专业都进行认证，认证对象是教师教育项目，即文理学院、综合性学院和大学以及研究型和博士授予大学里所有负责培养幼儿园、中小学教师和其他学校教育人员的教师教育项目。

CAEP 在总结 NCATE 和 TEAC 经验和不足的基础上，对进行教师培养的办学主体进行研究，并结合教育思想及评价理论的发展，更新了认证的标准。评估标准包含以下五个方面：第一，内容和教学知识；第二，临场合作与实践情况；第三，教师候选人的质量、招聘和选拔；第四，项目影响力；第五，教师教育机构的质量、持续改进和能力。前三项比较注重培养和提高未来教师的能力素质，后两项以及后补充的附加建议，则对办学主体的功能提出了要求[1]。该标准涉及办学主体质量、持续改进、能力要求三个方面，要求办学主体必须采取多种指标、多种监控手段、使用科学可操作的测量方法建立质量保障体系。一方面，要求办学主体要有能力以可靠的数据证明其机构培养的教师具备合格的执教能力；另一方面，要求办学主体提供一系列可靠的数据，证明学习者自身具备自我管理、自我提高的学习能力。

CAEP 采用更加明确、透明化的认证程序，分为六个步骤：第一，认证申请阶段；第二，初评阶段；第三，评估路径选择阶段；第四，自评阶段；第五，委员会和评估理事会审查

---

[1] 张启：《美国教师教育认证机构的历史演变》，长春，东北师范大学，2015。

阶段；第六，提交年度报告阶段①。在对办学主体进行认证后，CAEP 仍然会根据新增的附加建议对办学主体进行后续追踪。

在英国，为了促进教师专业化发展，英国政府通过重组和改革教师教育管理部门，不断细化其工作重点，来推动教师质量提升，实现教育优质发展，但无论是认证组织的更替还是认证标准的变化，都体现的是政府意志。

1994 年成立的教师培训局（Teacher Training Agency，简称 TTA），负责教师教育事业，考察和认证教师教育机构资质、评估教师教育效果、为想要成为教师者提供咨询服务，直接对教育大臣负责。2005 年，学校培训与发展局（Training and Development Agency for Schools，简称 TDA）作为 TTA 的"升级版"，成为新的管理机构。TDA 继承了 TTA 的组织结构，下设认证委员会，其认证流程一般持续一年，经历四个阶段：初步阶段、报告提要阶段、总体报告阶段和完整报告阶段。教师教育机构为获得认证资格，需在不同的阶段按照认证委员会的要求提交不同的报告。教师教育机构提交的报告必须体现 TDA 认证委员会制定的评价指标，在接受和评估完成后，TDA 将派工作人员到教师教育机构进行实地考察，对完整报告进行一对一的反馈；澄清任何来自报告中的问题；进一步寻找任何必要的但不包括在完整报告中的信息。TDA 认证委员会，审查完整报告并完成实际考察后，会给出关于申请机构是否通过认证的意见，并将这个意见提交给 TDA 董事会，由董事会做出最后的决定②。虽然 TTA 或 TDA 都是"非政府公共机构"，但其实质都是政府的代理机构，具有执行权，而不拥有最后决策权。

2010 年，英国政府对中央教育行政机构予以整合，将负责中小学教育的"儿童、学校与家庭部"改组为"教育部"，强化了教育管理的领域及职能。为了推进教育部的相关改革能够有效实施，英国还设置多个相关机构与组织作为辅助部门。在教师教育方面，英国专设负责初任教师培训事宜的教育标准局（Office for Standards in Education，简称 Ofsted），负责为所有年龄段的学习者提供教育及技能培训，同时也为儿童及年轻人提供学校及教育机构的评估结果和社会关怀服务。Ofsted 并非隶属于教育部，而是受枢密院管辖的独立机构，作为教师培训的主要管理单位，能够更加便捷且高效地促进英国教师改革及教师专业发展。根据其公布的 2022—2027 年战略，将重点关注提高教师教育机构的督察标准、提出促进教师教育改革的建议、顺应社会时代需要、注重有经验教师的在职培训等方面③。

---

① 王旭，赵文慧，刘旭东等：《第三方参与视角下美国教师教育评估机构研究与启示——以"CAEP"为例》，载《科技风》，2018（25）。
② 陈玲玲：《旨在质量保证的教师教育认证制度》，上海，华东师范大学，2011。
③ 曲铁华，王洪晶：《新世纪英国教师教育改革探析》，载《外国教育研究》，2022（10）。

在日本，有着"大学管职前、教委管职后"的教师教育传统。但是为了打破教师资格终身制，日本国会于 2007 年通过《教育人员许可法》修订案，规定自 2009 年 4 月 1 日起实施教师资格定期更新制度，鼓励大学承担更多教师职后培训任务，以促进教师职前培养、入职录用和职后培训的一体化。修订案第 9 条第 3 项指出，培训由大学及其他文部科学省令规定的机构，在达标（课程内容、师资条件、结业许可等）并获文部科学大臣认证后实施。

按照教师培训承办主体不同，大致可将日本教师职后培训分为以下几种类型：第一种为全国范围内自上而下式安排与管理的在职教育，由文部科学省制定出全国性的政策框架，各都道府县、指定都市和中核市级别的地方教委以此为指导制定出项目方案，其附属的教师中心负责执行落实；第二种是由日本教师培养机构承担的培训，包括国立大学、私立大学、短期大学、专修学校、研究生院以及专攻科等，日本各市县至少有一所国立大学，其教师培养学部为义务教育学校教师，特别是小学教师提供相应的培训资源；第三种是以学校为本位的在职教育，教师在同伴互助和普通的学校管理活动中承担责任。

日本教师培养机构评价包括资格认证与评鉴认证。资格认证是指教师培养机构首次就其所提供的教师教育课程向有关机构申请认证，是获得培养教师资格的准入门槛。具体的认证实施由文部科学省辖下的课程认证委员会具体负责。课程认证委员会主要负责开设课程的资格审查，包括对教师培养机构进行实地考察，保持和提升已通过认证课程的水准。截至 2019 年，累计有 606 所大学、413 所研究生院、228 个短期大学、19 个大学专业、17 个短期大学，共 1283 所机构的 19416 门课程通过认证[①]。

通过资格认证的机构可以进行教师培训项目申请。根据《资格更新培训规则》第 2 条规定，拟申办机构必须至少在培训开始前两个月自行向文部科学大臣提交《申办表》，明确课程名称、场所、起止日期、学费总额、培训对象和招生人数、课程内容和课时安排、指导者简历和任教课程、考核方式、结业日期等信息。文部科学大臣委托独立行政法人教职员支援机构（National Institute for School Teachers and Staff Development，简称 NITS）代理项目认证，NITS 设有专门的教师资格规划室，常年开展相关咨询和项目认证业务，每月公布最新认证结果。NITS 的前身是 2001 年在茨城县筑波市成立的独立行政法人教员研修中心 (National Center for Teacher's Development)，该中心由文部科学省管辖，实施国家级的教师在职培训，同时统管各地区的教师研修中心，负责开展全国性的教师在职教育工作。2020 年之前申办机构尚需下载打印《申办表》的主表并邮寄至资格规划室，从 2021 年起

---

① 加强教师培训课程的内容（平成 31）：日本文部科学省。

申办流程已实现完全电子化,所有申办、续期、变更、终止手续均在线完成,无需提交任何纸质材料。

评鉴认证是对通过资格认证之后的后续营运所进行的评鉴性考核,即通常所说的质量评估。目的在于检测已经获得培养教师资格的机构在培训实施过程中是否符合相应的课程标准与要求。文部科学省要求所有已经通过资格认证的教师培养机构要定期进行自我评鉴并向外界(包括第三方认证机构)公布其自评报告,邀请有关认证机构进行实地巡访,作出评鉴性认证。文部科学省还会通过收集学员反馈对培训项目进行事后评价,每门课程结束后,培训机构都须按规定组织全体学员填写《反馈表》,并从以下三个维度给出评价:(1)内容和方法(问题意识明确、符合培训目标、激发学习热情、简明易懂、教材恰当);(2)新知识和技能学习成果(重燃工作热情、拓宽教育视野、改进教育观念、掌握知识技能);(3)运营方面(学员人数、会场安排、通讯联络等)。培训机构须迅速汇总反馈信息,上呈文部科学大臣,并针对反馈结果采取改进措施以提升培训质量[1]。培训机构若没有通过评鉴认证,文部科学大臣都有权取消其承办培训项目的资格。

在韩国,教师职后培训机构大致可以分为四类:一是教育部直属机关设立的中央教育培训院;二是各市、道教育厅设立的市、道教育培训院;三是大学附设的各类教师教育培训院;四是远程教育培训院(见表6-1)。

表6-1 韩国教师培训机构的类型及职能

类别	培训机构名称	培训对象及培训任务
国家培训机构	教育科学技术培训院	培训教育公务员,开发培训课程
	韩国教员大学校综合教员培训院	校长、教师资格培训,特殊培训及外国语培训
	韩国广播电视大学校综合教育培训院	中小学教师职务培训
	首尔大学师范学院附设教育行政培训院	校长、教师资格培训,教育行政管理课程

---

[1] 王卓,李昱辉:《日本教师资格更新培训研究》,载《外国教育研究》,2022,49(4)。

续表

类别	培训机构名称	培训对象及培训任务
市道教育培训院	首尔特别市教育培训院等	幼儿园教师、中小学教师、特殊学校教师资格培训、职务培训
大学附设教育培训院	四年制普通大学及国立大学附设教育培训院	幼儿园教师、中小学教师、特殊学校教师资格培训、职务培训
远程教育培训院	全南大学附设远程教育培训院等	幼儿园教师、中小学教师、特殊学校教师资格培训、职务培训

2011年，韩国政府首次对教师培训机构进行了评价。此次评价工作的重点放在承担着韩国主要教师培训业务的市道教育厅教师培训机构上。具体的评价程序分为6个步骤：第一，韩国教育科学技术培训院是市、道教育培训院评价的主管部门，负责制定评价计划和评价指标，此次评价指标主要包括2个领域共8个项目的18个指标和1个优秀案例。满分100分，其中成就与发展前景领域占比50%，培训活动领域占比45%，优秀案例占比5%（见表6-2）。

表6-2　2011年韩国教师培训机构评价指标[①]

领域	项目	评价指标	备注
成就与发展前景	未来指向性	1.具有前瞻性的未来管理人才与未来发展战略（6分）； 2.与民间等机构间的交流与合作业绩（4分）	定量、定性
	培训计划完成程度	1.与培训计划相比实际参加培训率（5分）； 2.与培训计划相比实际开设课程比率（5分）	定量
	为提高学校质量做出的努力	1.合理利用教师能力开发评价结果，开展培训活动情况（12分）； 2.针对教师及教育行政人员开展培训活动情况（8分）	参训人员的满意度
	对培训的满意度	1.对培训内容的满意度（5分）； 2.对讲师（培训人员）的满意度（5分）	定量
培训活动	培训计划的系统性	1.培训计划的系统性（4分）； 2.学校及教师培训需求的反映程度（3分）	定性、定量
	培训内容的适切性	1.与教师能力开发评价的联系性（10分）； 2.与提升工作能力的联系性（5分）； 3.采取的相关政策措施（3分）	定性、定量

① 金香花，孙启林：《韩国教师培训机构评价的现状与展望》，载《外国教育研究》，2012，39（2）。

续表

领域	项目	评价指标	备注
培训活动	运营的有效性	1. 培训方法的多样性（5分）； 2. 提供的培训服务在学校现场的适用性（5分）； 3. 培训人员的专业性（3分）； 4. 改善基础设施情况（2分）	定性、定量
	评价的合理性	培训评价的适用性及评价结果的反馈程度（5分）	定性
优秀案例		各市、道教育培训院的优秀案例（5分）	定性

第二，市、道教育培训院根据评级计划和评价指标，制定自评方案，组织开展自评，撰写自评报告提交教育科学技术培训院。第三，教育科学技术培训院组织成立专家评价委员会，主要负责实施书面评价、外部专家深化评价、评定评价等级、对定量评价提出的异议事项进行审议和决定、撰写评价报告书、审议其他与评价相关事项等。为了能够更好地完成评价工作，教育科学技术培训院在评价工作开始前，对所有评委进行 15 学时的培训。第四，评价委员会按照评价指标对各市、道教育培训院提交的自评报告进行文本评阅，然后以评阅结果和现场确认结果为依据，对其培训活动进一步深入评价，并发现与挖掘各市、道教育培训院的优秀案例。第五，评价委员会综合分析评价结果，评定等级并选出优秀教师培训机构，将结果提交教育科学技术培训院。第六，教育科学技术培训院成立由内外专家组成的专门咨询机构，围绕评价结果的反馈意见，为市、道教育培训院的发展提供支持性的咨询服务。

通过对以上四个国家教师培训机构评估情况的梳理可以看出，虽然各国国情有所差异，其评估体系各有特色，但也有着共同之处。概括而言，主要包括以下几个方面：

第一，评估主体的专业化。参与评估的主体一般为政府部门和其授权的第三方机构，政府部门加强与第三方机构之间的合作，形成行政权威与专业权威共同评估的合力，合作共赢，共同保障教师培训机构发展与教师培训质量。

第二，评估标准的科学化。评估标准是机构评估的衡量尺度，反映了教师培训专业发展的目标和方向，折射出评估的理念。各国在评估过程中采取多种指标体系与多种评估手段，使评估方式和方法可操作、可测量、科学化。

第三，评估程序的规范化。评估程序规定了机构评估的流程、步骤、环节和相关注意事项，是评估工作的行动指南。通过规范评估程序，提升评估工作的规范性、有序性，进而保障评估结果的公平性和合理性。

第四，评估结果的动态化。评估的目的主要是督促与激励，因此各国加强了对评估结果的及时反馈、动态管理，充分挖掘评估结果促建、促改、促发展的作用，使其成为教师培训机构持续改进、追求卓越的基础和依据。

二、国内教师培训机构的资质评价

通过前文对发达国家教师培训机构评估情况的梳理，可以知道在教师培训专业化程度相对较高的国家，不是任何机构都有条件和资格培养培训教师的。教师培训机构资质准入制度和质量评估制度，是其教师培训制度的重要组成部分。

在我国，参与教师培训的机构包括教师培训机构、高校、中小学、社会培训机构等。由于高校、中小学、社会培训机构的主业并非教师培训，对其机构的评价按照《深化新时代教育评价改革总体方案》要求落实，在教师培训方面更多是对其承担的教师培训项目进行质量评估。教师培训机构则是承担着教师职后培养培训重要职能、实施教师培训项目的单位，其教学、管理、服务水平的高低直接影响教师培训质量和效果。建立完善的教师培训机构资质准入制度和质量评估制度，有助于规范教师培训机构的培训行为，有助于引导教师培训机构提高其教学、管理、服务水平，有助于不断提高教师培训工作的质量。

近年来，从国家政策、学术研究到实践探索，对教师培训机构建设的关注逐渐强化。在政策层面，教师培训机构评价聚焦于教师培训对象、相关培训内容、培训实施主体，以及评估结果运用等方面的内容。

在研究层面，对培训机构的评价涉及诸多因素。魏非等提到机构发展所涉及的问题涉及各个方面。外部环境涉及制度、政策、教育变革等，内部原因包括了机构组织架构、人员素质等[1]。华东师范大学教师发展学院、上海市教师教育学院近年来积极研究组织机构专业发展标准[2]，综合国内外的相关研究，通过建立教师培训机构标准规范指导机构的发展成为很多国家，包括我国、美国、英国、日本及韩国等国共同努力的方向。培训机构的专业化建设、科学发展无疑将成为高质量教师培训的必由之路。

在实践层面，由于我国的教师培训管理权限主要在国家和地区两级教育主管部门，因此，教师培训机构的资质认定和评估一般由教育部和各省（自治区、直辖市）教育厅（教委）来组织实施。对教师培训机构的评估既要考虑到自身建设所涉及的基础设施保障、制度、队伍及经费保障等完善性，又要考虑到其在开展培训工作，发挥作用的充分性和有效性等方面。

教育部分别在 2005—2007 年、2012—2015 年间开展过两轮全国范围的示范性县级教师

---

① 魏非：《面向混合式研修的教师培训机构能力成熟度模型研究》，华东师范大学，2016。
② 余新：《教师培训师：培训者专业化角色之变》，中国教师报，2023 年 6 月 7 日第 13 版。

培训机构评估认定工作，评估认定程序采取"省级教育行政部门评估申报、教育部认定"的方式开展。先由省级教育行政部门研究制定具体评估办法、组织实施省级评估，再向教育部申报，由教育部组织有关专家对申报机构进行抽查复审后，正式予以认定。两次评估认定工作分别制定了相应的评估标准，第一轮评估标准包含 8 个一级指标、33 个二级指标、72 个观测点；第二轮评估标准包含 5 个一级指标、13 个二级指标、60 个观测点。

表 6-3　两轮示范性县级教师培训机构评估标准一级指标及其权重变化表

第一轮评估一级指标	权重占比
组织领导	6%
功能定位	6%
规划管理	10%
基础条件	18%
经费投入	8%
师资队伍	14%
功能发挥	29%
社会影响	6%
特色创新	3%

第二轮评估一级指标	权重占比
组织领导	16%
基础设施	17%
教师队伍	22%
专业效能	33%
特色影响	12%

随着国家对教师队伍建设要求的不断提高，社会对教师期待的持续攀升，教育部也在研制能够符合新时代国家要求、满足社会期待的教师培训机构评价标准，尤其是在第二轮评价标准版本的基础上要体现出与时俱进的内涵发展，并系统全面地包含相关要素。教育部为了进一步贯彻落实《关于新时代进一步强化教师队伍建设的实施意见》及《新时代基础教育强师计划》，正在研制新的县域教师培训机构评估标准，以标准为引领、为导向及评价的重要指标，作为引导培训机构建设的重要载体。

"十三五"时期，为全面评价北京市干部教师培训整体成效，北京市教委人事处指导北京市中小学中等职业学校教师培训中心（原）对各区教师培训机构开展系统评估。通过实地走访调研、文本材料审阅、现场汇报答辩的方式，对各区培训机构的建设及其开展的工作成效进行评估。北京市中小学中等职业学校教师培训中心（原）设计了评价指标，包含 3 个一级指标、8 个二级指标，满分 100 分，其中机构情况占比 40%，工作情况占比 50%，经费情况占比 10%（见表 6-4）。

表 6-4 "十三五"时期北京市各区教育系统干部教师培训机构评估指标体系

一级指标	二级指标	三级指标	分值
机构情况 （40分）	基础条件	具有与承担任务相适应的办学场地、专业教室、网络研修平台、学习资源（信息资源、教育技术等）和实践培训基地	10
	队伍建设	具有结构合理、分工明确、团结和谐、管理经验丰富的领导班子和专兼职比例合理、结构稳定、专业能力较强的师资队伍	10
	功能发挥	机构建设理念清晰、功能定位明确，具有与本区与干部教师队伍建设发展相适应的培训规划和规范健全的培训管理（含质量监控）制度	20
		在机构专业建设、指导中小幼教育教学实践、促进本区干部教师专业发展方面有突出成效、特色经验和创新举措。具有一定量针对性强、有利于提高培训实效的科研成果和课程成果	
工作情况 （50分）	规划与思路	区委、教委两委较好贯彻上位文件精神，高度重视干部教师队伍建设和培训机构专业建设，做到整体规划、思路清晰、目标明确	10
	任务完成情况	干部教师培训任务完成度高、质量较好，工作能够与时俱进	15
	经验与特色	干部教师培训工作成效显著、特色鲜明，在破解干部教师专业发展瓶颈、提升本区干部教师队伍建设水平方面有探索和创新，具有一定的示范性和引领性，形成一定影响力和美誉度	15
	"十四五"工作	对"十四五"期间培训工作有较为深刻的思考和科学的谋划	10
经费情况 （10分）	经费保障	能够设立干部教师培训专项经费，并做到足额、按时拨付	10

　　针对现场汇报答辩环节，从汇报陈述的全面性、清晰性及创新性等方面进行评价；此外，从现场的互动交流方面，也将从回应的针对性、清晰性与完整性方面进行评价，具体评价标准见表6-5。

表 6-5　"十三五"时期北京市各区教育系统干部教师培训总结评估现场评价表

环节	评价指标
汇报陈述（90分）	汇报内容完整全面，覆盖本区"十三五"时期干部教师培训工作和机构建设发展的主要方面，与文本材料互为对应和补充
	汇报框架清晰明了，能够准确反映本区干部教师培训工作的整体思路、落实情况、主要成效
	汇报重点突出，能够反映本区干部教师培训工作的主要经验、创新举措、特色亮点，问题对策和"十四五"规划思路
互动交流（10分）	能够较好地回应专家提出的问题，交流回答思路清晰，针对性强
	能够结合专家提问，对汇报陈述的内容作充分翔实的补充

通过以上两个实践案例可以看出，无论是国家层面，还是省市层面，在制订评估指标方面需要考虑各方主体的需求。

首先是政府的需求。对教师培训机构进行资格准入和质量评估，是教育主管部门履行业务指导、质量监控等管理职能的具体体现，代表国家意志，要求机构发展方向必须与国家教育方针、政策保持一致。教育主管部门需要了解建立一所教师培训机构并为其配备一定的资源之后，该机构是否开设导向正确、内容合理的培训课程，是否建立了行之有效的管理制度，是否有效地整合利用了各类资源，以保证其办学水平能够培养出符合教育改革发展要求的教师。

其次是参训者的需求，也就是教师的需求。教师参加培训机构组织的培训活动，主要目的是通过培训，进一步提升自身思想政治素质、师德素养和教书育人能力，适应基础教育改革发展的新变化新要求，从而能够胜任其岗位，更好地开展教育教学工作。为此，教师需要从培训课程中了解和掌握党和国家的教育方针、政策、法规，了解国内外教育发展现状与趋势，了解各种教育思想，掌握必备的教学技能，并将所学的知识和技能转化为自身的教书育人能力，切实增强解决实际问题的能力。

第三是教师培训机构自身的需求。教师培训机构作为一个组织机构，需要不断地从外部获取资源，保证机构的正常运行和可持续发展。它需要获得经费支持，以购买必须的物资设备、改善办学条件；需要配备一定数量和质量的师资，以保证教学工作的正常开展；需要建立相应的规章制度，以保障各项工作的规范有序进行。另外，还必须具备一定的办学特色，也就是核心竞争力，比如具有卓有成效的培训课程、前瞻性的发展目标等。

由于以上三方利益相关主体的需求并不完全一致，在设计评估指标时要充分考虑并整合各方需求，将三方利益相关主体共同追求作为形成教师培训机构评估标准的基础。

在评估流程方面，教师培训主管部门负责对教师培训机构进行评估，也可以委托其认可的机构进行评估，按照"下评一级"的方式开展。一般分为三个阶段，即评估准备阶段——评估实施阶段——评估总结阶段。

评估准备阶段包括成立评估工作领导小组，制定评估方案，明确评估目的、指导原则等相关事宜；成立评估工作组，具体负责拟定评估实施方案、制定评估标准、确定评估程序、下发评估通知、成立评估专家委员会等工作。

评估实施阶段一般分为自评阶段和实地考察阶段。自评阶段，由被评估机构根据评估要求开展自评，形成自评报告和相关文本材料，提交评估工作组，供评估专家委员会审阅。实地考察阶段，工作组会组织专家开展实地考察评估，通过听取汇报、查阅相关资料以及现场参考等方式，对照评估指标体系及指标说明，进行打分，提出初步意见。

评估总结阶段，专家委员会在自评、实地考察的基础上，完成评估报告，提交评估工作领导小组审议。经过评估工作领导小组审议与讨论，最终确定评估结果。评估结果确定之后，反馈给被评估机构，供其对照改进，达到以评促建的目的。在全部评估工作完成之后，还应对此次评估工作进行全面总结，梳理有益经验，查找不足，为下一次评估做好准备。

第三节　中小学校本研修评价标准及工具

一、中小学校本研修评价标准

党的二十大报告明确提出教育是国之大计、党之大计。培养什么人、怎样培养人、为谁培养人是教育的根本问题。这些根本问题的落地，学校是主阵地，教师是核心力量。如何以校为本助力教师把准育人价值方向、夯实育人能力基础、探索育人创新路径，是教师队伍建设亟待关注解决的问题。2021 年，由教育部、中组部、中央编办、国家发改委、财政部、人社部等六个部门联合印发《义务教育质量评价指南》，旨在着力构建以发展素质教育为导向的科学评价体系。指南中对学校办学质量的评价指标进行了细化，从办学方向、课程教学、教师发展、学校管理和学生发展 5 个维度逐步细化了办学过程中需要重点关注的方向及内容。2023 年 6 月，中共中央办公厅、国务院办公厅印发了《关于构建优质均衡的基本公共教育服务体系的意见》，提出要推进学校建设标准化。实施义务教育学校标准化建设工程，完善义务教育学校办学具体标准，建立学校标准化建设台账。从系列文件的颁布，我们看出，以学校为本，以标准化、规范化、科学化的方式推进育人工作成为未来学校发展的重要目标。

校本研修作为学校推进教师队伍建设，优化教学科研工作的重要载体，一直在办学过程中承担着重要的职能。高质量的校本研修才能打造高质量的教师队伍，形成高质量的教学科研成果，最终让师生受益。如何规划设计实施高质量的校本研修无疑将成为校长治理学校必须做好的工作之一。高质量的校本研修需要从设计、组织、实施、管理到评价，形成更为完善的系统。评价作为其中重要的组成要素，能够有效促进校本研修的设计、组织与实施。因此探索校本研修的评价工具与路径对于当下高质量校本研修体系建设意义重大。

在讨论校本研修评价这个问题时，也得关注一下"评价"背后的价值导向，也就是在校本研修评价背后，需要秉持什么样的评价观。著名评价专家古巴 (E.G.Guba) 和林肯 (Y.S.Lincoln) 出版《第四代评价》(Fourth generation evaluation) 一书，把教育评价分为四代：第一代关注"测量"，第二代关注"描述"，第三代关注"判断"，这三代评价的共同点是把被评价方视为客体，关注评价的评判功能。他们认为，第四代评价应倡导"回应—协商—共识"的评价策略，认为评价的根本意义在于服务。为提高服务的质量，评价标准必须了解被评价方及其他利益相关者的问题、兴趣和关注点，以对其做出"回应"为起点。

在评价过程中，评价者、被评价方及其他利益相关者都应参与评价，评价结果应是所有评价者交互作用、民主"协商"、达成"共识"的产品①。在校本研修评价中，学校、教师培训机构、研究机构、政策制定者等都应该参与到校本研修的评价标准制定中，评价的过程应该是这些主体民主协商、参与的过程，评价的结果应该是协商、共同建构的过程，而不应是一种控制过程。此外，校本研修的评价目的也决定了校本研修的走向。为了绩效还是为了改善两者之间存在本质的区别。"为了绩效的评价"用来判断机构是否圆满完成了上级部门指定的任务，测定的主要是业绩成果。"为了改善的评价"则非常重视过程。在日本的校本研修评价中，不管是对研修目标达成度、研修主题的妥当性、研修方法的有效性等进行的综合评价，还是对每位教师在参加研修后发生的变化进行的形成性评价，都不是一种绩效考核，其目的在于提供一种参考数据，帮助教师提高专业能力，最终促进学生的成长②。

在评价方式上，《义务教育质量评价指南》中明确提到学校办学质量评价要注重结果评价与增值评价相结合、注重自我评价与外部评价相结合、注重线上评价与线下评价相结合。在广东省、浙江省、北京市颁布的有关校本研修指导意见中也明确提到要加强校本研修过程指导与评价。进入"十四五"以来，北京市教委出台了《进一步加强校本研修工作的指导意见》，其中提到各区培训机构要做好区域内学校校本研修的专业指导及效果评估。各区在文件的指导下，组织研制校本研修评价标准，用于指导区域校本研修工作的开展。如北京市海淀区在《中小学校本研修的设计与实施》中提出了海淀区校本研修评价标准③（见表6-6）、教师培训负责人核心素养框架、教研组长能力要素框架；西城区就校本研修的规划制定提出了明确的评价指标体系（见表6-7）。这些指标及素养框架的提出也是各区结合一线学校实际，综合考虑培训机构、研究人员等多方力量形成的评价标准，为高质量校本研修的开展明确了方向和框架。

表6-6　北京市海淀区校本研修评价标准

一级指标	二级指标	三级指标
校本研修保障	制度建设	学校重视校本研修工作，成立以校长为组长的领导小组，有部门及干部具体负责，职责明确，任务落实
		有学校校本研修规划和阶段性实施方案；校本研修方案针对性强，具有层次性、可行性和完整性等特点

① 李文霞：《建构主义评价观对教师教育评价的影响》，载《课程教育研究》，2014（19）。
② 叶林：《基于PDCA管理循环的日本校本研修》，载《外国中小学教育》，2011（7）。
③ 刘锌，张晓，王秀英等：《中小学校本研修的设计与实施》，北京，教育科学出版社，2023。

一级指标	二级指标	三级指标
校本研修保障	制度建设	有学年、学期校本研修计划和总结；有专题培训的方案和总结
		有教师参与研修的考核、奖惩等规章制度，管理制度健全
	研修资源	有能够胜任培训工作、以本校教师为主体的师资队伍
		积极开发与利用网络资源，整合区域、片区（研修分中心、学区、集团）等资源用于校本研修
		有教育教学、学校管理及德育等方面的可用于培训的案例资源积累
		根据学校实际，建构校本研修课程体系，开发校本研修资源
		充分利用高校、研究机构、社区等校外培训资源实施校本研修
	研修目标	校本研修目标指向实际问题的解决，有效对接教师队伍建设的需求
		研修目标清晰明确，具有可操作性，可达成、能落实
		结合实际，面向全体教师，开展丰富多样的专题研修
		开展时效性强的师德培训，创新师德教育活动
		开展课程建设与实施的相关培训，保障国家课程校本化、高质量实施
		聚焦学科课程育人价值理解、教学设计与实施、作业设计与学业评价等关键问题，开展指向实践改进的校本研修
		加强学生研究，开展学生教育与班级管理培训
		开展教育科学研究，并促进培训工作的实践转化
		开展现代信息技术应用能力培训，推动信息技术与学科教学深度融合
	研修方式	研修主题鲜明、形式多样、实效性强

一级指标	二级指标	三级指标
校本研修保障	研修方式	注重通过案例、反思、体验等方式进行参与式培训，提升教师自主发展的意识
		实行导师制，通过"师带徒"等方式对新任教师、青年教师进行培养
		参加国家级、市级、区级、校级等各级教育科学研究课题，以课题研究为载体进行校本研修
		定期聘请专家到校指导、举办专题讲座
		创造条件选派教师外出学习或参加国家级、市级、区级培训
		充分发挥骨干教师及外出学习教师在校本研修中的引领示范辐射作用
		运用信息技术手段开展校本研修
	实施与评价	有固定的研修实践，平均每月至少有1次研修
		学校定期对校本研修工作进行评价；校本研修与评优、年度考核挂钩，对参加校本研修表现突出的教师定期进行表彰奖励
		严格过程管理，实行教师培训学分登记制度，教师培训学分登记率达100%
		校本研修资料及时分类存档，内容规范，查阅方便
	教研组研修	教研组研修整体有规划，学期有计划，活动有策划
		教研组研修聚焦实际问题，并有明确主题，研修活动系列化、课程化
		教研组研修指向问题解决，深入并有实效
	学科基地	教研组研修形成特色，在学区内承担学科教研基地任务或建成海淀区的学科教研基地
		教研组承担了区级、市级、国家级等级别的研修任务，效果良好（好评率85%以上）
	研修成果	学校干部教师的师德水平得到提升，教育教学理念能够及时更新
		教师反思意识增强、教育研究素养提升，定期撰写随笔、反思、案例等，教学行为改进显著

一级指标	二级指标	三级指标
校本研修保障	研修成果	近5年教师获得区级以上教育、教学、科研成果奖励有增加
		近5年获得区级以上优秀班主任或骨干教师的总体数量有增加
	成果推广	举办过区级以上校本研修方面的展示活动
		学校开发了校本研修课程或校本研修案例
		在区级以上范围内推广或介绍过校本研修经验；在国家正式出版物上发表过与校本研修有关的文章

表 6-7　西城区"十四五"校本研修规划评价指标

一级指标	二级指标	要素解析	基本要求
现状分析	学校发展现状	分析学校发展现状、办学理念、办学特色，总结学校发展的重难点问题等	运用系统分析思想、借助SWOT分析模型，梳理学校内部和外部条件，聚焦关键问题，确立学校愿景和教师队伍建设目标
	师资队伍现状	分析学校教师各级各类教师构成、师资水平、存在问题等	
	校本研修现状	分析学校校本研修开展情况、校本研修特色亮点、存在问题等	
上位依据	政策依据指导思想基本原则	依据国家、市、区教育发展和教师队伍建设的政策文件，确定开展校本研修的指导思想及遵循的基本原则	
发展愿景	学校发展愿景	分析学校"十四五"阶段办学目标、办学思路、重点举措等	
	队伍建设目标	分析学校"十四五"教师队伍建设的目标、方向等	

一级指标	二级指标	要素解析	基本要求
研修规划	研修目标	依据学校发展愿景和教师队伍教师目标，制定学校"十四五"校本研修总体目标和阶段目标	1.有针对性，目标设定围绕学校发展和教师队伍建设的关键问题，遵循"按需分层"的基本原则，提升各级各类教师专业理念与师德、专业知识和专业能力； 2.有层次性，整体发展目标与阶段发展目标相结合，目标间有逻辑性； 3.有可操作性，目标具体、明确、具有可操作性、可检测性
	研修课程	依据学校校本研修总体目标和阶段目标，确立每学期校本研修主题，围绕主题设计研修课程	1.研修主题与研修目标保持对应关系； 2.研修主题聚焦需要解决的重点问题，有整体规划； 3.研修课程围绕研修主题设计实施，体现整合性
	研修方式	综合运用多种手段方法，调动教师主观能动性，注重实效	1.重视自主学习、合作学习、探究学习、实践学习，体现以教师为主体的教育理念； 2.充分运用现代信息技术，提高参与度和实效性； 3.将教师日常教学、研修、研究相结合

续表

一级指标	二级指标	要素解析	基本要求
研修规划	保障机制	优化校本研修环境，为教师学习和专业发展提供制度保障、组织保障和资源保障	1.建立制度保障：学校校本研修规章制度，如管理办法、实施方案、奖励机制等； 2.建立组织保障：学校校本研修管理团队建设、人员构成、工作模式等； 3.建立资源保障：学校校本研修可借助的资源，如师资、环境、条件等
	预期成果	学校"十四五"校本研修的预期成果，如课程体系、研修模式、资源建设、教师发展等	1.解决学校重点、难点问题； 2.促进各级各类教师专业发展； 3.提升教育教学质量水平

　　上海市浦东新区以校本研修学校方案实施情况为抓手，采用诊断问题、提炼经验等手段，对学校校本研修实行年检制度。年检以各校制定的校本研修方案和浦东新区颁布的研修政策为依据。在年检的基础上，浦东新区还通过经验文集编写、现场展示会等方式，在区域层面宣传推广校本研修的典型个案和成功做法，并对校本研修中的一些问题进行专题研讨。浦东新区自实施区域推进校本研修以来，尝试构建了"建设校本研修学校—激活学校研修活动—促进教师专业发展"的区域推进实践路径，初步形成了基于网络平台、基于专题研究、基于教师个人教育教学改进计划、基于校际合作的校本研修模式①。

　　（一）校本研修评价标准要在系统性上为高质量校本研修提供指导

　　结合北京市两个典型区域的校本研修评价标准，我们也能看出校本研修评价对于校本研修工作的开展具有较好的指导作用。通过评价标准，学校能够看到开展校本研修工作不再局限于活动，而是从"点状"的研修活动过渡到系统的研修体系建设，要全面关注开展

---

① 胡惠闵：《从区域推进到以校为本：校本研修实践范式研究》，载《教育发展研究》，2010，30（24）。

校本研修的系统要素，包括校本研修规划研制、校本研修课程体系建设、校本研修队伍建设、校本研修成果凝练以及组织保障等。只有做好校本研修体系建设的系统谋划，以及各要素的全面布局，并以评价标准监控其实施的各环节，才能保障高质量校本研修的落实。校本研修应该直接服务于学校发展与教师队伍发展，直接指向教师队伍在教育教学上存在的重点难点问题。因此在制定校本研修评价标准时要重点关注其解决问题的系统性、针对性、实效性。校本研修要从系统上关注学校发展的重点难点问题，服务本校教师队伍发展做好校本研修规划；其次，要从实施层面做好落实与保障；最后要从成果层面做好成果凝练、转化，实现校本研修成果辐射的最大化。

（二）校本研修评价标准要在系统要素的一致性上为校本研修提供指导

赛泽说过："好的学校总是呈现出组织性并总是处于建设性的和理智性的运行状态。"评估标准要在一定程度上为学校的建设性与理智性运行提供指导，这种指导除了如前所述的系统性外，还必须体现系统内要素的一致性。一致性要体现在如下两个方面：一是校本研修体系内部各要素的一致性，二是校本研修体系与外部其他要素的一致性。

从外部来看，校本研修的规划要与学校的办学理念、办学方向、学校文化保持高度一致，从而确保校本研修工作真正服务于学校整体发展。如某学校的文化中秉持"自主成长的教师文化"，在其校本研修规划中则明确提到"通过教育专著阅读，引导教师向身边的案例学习，增进教师价值认同，逐步提升教师开展反思性实践的深度和厚度"。强调"优秀教师的成长要素绝对不是来自外在的专家培训，而是源自自我发展的内驱力。要形成自我发展的内驱力，最有效的渠道就是基于教学问题导向和驱动的校本研究。引导教师以备课组为单位，针对教育教学、班级管理、课堂教学等常规工作，提出自己的真问题、实问题、小问题，形成教育教学问题库；基于共性的问题组成学习共同体，与同伴一起共同探寻问题形成的原因，制定解决问题的策略，并且付诸于教育教学实践，以此形成属于自己的经验"[1]。在学校的主体文化设计下，形成教师队伍建设以及校本研修规划的整体方向及活动设计，确保文化、规划、研修、课程、成果以及评价的高度一致性，形成同频，将各项工作的成效最大化。

从内部来看，第一是校本研修规划的目标设定（包括近期、中期和长期目标）要与学校当下、中期以及长远要解决的教学、科研、教师队伍建设以及学生发展等关键问题保持一致；第二是保障目标与校本研修课程体系以及成果体系建设的一致性；第三是保障目标与时间、空间、资金、人力等资源分配的一致性。只有高度的一致性与自洽性，才能保障

---

① 发现成长基因，重构成长方式：人大附中亦庄新城学校"十四五"时期校本研修工作方案，未发表，收录于《开拓创新：构建海淀区校本研修高质量发展新格局——海淀区"十四五"时期校本研修工作方案》。

校本研修工作真正服务于学校、教师和学生的长远发展。

通过评估标准帮助区域校本研修指导者以及学校校本研修设计者们厘清整体架构与细节，助力校本研修工作的有效落实。有效的校本研修是将校本培训、校本管理、校本研究、校本课程开发融为一体的校本教师教育。

（三）校本研修评价标准要在系统要素的长期发展与成果产出上提供指导

目前多数学校能够做到以校本研修活动赋能教师成长，但规划以及实施过程中缺乏对成果产出的思考。校本研修工作本身就肩负着赋能教师成长及孕育成果的双重使命。校本研修必须超越研修活动组织，要指向教研、科研、教师队伍建设以及解决学生发展的核心问题，更要指向问题解决后的成果产出。教研组、年级组等共同体以解决问题为载体，在解决问题中促进自身发展，并沉淀、梳理、解决问题后形成的研修成果。研修成果可以是校级层面的课程体系建设成果，也可以是教师群体及个体层面的讲座、专著、论文等成果。通过长期性、群体性的研究，形成能够满足办学方向、办学理念及文化，也能助力教师、学生成长的成果。

我们认为校本研修评价标准要在规划、实施及成果上指导学校进行校本研修的整体设计；此外在规划、实施以及成果之间也要体现自洽性、一致性；最后，评价标准也要体现不同类型学校在开展校本研修工作在规范性、科学性上的差异。综上，我们提出如下表所示的校本研修工作评价标准。

表 6-8 校本研修工作评价标准

一级指标	二级指标	三级指标
校本研修规划	学校发展的重点难点问题分析	结合上位文件及学校现状分析确定学校特定发展阶段存在的重点难点问题，尤其是对不同发展阶段教师在专业发展、教育教学上存在的核心问题进行分析
	校本研修路径规划	结合学校发展目标及当下的主要问题，确定几年（一般是3~5年）在校本研修上的整体目标、路径。尤其要凸显组织机构、人员发展、课程建设以及成果建设的校本研修体系布局
	校本研修成果规划	结合学校的整体规划及要解决的核心问题，结合校本研修落实的具体路径，形成对核心问题解决的成果矩阵，成果内容及成果形式要体现与教师发展的高度一致性

一级指标	二级指标	三级指标
校本研修实施	制度建设	学校成立以校长为组长的领导小组，有部门具体负责，职责明确
		有阶段性实施方案，校本研修计划和总结。总结中有明确的问题解决情况及教师反馈
		有参与研修的考核、奖惩等规章制度，管理制度健全
	队伍建设	有能够胜任培训工作、以本校教师为主体的师资队伍
		充分利用高校、研究机构、社区等校外培训师资实施校本研修
	课程建设	依据学校校本研修总体目标和阶段目标，确立校本研修主题，围绕主题设计研修课程，与研修目标保持紧密对应关系
		结合校本研修规划，建构校本研修课程体系，能够较好地支持教师开展家校社协同育人工作，开发校本研修资源
	评价建设	学校定期通过管理、教师多重身份收集对校本研修工作的量化及质性评价； 校本研修资料及时分类存档，内容规范； 通过对评价证据的收集，进行质性分析，并体现在年度、学期的总结中，作为优化后续工作的重要基础
校本研修成果	成果凝练	学校要有校本研修成果意识，成果要体现与教师发展的高度一致性，能够以终为始关注校本研修成果的凝练； 学校围绕核心问题解决从研修活动的组织中沉淀、提炼、梳理出学校独到的研修成果（如课程、论文、案例、专著等）
	成果推广	通过展示活动以及在区域、集团内校本研修方面的展示活动，推广辐射成果； 在国家正式出版物上发表过与校本研修有关的成果

该标准分为三级指标体系，一级指标体系主要是从过程逻辑上体现高质量校本研修工作需要涵盖规划、实施及成果三个部分。二级指标主要是从系统性维度体现高质量校本研修在规划、实施及成果三个部分需要包含的要素。三级指标主要是从系统一致性及规范性、科学性角度体现校本研修所应该具有和达到的水平。这里想要说明的是，评价标准本身也需要不断完善，在使用的过程中，需要不同类型的学校完善其内涵，丰富各级指标体系及内容。

二、中小学校开展校本研修的评价工具

长期以来，学校虽然在开展各种形式的校本研修活动，但校本研修评价并未得到有效关注，目前仍然是区域、县域培训机构从外部对学校进行校本研修评价。这种从上到下，从外到内的评价更倾向于"目标及绩效"导向的评价。学校自身对"校本研修"工作进行的改善性及发展性评价还较少。从研究视角来看，CNKI 上关于校本研修评价的相关主题并不多；从实践视角来看，目前所出版的校本研修相关的书籍虽然涉及不同类型学校开展校本研修的实施方案，但对"评价"的部分却提及较少。这也说明高质量的校本研修体系尚未完善，还存在评价缺位的现象。

（一）校本研修评价应该成为高质量校本研修体系建构不可缺少的组成部分

我们认为在学校开展校本研修工作时，"评价"应该成为不可分割的组成部分，专门负责推进校本研修工作的部门也要同步设计校本研修评价工作，并以"改善与促进发展"为导向进行校本研修评价。这一评价导向决定了必须做好校本研修的过程性评价，如做好过程性资料的收集、梳理，如教师的反思记录、学习心得；研修过程中的问卷调研结果、访谈记录、观察记录；教研组活动后形成的生成性课程内容等。研修活动结束后，需将这些资料进行汇总、分析，并对照校本研修评价标准，发现存在的差距，提出进一步改善与促进发展的相关措施。如教师的研修反思、收获与研修目标是否有较好的一致性；研修内容与学校当下要解决的教学、科研、学生发展等问题是否有较好的一致性与长期、深入的持续性关注。通过过程性的评价能够及时调整修正后续研修活动的设计与实施。

（二）教师既是校本研修的参与者，也应该成为校本研修的评价者

在校本研修评价过程中，每一位教师既是研修活动的参与者，也应该成为研修活动的评价者。学校要充分发挥教师的主动性，让教师有能够借助各类信息技术工具随时进行图文、视频记录的意识与行为，及时将过程中的关键思考留存下来。学校也可以借助 UMU 等学习平台开展校本研修工作，通过签到、微课、图文、提问、讨论、问卷调研等活动，平台会自动精确记录每一位教师研修过程中的活动参与情况，减少人工记录学习档案的工作量。

（三）教师及学校管理者应该从"意识—思维—行为—结果"四个层面形成落实校本研修评价工作

如前所述，教师应该成为校本研修的评价者。那么在实际操作层面，教师以及学校管理者该如何具体演绎评价者的角色？我们认为要从评价意识、评价思维、评价行为以及形成的评价结果思维方面对标。即成为具有评价意识的参与者，能够以发展性的思维为高质量校本研修贡献智慧，并能够在行为上助力校本研修活动的改善。基于四个层面的认识，我们提出了如下两种评价工具，其具体纬度及内涵如表6-9、6-10所示。

表6-9　以促进"改善与发展"为导向的校本研修评价—教师评价

维度	内涵
意识	要能认识到自身对校本研修所做的评价对促进校本研修工作有着重要的改进与发展作用
思维	不局限于自身从研修活动中获得成长，也要对研修活动组织的有效性进行反思，进而不断完善提升研修活动的质量； 能够联系多次研修活动，关注自身在多次研修活动中的收获与成长是否具有连续性、发展性，从而为学校整体研修活动的设计提供有效建议
行为	在每次研修活动结束后，通过观察以及个人反思形成对研修活动的整体评价； 能够与同伴协商讨论，从不同视角形成对校本研修的满意度及质性评价
结果	观察校本研修活动是否在自身及同伴的评价下有了改善与发展，并将结果反馈给年级组、教研组或学校教师发展中心等机构

学校应该有专门的部门及负责人来结合两种工具，设计相应的支架来帮助教师为校本研修评价提供证据。如校本研修活动结束后，可以通过问卷调研的方式了解此次研修活动的针对性、有效性，尤其是突出强调教师的真实反馈对于后续校本研修组织与管理的价值与意义，助力教师认识到自身对校本研修所给予的评价对后续工作的重要性。此外，也可以选择部分教师进行点对点或者一对多的访谈，除了量化的有效性评价，也需要收集教师

对研修活动多维度、多视角的质性评价。尤其是要引导教师关注多次研修活动是否为教师的可持续发展提供了有效支持。如有学校一学期虽然组织了多次研修活动，但是彼此之间的相关性、联系性不强，导致了教师无法从系列研修活动中获得相对一致和更为深入的理解与认识，多次研修活动的设计没有能够形成研修合力。

表6-10 以促进"改善与发展"为导向的校本研修评价—管理者评价

维度	内涵
意识	校本研修管理与组织者要突破原有"开展活动就有效"的假设，要形成研修活动后组织教师对研修活动过程及效果进行评价的意识。要认识到高质量校本研修是多轮评价改善后形成的
思维	校本研修活动管理者（主管教学校领导、学校教师发展中心负责人、教研组长等）要以迭代思维、众筹思维为引导，关注研修活动之间的延续性、联系性、发展性，关注教师群体对于校本研修主题、内容、形式所提出的意见建议，真正做到校本研修是服务于教师专业发展、关注教师需求与感受的
行为	教研组要设计量化与质性评价工具，质性评价要从引导教师关注校本研修活动是否真正服务于解决教师面临的问题的角度，从师资、课程内容、活动形式等多方面提出改进建议
结果	对多次研修活动后教师的评价内容进行质性分析，形成对校本研修的整体改进措施，保障校本研修量化满意度、认可度及质性评价整体提升

学校专门负责校本研修的相关机构，如教师发展中心，要形成一种意识，即高质量的校本研修模式、课程、体系一定是经过多轮评价，不断优化后才积淀形成的。因此作为管理者必须有迭代、众筹思维，关注校本研修活动与学校发展、教师发展之间的关系；关注多次校本研修活动之间的联系；更要关注教师群体对多次研修活动的反馈、建议。相关机构要形成有学校特点的问卷工具、系列访谈提纲以及研修活动后的反思工具等。通过这些工具，收集来自不同学科、发展阶段的教师的真实反馈。如北京市某集团校围绕"项目式学习"开展了暑假集中研修，研修过程中，不同学科的教师代表均汇报了本学科开展项目式学习的整体思路和面临的难题，汇报完成之后专家也进行了针对性的点评并对教师存在的困难进行了分析，提出了相关的建议。其中有些建议是给学校提出的，如对于跨学科项目式学习的设计必须给不同学科教师提供可以一起研究的时间和空间；有些建议是给教师

提出来的，如教师还需要进一步拓展学科内容与社会生活之间的联系，从具有综合情境的问题设计中寻找项目式学习的关键点。此次研修活动结束后，集团校教师发展中心也为所有老师设计了问卷，并要求教师提供不少于 800 字的反思，反思中包含此次研修的收获、对后续研修活动的建议等。教师发展中心收集到教师们的反馈后，进行了量化与质性分析，结合教师们的反馈与建议，决定在下一次研修活动中，确定几个跨学科项目式设计案例进行展示分享，这些跨学科项目式学习的案例生成过程也为后续全校教师做出了探索与示范。

有了来自学校管理层对校本研修评价的整体设计、引导，以及来自教师群体对校本研修评价的积极参与，形成对过程性数据的梳理与分析，加之校本研修评价指标的指导，就能避免校本研修评价陷入主观、抽象之中，而是建立在教师真实的感受、反思基础上，能够实现基于"改善与发展"的高质量校本研修体系的建设。

（四）依托逻辑结构图和过程流程图辅助校本研修评价工作高质量落实

高质量校本研修工作是长期性、系统性工程，围绕学校整体办学目标及近期、中期、长期需要解决的问题，在校本研修规划、课程、队伍、成果、评价各要素之间的彼此磨合、协同发展的过程。为了确保该过程中所有的设计者、实施者、参与者能够始终保持全局观和系统思维，可以借助逻辑结构图以及流程图辅助利益相关人员进行校本研修评价。如"课程结构图"，能帮助学校管理者和教师清晰认知为什么要开设这些课程，不同课程之间是什么关系，每门课程聚焦教师的哪些能力培养，从而为修正与优化校本研修课程提供证据[①]。

表 6-11　Y 幼儿园职初教师校本研修课程总体规划（节选）

能力维度	能力要求	专业发展目标	课程内容设置					
			品名著、绎经典	幼儿结构游戏概述与发展特点	三个年龄段《学习》教材解读	《稚趣空间》主题环境创设	幼儿歌曲弹唱（钢琴）	…
师德与素养	育德能力	日常态度言行对幼儿发展起到榜样示范作用	✓					
		在保教中融入德育，促进幼儿良好意志品质的形成与发展	✓					
	内在素养	保护幼儿身心健康，尊重幼儿						
		主动学习，积极进取	✓					

① 李磊：《为教师成长护航：校本研修课程评价体系的建构与实施》，载《中小学管理》，2023（9）。

能力维度	能力要求	专业发展目标	课程内容设置					
			品名著、绎经典	幼儿结构游戏概述与发展特点	三个年龄段《学习》教材解读	《稚趣空间》主题环境创设	幼儿歌曲弹唱（钢琴）	…
师德与素养	团队协作能力	与同伴合作，完成各项工作						
		热心参与公益和志愿者服务，敬业奉献						
理论与提升	知识结构	掌握幼儿发展相关知识	√		√	√		
		掌握促进幼儿学习策略的相关知识	√		√			
		掌握评价幼儿的方法			√			
		掌握幼儿防护知识				√		
	信息技术应用能力	掌握基于技术的教学策略与方法						
		掌握基于技术的家校共育方法						
实践与创新	规划能力	制定个人三年发展规划						
		探寻个人教学风格						
	保教实践能力	创设温馨的幼儿发展环境	√			√		
		合理安排幼儿各项活动			√			
		参与幼儿活动并给予指导	√					
		解读幼儿行为，分析幼儿发展	√					
	方案制定能力	制定保教活动计划			√			
		根据季节、天气等变化调整幼儿作息时间						
	专业反思能力	反思幼儿行为与指导的有效性						
		发现保教工作问题，并开展实践研究						

借助流程结构图能帮助学校管理者系统梳理学期或者年度研修活动，可以检验校本研修活动与教师培养目标之间的适切性和一致性。如某校本学期组织的几次研修活动以教研

组磨课为主，其他均为专家讲座，但几场专家讲座的内容彼此之间的联系性以及讲座与磨课的内容联系性均不强，这就导致了校本研修的课程内容没能很好地对应目标。相反，另一所学校，学期末便收集了各年段教师反馈的较为集中的问题，并对问题进行了归类，有些是可以通过教研组协商研讨解决的，并在解决后可以沉淀形成本校的校本研修课程；有些是需要外请专家提供支持来解决的。通过流程图梳理年度的研修活动，学校管理者就可以清晰地看到学校所组织的研修活动精准围绕教师面临的问题，与目标之间有非常好的对应性。

参考文献

1. 艾小芸. 乡村学校校长领导力个案研究——基于临汾市 X 县 Y 学校的调查 [D]. 太原：山西师范大学，2022.

2. 陈聪. 教师培训方案事前评审的实践意蕴及实现策略——兼论如何提高教师培训实效性 [J]. 中国教育学刊，2021，No. 342（10）：94-98.

3. 陈玲玲. 旨在质量保证的教师教育认证制度 [D]. 上海：华东师范大学，2011.

4. 陈霞. 教师培训项目质量管理 [M]. 上海：上海教育出版社，2018.

5. 陈霞. 教师专业发展效果评价模型评析——以 Guskey 教师专业发展评价模型为例 [J]. 大连教育学院学报，2010，26（1）:12-16.

6. 陈咏梅. 基于学校发展战略的青年教师培训研究——以北京师 A 学校为例 [D]. 北京：北京师范大学，2016.

7. 冯晓英，宋琼，吴怡君."互联网 +"教师培训与专业发展：深度质量评价的视角 [J]. 开放学习研究，2020，25（3）:1-7.

8. 高山艳. 职业院校教师专业能力：结构与培养 [M]. 北京：北京师范大学出版社，2022.

9. 关雪. 薄弱学校与优质学校组织文化测量与比较分析——以广州市高中为例 [D]. 广州：华南师范大学，2012.

10. 郭慧禹. 战略导向的 L 公司培训体系设计 [D]. 南京：南京理工大学，2009.

11. 胡斌武，林山丁，沈吉. 基于 KSAO 模型的教师数据素养培养研究 [J]. 教育探索，2019（5）：90-94.

12. 胡惠闵. 从区域推进到以校为本：校本研修实践范式研究 [J]. 教育发展研究，2010，30（24）:61-65.

13. 胡小勇，林梓柔. 精准教研视域下的教师画像研究 [J]. 电化教育研究，2019，40（7）：84-91.

14. 胡艳. 教师信念与其课堂教学行为之间关系的个案观察研究 [J]. 科技资讯，2007（28）.

15. 金香花，孙启林. 韩国教师培训机构评价的现状与展望 [J]. 外国教育研究，2012，39（2）：56-60.

16. 金星霖，王纬虹. 中职教师培训动机及其相关因素分析——基于重庆市的调查 [J]. 职业技术教育，2019（21）.

17. 雷蒙德·A·诺伊. 雇员培训与开发 [M]. 徐芳，译. 北京：中国人民大学出版社，2001.

18. 李方，钟祖荣．教师培训质量导航．北京：高等教育出版社，2014.

19. 李磊．为教师成长护航：校本研修课程评价体系的建构与实施 [J]．中小学管理，2023（9）:28-31.

20. 李路路．义务教育学校内涵发展研究 [D]．上海：华东师范大学，2021.

21. 李文霞．建构主义评价观对教师教育评价的影响 [J]．课程教育研究，2014（19）.

22. 李小红．课堂观察：高中新教师培训的载体创新与实践 [J]．现代中小学教育，2023，39（5）:62-66.

23. 李云春．教育信息化 2.0 背景下信息技术教师知识评价量表的构建研究 [D]．贵州：贵州师范大学，2022.

24. 林隽伟．高中生物学教师教学胜任力模型的构建研究 [D]．上海：华东师范大学，2022.

25. 刘冬萍．基于教师专业画像的学习路径研究 [D]．长春：东北师范大学，2022.

26. 刘立户．全面质量管理 [M]．北京：北京大学出版社，2004.

27. 刘锌，张晓，王秀英等．中小学校本研修的设计与实施 [M]．北京：教育科学出版社，2023.

28. 乔三三．S县特岗教师教育信念的调查研究 [D]．太原：山西师范大学，2020.

29. 曲铁华，王洪晶．新世纪英国教师教育改革探析 [J]．外国教育研究，2022.

30. 孙剑飞．提升教师培训需求调研品质的策略探究——以 2019 年湖里区中小学德育主任和分管副校长培训需求调研为例 [J]．福建教育学院学报，2022（9）.

31. 唐纳德·L·柯克帕特里克，詹姆斯·L·柯克帕特里克．如何做好培训评估：柯氏四级评估法 [M]．北京：电子工业出版社，2015.

32. 唐晓明．论教师培训需求侧管理和供给侧改革的有效协同 [J]．中小学教师培训，2023（1）.

33. 托马斯·R·古斯基．教师专业发展评价 [M]．方乐，张英，等，译．北京：中国轻工业出版社，2005.

34. 汪群，王全蓉．培训管理 [M]．上海：上海交通大学出版社，2006.

35. 王冬凌．建构教师培训效果评估模式：内涵与策略 [J]．大连教育学院学报，2011，27（4）:4-5.

36. 王昊宇．乡村教师的自我效能感研究 [D]．桂林：广西师范大学，2022.

37. 王建华．论高等教育的高质量评估 [J]．教育研究，2021，42（7）:127-139.

38. 王文利，余新．少讲多学，让课堂动起来——以学生为本的 30 个小学教学活动工具 [M]．北京：化学工业出版社，2023.

39. 王旭，赵文慧，刘旭东等．第三方参与视角下美国教师教育评估机构研究与启示——以"CAEP"为例 [J]．科技风，2018（25）.

40. 王卓，李昱辉.日本教师资格更新培训研究[J].外国教育研究，2022，49（4）：115-128.

41. 魏非.面向混合式研修的教师培训机构能力成熟度模型研究[D].上海：华东师范大学，2016.

42. 吴文胜.当代中小学教师专业发展政策研究[M].北京：中国社会科学出版社，2017.

43. 吴岩.教育管理学基础[M].北京：清华大学出版社，2005.

44. 武丽志，吴甜甜.教师远程培训效果评估指标体系构建——基于德尔菲法的研究[J].开放教育研究，2014，20（5）：91-101.

45. 肖建彬.基础教育教师培训课程与培训质量评估研究[M].北京：北京师范大学出版社，2019.

46. 徐平国，张莉，张艳芬.ISO9000族标准质量管理体系内审员实用教程（第四版）[M].北京：北京大学出版社，2017.

47. 许晨.成人高等教育学教学质量监控体系构建研究[D].西安：陕西师范大学，2007.

48. 许丽娟.员工培训与发展[M].上海：华东理工大学出版社，2008.

49. 严加平.教师"想要的"就是"需求"了吗？——OTP模式及其在教师学习需求分析中的运用[J].上海教育科研，2013（12）.

50. 叶林.基于PDCA管理循环的日本校本研修[J].外国中小学教育，2011，No.223（7）.

51. 易杰，陈兴玲.基于听评课APP分析数据改进教学的研究[J].中小学数字化教学，2023（6）.

52. 殷蕾，许放.高职教师培训实效评估指标体系构建研究[J].中国高教研究，2018（10）：98-103.

53. 余新.教师培训师：培训者专业化角色之变[N].中国教师报，2023-6-7（13）.

54. 余新.教师培训师专业修炼（第2版）[M].北京：教育科学出版社，2022.

55. 鱼霞，毛亚庆.论有效的教师培训[J].教师教育研究，2004（1）:14-19.

56. 曾双喜.胜任力：识别关键人才、打造高绩效团队[M].北京：人民邮电出版社，2022.

57. 张启.美国教师教育认证机构的历史演变[D].长春：东北师范大学，2015.

58. 张荣.基于教师画像的教学能力诊断辅助系统研究[D].南昌：江西财经大学，2021.

59. 张杉妹.基于资源基础理论的中小学学校管理评估体系研究[D].北京：北京师范大学，2017.

60. 赵德成，梁永正.教师培训需求分析[M].北京：北京师范大学出版社，2012.

61. 赵海利.《教师培训项目实施成效及影响因素——基于浙江省"农村中小学教师素质提升工程"的实证分析[J].教育理论与实践，2010（10）.

62. 周宇，应鑫迪，陈文智. 在线学习过程评价模型研究——以"学在浙大"在线教学平台为例 [J]. 现代教育技术，2023（7）：118-125.

63. 朱旭东，宋萑. 论教师培训的核心要素 [J]. 教师教育研究，2013（3）:1-8.

64. 邹天鸿，陈睿. 教师培训项目的专业化设计策略 [J]. 现代中小学教育，2021，37（10）：53-56.

65. [美]W·爱德华兹·戴明. 戴明论质量管理 [M]. 钟汉清，戴久永，译. 海口：海南出版社，2003.

66. [美] 保罗·E·斯佩克特. 工业与组织心理学（原书第7版）[M]. 孟慧，等，译. 北京：机械工业出版社，2021.

67. [美] 雪伦·B·梅里安. 成人学习理论的新进展 [M]. 黄健，等，译. 北京：中国人民大学出版社，2006.

68. [美] 约瑟夫·M·朱兰，约瑟夫·A·德费欧. 朱兰质量手册：通向卓越绩效的全面指南（第六版）[M]. 卓越国际质量科学研究院，等，译. 北京：中国人民大学出版社，2014.

69. Bruce. A. Brousseau，Cassandra Book，Joel Byers.Teacher Beliefs and the Cultures of Teaching [J]. Journal of Teacher Education，1988（39）：33-35.

70. Davies H T，Nutley S，Smith P C. What Works? Evidence-based Policy and Practice in Public Services[M]. Bristol: Policy Press，2000.

71. Edward L. Deci, Richard M. Ryan. Intrinsic Motivation and Self-determination in Human Behavior [M]. New York: Plenum Press,1985.

72. Knowles，M.S.The Modern Practice of Adult Education:From Pedagogy to Andragogy，（2nd ed）[M].New York:Cambridge Books, 1980.

73. Konig, J., Lammerding, S., Nold, G., Rohde, A., Straub. & Tachtsoglou, S. "Teachers' Professional Knowledge for Teaching English as a Foreign Language : Assessing the Outcomes of Teacher Education" [J].Journal of Teacher Education，2016，67（4）：320-337.

74. Roberts. J.K., Henson. R.K. A Confirmatory factor analysis of a new measure of teacher efficacy: Ohio State Teacher Efficacy Scale[J].Elementary Secondary Education, 2001（38）：1-40.

75. Sackett DL，Rosenberg WM，Gray JA，et al. Evidence Based Medicine: What it is and What It Isn't[J].British Medical Journal，1996，312（7023）:3-5.

76. Shulman. L.S.Those who understand: Knowledge Growth in Teaching[J].Educational Researcher，1986，15（2）：4-14.

后 记

　　强国建设，教育优先；教育发展，教师优先。教师是教育发展的第一资源，是推动教育发展的第一动力。有高质量教师队伍，才有高质量教育体系，才能为建设教育强国、建成社会主义现代化强国提供坚实支撑。而高质量的教师队伍，需要有高质量的教师培训支撑引领、保驾护航。北京教育学院全面贯彻党的教育方针，将高质量教师队伍建设作为教育强国建设的基础工程，以70年深厚的教师培训实践为基础，持续探索高质量教师培训体系理论与实践建设新路径，形成了"新时代高质量教师培训研究丛书"，本书是系列成果之一。

　　全书分为序（总序、序）、前言、正文、参考文献与后记五部分，主要对教师培训质量评价进行了理论建构和实践研究，用于指导教师培训工作者推进教师培训提质增效，实现转型升级，深化精准培训改革。其中，总序由北京教育学院党委书记肖韵竹、党委副书记/院长张永凯、副院长汤丰林撰写；序由北京外国语大学党委书记王定华撰写。前言由北京教育学院余新教授撰写；第一章由北京教育学院孟彦博士撰写；第二章第一节和第三节由北京教育学院金颖副教授撰写、第二节和第四节由北京教育学院薛野博士撰写；第三章由北京教育学院邱磊副教授撰写；第四章由北京教育学院胡淑均副教授撰写；第五章由北京教育学院余新教授撰写；第六章由北京市教师发展中心柳立涛副主任、梁文鑫副研究员、徐超博士合作撰写。余新、孟彦对全书进行了文字统编工作。

　　感谢北京教育出版社将此研究成果列入出版计划，同时，特别向本书的编辑们致以深深的谢意，他们出色的工作保证了本书内容的流畅和清晰，极大地提升了本书的品质。在本书撰写过程中，作者还得到了来自北京师范大学教育学部、北京开放大学、全国中小学教师继续教育网、西城区教育研修学院、海淀区教育科学研究院等机构的相关领导与专家的指导和帮助。关于本书在研究内容中所存在的不足之处，希望专家和读者不吝赐教。

　　本书系北京教育学院"十四五"学科创新平台"教师培训学"的研究成果，以及北京市教育科学"十四五"规划2023年度优先关注课题"首都基础教育教师培训体系构建研究"（课题编号：BFEA23017）阶段性研究成果。

著者

2023年9月10日